Anonymous

Deutsches Balladenbuch

Mit Holzschnitten nach Zeichnungen von Adolf Ehrhardt

Anonymous

Deutsches Balladenbuch
Mit Holzschnitten nach Zeichnungen von Adolf Ehrhardt

ISBN/EAN: 9783743625655

Hergestellt in Europa, USA, Kanada, Australien, Japan

Cover: Foto ©Thomas Meinert / pixelio.de

Weitere Bücher finden Sie auf **www.hansebooks.com**

Deutsches Balladenbuch

Mit

Holzschnitten nach Zeichnungen

von

Adolf Ehrhardt, Theobald von Oer, Hermann Plüddemann,
Ludwig Richter und Carl Schurig

in Dresden.

Sechste Auflage.

Leipzig,

Georg Wigand's Verlag.

1876.

Inhaltsverzeichniß.

SCHMERTF SC.

Der Wassermann.

Es wollt ein Wassermann freien gahn
Von der Burg bis an die See
Des Königs Tochter aus Engelland,
Die schöne Agnese.

Er ließ eine Brücke mit Gold beschlah'n
Von der Burg bis an die See,
Drauf sollte sie spazieren gahn,
Die schöne Agnese.

Und als sie auf die Brücke kam
Von der Burg bis an die See,
Der Wassermann zog sie hinab,
Die schöne Agnese.

Da unten war sie wohl sieben Jahr,
Von der Burg bis an die See,
Bis sie ihm sieben Söhne gebar,
Die schöne Agnese.

Und als sie bei der Wiege stand,
Von der Burg bis an die See,
Da hört sie die Glocken in Engelland,
Die schöne Agnese.

Ach Wassermann, lieber Wassermann,
Von der Burg bis an die See,
Laß doch einmal zur Kirche gahn,
Mich arme Agnese.

Wenn ich dich lasse zur Kirche gahn,
Von der Burg bis an die See,
Du möchtest mir nicht wiederkehrn,
Du schöne Agnese.

Warum sollt ich nicht wiederkehrn
Von der Burg bis an die See?
Wer sollte meine sieben Kinder ernähren,
Mir armen Agnese?

Und als sie auf den Kirchhof kam
Von der Burg bis an die See,
Da neigt sich Laub und grünes Gras
Vor der schönen Agnese.

Und als sie in die Kirche kam
Von der Burg bis an die See,
Da neigt sich Graf und Edelmann
Vor der schönen Agnese.

Der Vater macht die Bank ihr auf,
Von der Burg bis an die See,
Die Mutter legt das Kissen drauf
Der schönen Agnese.

Sie nahmen sie mit zu Tische,
Von der Burg bis an die See,
Sie trugen ihr Fleisch und Fische,
Der schönen Agnese.

Und da sie den ersten Bissen aß,
Von der Burg bis an die See,
Fiel ihr ein Apfel in den Schooß,
Der schönen Agnese.

Ach Mutter, liebe Mutter mein,
Von der Burg bis an die See,
Werft mir den Apfel ins Feuer hinein,
Mir armen Agnese.

Und als man den Apfel ins Feuer warf,
Von der Burg bis an die See,
Da stand der wilde Wassermann
Vor der schönen Agnese.

„Agnese, willst du nicht wiederkehrn
Von der Burg bis an die See?
Wer soll denn unsre Kinder ernähren,
Du schöne Agnese?"

Die Kinder wollen wir theilen,
Von der Burg bis an die See. —
„Nehm' ich mir drei und du dir drei,
Du schöne Agnese."

„Das siebente wollen wir theilen gleich,
Von der Burg bis an die See.
Nehm' ich ein Bein und du ein Bein,
Du schöne Agnese."

Und eh ich lasse mein Kind zertheiln,
Von der Burg bis an die See,
Viel lieber will ich im Wasser bleibn,
Ich arme Agnese.

Die Königskinder.

Es waren zwei Edelkönigskinder,
Die hatten einander so lieb,
Sie konnten beisammen nicht kommen,
Das Wasser war viel zu tief.

„Ach Liebster, kannst du schwimmen,
So schwimm doch herüber zu mir,
Drei Kerzchen will ich anzünden,
Die sollen auch leuchten dir."

Das hört ein loses Nönnchen,
Das thät als wenn es schlief,
Es thät die Kerzlein ausblasen,
Der Jüngling ertrank so tief.

Und als der Jüngling zu Grunde ging,
Sie schrieen und weinten so sehr,
Sie ging mit weinenden Augen
Wohl vor der Mutter Thür.

4

„Ach Mutter, herzliebste Mutter,
Mein Kopf thut mir so weh,
Laß mich ein wenig spazieren
Wohl an die tiefe See."

Ach Tochter, herzliebste Tochter
Allein sollst du nicht gehn,
Ruf deinen jüngsten Bruder
Und der soll mit dir gehn.

„Ach Mutter, herzliebste Mutter,
Mein Bruder ist noch ein Kind,
Er schießt ja all' die Vögelein,
Die auf grüner Haide sind."

Ach Tochter, herzliebste Tochter,
Allein sollst du nicht gehn,
Weck' deine jüngste Schwester,
Und die soll mit dir gehn.

„Ach Mutter, herzliebste Mutter,
Meine Schwester ist noch ein Kind,
Sie pflückt ja all' die Blümelein,
Die auf grüner Haide sind.

Die Mutter ging zur Kirche,
Die Tochter ging ihren Gang,
Sie ging so lang spazieren
Bis sie einen Fischer fand.

„Ach Fischer, liebster Fischer,
Willst du verdienen Lohn,
So senk' dein Netz ins Wasser,
Fisch' mir den Königssohn."

Er senkte sein Netz ins Wasser
Und nahm sie in den Kahn,
Er fischt' und fischte so lange
Bis sie den Königssohn sahn.

Was nahm sie von ihrem Haupte?
Eine golde Königskron':
„Sieh da, viel edler Fischer,
Das ist dein verdienter Lohn."

Was zog' sie von ihrem Finger?
Ein Ringlein von Gold so roth:
„Sieh da, du armer Fischer,
Kauf deinen Kindern Brot."

Sie schloß ihn in die Arme,
Küßt ihm den bleichen Mund:
„Ach Mündlein, könntest du sprechen,
So wäre mein Herz gesund."

Sie schloß ihn an ihr Herze
Und sprang mit ihm ins Meer:
„Gute Nacht, mein Vater und Mutter,
Ihr seht mich nimmermehr."

Da hörte man Glöcklein läuten,
Da hörte man Jammer und Noth.
Hier liegen zwei Königskinder,
Die sind alle beide todt.

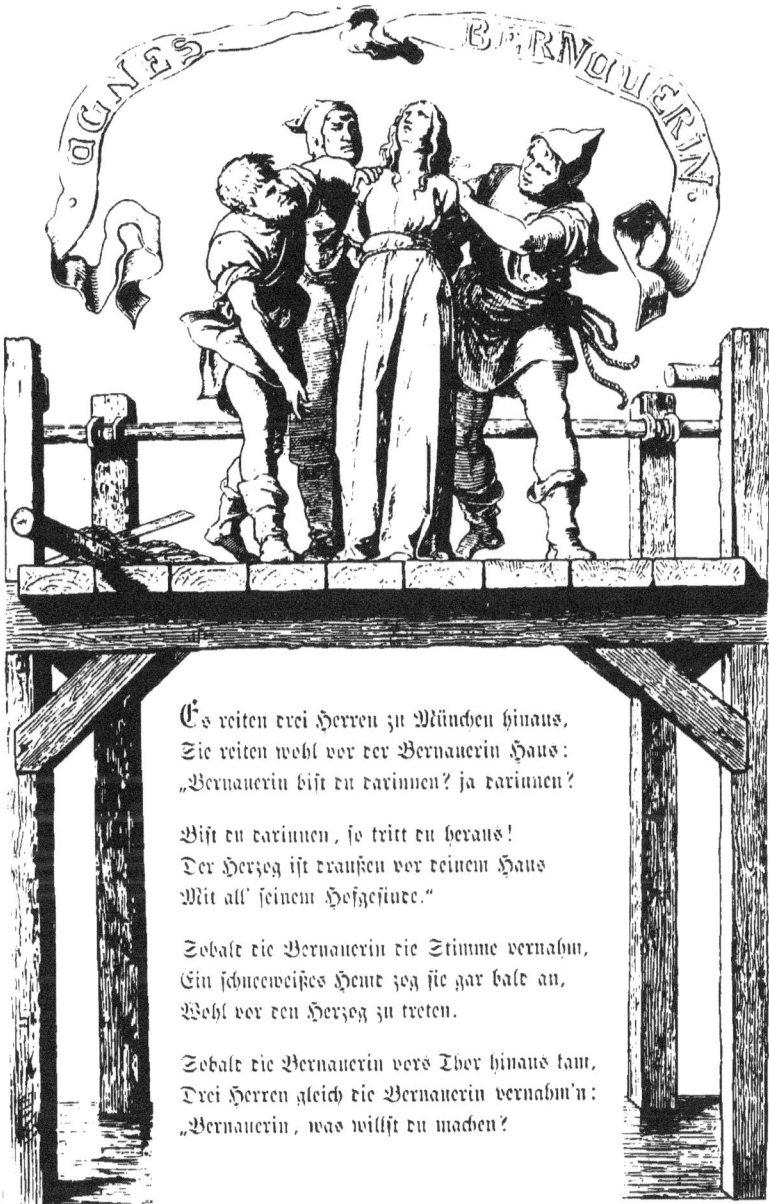

Es reiten drei Herren zu München hinaus,
Sie reiten wohl vor der Bernauerin Haus:
„Bernauerin bist du darinnen? ja darinnen?

Bist du darinnen, so tritt du heraus!
Der Herzog ist draußen vor deinem Haus
Mit all' seinem Hofgesinde."

Sobald die Bernauerin die Stimme vernahm,
Ein schneeweißes Hemd zog sie gar bald an,
Wohl vor den Herzog zu treten.

Sobald die Bernauerin vors Thor hinaus kam,
Drei Herren gleich die Bernauerin vernahm'n:
„Bernauerin, was willst du machen?"

Ei willst du lassen den Herzog entwegen,
Oder willst du lassen dein jung frisch Leben
Ertränken im Donauwasser?"

„Und eh ich will lassen mein Herzog entwegen,
So will ich lassen mein jung frisch Leben
Ertränken im Donauwasser.

Der Herzog ist mein und ich bin sein,
Sind wir ja treu versprochen."

Bernauerin auf dem Wasser schwamm,
Maria, Mutter Gottes, hat sie gerufen an,
Sollt' ihr aus dieser Noth helfen.

„Hilf mir, Maria, aus dem Wasser heraus,
Mein Herzog läßt dir bauen ein neues Gotteshaus,
Von Marmorstein ein Altar!"

Sobald sie dieses hat gesprochen aus,
Maria, Mutter Gottes, hat geholfen aus,
Und bei dem Leben errettet.

Sobald die Bernauerin auf die Brucken kam,
Drei Henkersknecht zur Bernauerin kam'n:
„Bernauerin, was willst du machen?

Ei willst du werden ein Henkersweib,
Oder willst du lassen dein jungen stolzen Leib
Ertränken im Donauwasser?"

„Und eh' ich will werden ein Henkersweib,
So will ich lassen mein jungen stolzen Leib
Ertränken im Donauwasser."

Es stund kaum an den dritten Tag,
Dem Herzog kam eine traurige Klag':
Bernauerin ist ertrunken.

„Auf, rufet mir alle Fischer daher,
Sie sollen fischen bis an das schwarze Meer,
Daß sie mein feines Lieb suchen!"

Es kommen gleich alle Fischer daher,
Sie haben gefischt bis in das schwarze Meer,
Bernauerin haben sie gefunden.

Sie legens dem Herzog wohl auf den Schooß,
Der Herzog wohl viel tausend Thränen vergoß,
Er thät gar herzlich weinen.

„So rufet mir her fünftausend Mann,
Einen neuen Krieg will ich nun fangen an
Mit meinem Herrn Vater eben!

Und wär' mein Herr Vater mir nicht so lieb,
So ließ ich ihn aufhenken als wie einen Dieb,
Wär' aber mir eine große Schande."

Es stund kaum an den dritten Tag,
Dem Herzog kam eine traurige Klag':
Sein Herr Vater ist gestorben.

„Die mir helfen meinen Herrn Vater begraben,
Rothe Mäntel müssen sie haben,
Roth müssen sie sich tragen.

Und die mir helfen mein feines Lieb begraben,
Schwarze Mäntel müssen sie haben,
Und schwarz müssen sie sich tragen.

So wollen wir stiften eine ewige Meß',
Daß man der Bernauerin nicht vergeß',
Man wolle für sie beten! ja beten!"

Das Schloß in Oesterreich.

Es liegt ein Schloß in Oesterreich,
Das ist gar wohl erbauet
Von Silber und von rothem Gold,
Mit Marmelstein vermauert.

Darinnen liegt ein junger Knab
Auf seinen Hals gefangen
Wohl vierzig Klaftern unter der Erd
Bei Nattern und bei Schlangen.

Sein Vater kam von Rosenberg
Wohl vor den Thurm gegangen:
Ach Sohn, ach du mein lieber Sohn,
Wie hart liegst du gefangen.

Ach Vater, liebster Vater mein,
So hart lieg ich gefangen,
Wohl vierzig Klafter unter der Erd
Bei Nattern und bei Schlangen.

Sein Vater zu dem Herren ging,
Bat um des Sohnes Leben,
Dreihundert Gulden will ich euch
Wohl für den Knaben geben.

Dreihundert Gulden helfen da nicht,
Der Knabe der muß sterben:
Er trägt eine goldne Kett' am Hals,
Die bringt ihn um sein Leben.

Trägt er eine goldne Kett' am Hals,
Die hat er nicht gestohlen,
Hat ihm ein zart Jungfräulein verehrt,
Sich mit ihm zu verloben.

Man bracht den Knaben aus dem Thurm
Man gab ihm das Sacramente:
Hilf, reicher Christ im Himmelsthron,
Es geht mir an mein Ende!

Man bracht ihn zum Gericht hinaus,
Die Leiter muß er steigen:
Ach Meister, lieber Meister mein,
Laß mir eine kleine Weile.

Eine kleine Weile laß ich dir nicht,
Du möchtest mir entrinnen;
Langt mir ein seiden Tüchlein her,
Das ihm sein Augen verbinde!

Ach meine Augen verbint mir nicht,
Ich muß die Welt anschauen,
Ich seh sie heut und nimmermehr
Mit meinen schwarzbraunen Augen.

Sein Vater beim Gerichte stund,
Sein Herz wollt ihm zerbrechen:
Ach Sohn, ach du mein lieber Sohn,
Deinen Tod will ich schon rächen.

Ach Vater, liebster Vater mein,
Meinen Tod sollt ihr nicht rächen!
Meine Seel' kommt nicht in Höllenpein,
Um Unschuld muß ich sterben.

Es ist nicht um meinen stolzen Leib,
Es ist nicht um meine Ehre;
Es ist mir um mein schönes Lieb,
Die weinet also sehre.

Es stund kaum an den dritten Tag,
Ein Engel kam vom Himmel:
Man sollt den Leichnam nehmen ab,
Sonst würd' die Stadt versinken.

Es stund kaum an ein halbes Jahr,
Sein Tod der ward gerochen,
Es wurden mehr denn dreihundert Mann
Um des Knaben willen erstochen.

Wer ist der uns dies Liedlein sang?
So frei ist es gesungen;
Das haben gethan drei Jungfräulein
Zu Wien in Oesterreiche.

Das jüngste Schwesterlein.

Es war ein Markgraf über dem Rhein,
Der hatte drei schöne Töchterlein.
Zwei Töchter früh heirathen weg,
Die Dritt' hat ihn ins Grab gelegt.
Dann ging sie singen vor Schwesters Thür
Ach braucht ihr keine Dienstmagd hier?

„Ei Mädchen, du bist viel zu fein,
Du gehst gern mit den Herrelein." —
Ach nein, ach nein, das thu ich nicht,
Meine Ehre mir viel lieber ist.
Sie dingt das Mädchen ein halbes Jahr;
Sie dient bei ihr wohl sieben Jahr.

Und als die sieben Jahr umme warn,
Das Mädchen fing zu kränkeln an.
„Ach Mädchen wenn du krank willst sein,
So sag wer deine Eltern sein."
Mein Vater war Markgraf über dem Rhein,
Meine Mutter ist Königs Töchterlein.

„Ach nein, Ach nein! das glaub ich nicht,
Daß du meine jüngste Schwester bist."
Und wenn du mir's nicht glauben willst,
So geh nur an meine Kiste hin,
Daran wird es geschrieben stehn,
Da kannst du es mit Augen sehn.

Und als sie an die Kiste kam,
Da rannen ihr die Thränen ab:
„Ach bringt mir Weck, ach bringt mir Wein,
Es ist mein jüngstes Schwesterlein."
Ich will keinen Weck, ich will keinen Wein,
Will nur ein kleines Särgelein.

Die Nonne.

Ich stand auf hohem Berge,
Sah in den tiefen Rhein,
Ein Schifflein sah ich schweben,
Drei Grafen tranken drein.

Der jüngste von den dreien,
Der in dem Schifflein saß,
Bot mir einmal zu trinken
Kühlen Wein aus seinem Glas.

Was bietst du mir zu trinken,
Was schenkst du mir den Wein?
Ich bin ein armes Mädchen
Und du ein reicher Graf.

Und wenn ich schon nicht reiche bin
Aller Ehren bin ich voll.
Ins Kloster will ich gehen,
Will werden eine Nonn.

Was zog er von seinem Finger?
Einen Ring von Gold so roth.
Nimm hin, du Hübsche, du Feine,
Trag ihn nach meinem Tod.

Was soll ich mit dem Ringlein thun,
Wenn ich's nicht tragen darf!
Ei sag, du habst's gefunden
Draußen im grünen Gras.

Ei warum sollt ich lügen?
Stünd mir gar übel an.
Viel lieber wollt ich sagen,
Der jung Graf wär mein Mann.

Es stund wohl an ein Vierteljahr,
Dem Grafen träumt's gar schwer
Als ob sein herzallerliebster Schatz
Ins Kloster gangen wär.

Steh auf, steh auf, lieber Reitknecht mein,
Sattel mir und dir ein Pferd,
Wir wollen reiten Berg und Thal,
Der Weg ist reitenswerth.

Und als er vor das Kloster kam,
Gar leise klopft er an:
Wo ist die jüngste Nonne
Die zuletzt ist kommen an?

Es ist ja keine gekommen,
Es kommt auch keine heraus.
So will ich das Kloster anzünden,
Das schöne Gotteshaus.

Das Nönnchen kam geschritten,
Schneeweiß war sie gekleid't:
Ihr Haar war abgeschnitten.
Zur Nonne war sie bereit.

Sie bot ihm noch zu trinken,
Zu trinken aus dem Glas;
Das Glas thät ihm zerspringen,
Zerspringen auch sein Herz.

Mit ihren weißen Händen
Grub sie dem Herrn ein Grab;
Aus ihren schwarzbraunen Augen
Sie ihm das Weihwasser gab.

Mit ihrer schönen Stimme
Sang sie den Grabgesang,
Mit ihrer hellen Zunge
Schlug sie den Glockenklang.

Liebesprobe

Es sah eine Linde ins tiefe Thal,
War unten breit und oben schmal,
Worunter zwei Verliebte saßen,
Vor Lieb ihr Leid vergaßen.

„Feins Liebchen wir müssen von einander,
Ich muß noch sieben Jahre wandern;"
„Mußt du noch sieben Jahre wandern,
Nehm ich mir keinen andern."

Und als nun die sieben Jahre umme waren,
Flocht sie in Seiden ihr Haar;
Sie ging wohl in den Garten
Ihren Liebsten zu erwarten.

Sie ging wohl unter die Linden,
Ob sie ihren Liebsten möcht finden,
Sie ging wohl in das grüne Holz,
Da kam ein Reiter geritten stolz.

„Gott grüß dich, Mägdlein feine,
Was machst du hier alleine?
Ist dir dein Vater oder Mutter gram,
Oder hast du heimlich einen Mann?"

„Mein Vater und Mutter sind mir nicht gram,
Ich hab auch heimlich keinen Mann.
Gestern war's drei Wochen über sieben Jahr,
Da mein feins Liebchen ausgewandert war."

„Gestern bin ich geritten durch eine Stadt,
Da dein feins Liebchen Hochzeit hat.
Was thust du ihm denn wünschen an,
Daß er seine Treu nicht gehalten hat?"

„Ich wünsch ihm so viel gute Zeit,
So viel wie Sand am Meere breit,
Ich wünsch ihm so viel Glücke sein,
So viel wie Stern am Himmel sein;

Ich wünsch ihm all das Beste,
So viel der Baum hat Aeste,
Ich wünsch ihm auch eine gute Nacht,
Weil er mein nimmer hat gedacht."

Was zog er von seinem Finger?
Ein Ring von reinem Gold gar fein.
Er warf den Ring in ihren Schooß,
Sie weinte, daß der Ring gar floß.

Was zog er aus seiner Taschen?
Ein Tuch schneeweiß gewaschen.
„Trockn' ab, trockn' ab dein Aengelein
Du sollst fürwahr mein eigen sein.

Ich that dich nur versuchen,
Ob du würd'st schwören oder fluchen;
Hätt'st du einen Fluch oder Schwur gethan,
Von Stund an wär ich geritten davon."

Schneiders Höllenfahrt.

Es wollt ein Schneider wandern
Am Montag in der Früh,
Begegnet ihm der Teufel,
Hat weder Strümpf noch Schuh:
„He he du Schneidersg'sell!
Du mußt mit mir in d'Höll,
Du mußt uns Teufel kleiden,
Es gehe wie es wöll."

Sobald der Schneider in d'Höllen kam,
Nahm er seinen Ehlenstab,
Er schlug den Teufeln die Buckel voll,
Die Teufel auf und ab.

„He he du Schneidersg'sell!
Mußt wieder aus der Höll;
Wir brauchen nicht das Messen,
Es gehe wie es wöll."

Nachdem er all' gemessen hat,
Nahm er sein lange Scheer
Und stutzt den Teufeln d'Schwänzlein ab,
Sie hüpfen hin und her.

„He he du Schneidersg'sell,
Pack dich nur aus der Höll!
Wir brauchen nicht das Stutzen,
Es gehe wie es wöll."

Da zog er's Bügeleisen raus
Und warf es in das Feuer,
Er streicht den Teufeln d'Falten aus,
Sie schrieen ungeheuer:
„He he du Schneidergesell,
Geh du nur aus der Höll!
Wir brauchen nicht das Bügeln,
Es gehe wie es wöll."

Er nahm den Pfriemen aus dem Sack
Und stach sie in die Köpf,
Er sagt: „Halt still! ich bin schon da,
So setzt man bei uns Knöpf."
„He he du Schneidergesell,
Geh einmal aus der Höll!
Wir brauchen keine Kleider,
Es geh nun wie es wöll."

Drauf nahm er Nadl und Fingerhut
Und fängt zu stechen an,
Er flickt den Teufeln d'Naslöcher zu,
So eng er immer kann.
„He he du Schneidergesell,
Pack dich nur aus der Höll!
Wir können nimmer riechen,
Es geh nun wie es wöll."

Darauf fängt er zu schneiden an,
Das Ding hat ziemlich brennt,
Er hat den Teufeln mit Gewalt
Die Ohrlappen aufgetrennt.
„He he du Schneidergesell,
Marschier nur aus der Höll!
Sonst brauchen wir den Vater,
Es geh nun wie es wöll."

Nach diesen kam der Lucifer
Und sagt: „Es ist ein Graus,
Kein Teufel hat ein Schwänzerl mehr,
Jagt ihn zur Höll hinaus."
„He he du Schneidergesell,
Pack dich nur aus der Höll!
Wir brauchen keine Kleider,
Es gehe wie es wöll."

Nachdem er nun hat aufgepackt,
Da war ihm erst recht wohl,
Er hüpft und springet unverzagt,
Lacht sich den Buckel voll,
Ging eilends aus der Höll
Und blieb ein Schneidergesell:
Denn holt der Teufel kein Schneider mehr
Er stiehlt so viel er wöll.

Erlkönigs Tochter.

Herr Oluf reitet spät und weit,
Zu bieten auf seine Hochzeitleut:

Da tanzen die Elfen auf grünem Land',
Erlkönigs Tochter reicht ihm die Hand.

„Willkommen, Herr Oluf! was eilst von
hier?
Tritt hier in den Reihen und tanz' mit
mir."

„Ich darf nicht tanzen, nicht tanzen ich
mag,
Frühmorgen ist mein Hochzeittag."

„Hör an, Herr Oluf, willt tanzen mit mir,
Zwei güldene Sporen schenk ich dir.

Ein Hemd von Seide so weiß und fein,
Meine Mutter bleicht's mit Monden=
schein."

„Ich darf nicht tanzen, nicht tanzen ich
      mag,
Frühmorgen ist mein Hochzeittag."

„Hör an, Herr Oluf, willt tanzen mit mir,
Einen Haufen Goldes schenk ich dir."

„Einen Haufen Goldes nähm ich wol;
Doch tanzen ich nicht darf noch soll."

„Und willt, Herr Oluf, nicht tanzen mit
      mir,
Soll Seuch und Krankheit folgen dir."

Sie thät einen Schlag ihm auf sein Herz,
Noch nimmer fühlt er solchen Schmerz.

Sie hob ihn bleichend auf sein Pferd:
„Reit heim nun zu deinem Fräulein
      werth."

Und als er kam vor Hauses Thür,
Seine Mutter zitternd stand dafür.

„Hör an, mein Sohn, sag an mir
      gleich,
Wie ist deine Farbe blaß und bleich?"

„Und sollt sie nicht sein blaß und bleich.
Ich traf in Erlenkönigs Reich."

„Hör an, mein Sohn, so lieb und traut,
Was soll ich nun sagen deiner Braut?"

„Sagt ihr, ich sei im Wald zur Stund',
Zu proben da mein Pferd und Hund."

Frühmorgen und als es Tag kaum war,
Da kam die Braut mit der Hochzeit-
      schaar.

Sie schenkten Meth, sie schenkten Wein:
„Wo ist Herr Oluf, der Bräutigam
      mein?"

„Herr Oluf, er ritt in Wald zur Stund,
Er probt allda sein Pferd und Hund."

Die Braut hob auf den Scharlach roth,
Da lag Herr Oluf und er war todt.

Herder.

FLUCH will ich Euch laſſen   und hölliſch Feur Mutter!

Edward.

Dein Schwert, wie iſt's von Blut ſo roth?
    Edward, Edward!
Dein Schwert, wie iſt's von Blut ſo roth,
    Und gehſt ſo traurig her? — O!
O ich hab geſchlagen meinen Geyer todt,
    Mutter, Mutter!
O ich hab geſchlagen meinen Geyer todt,
    Und keinen hab ich wie Er — O!

Dein's Geyers Blut ist nicht so roth,
  Edward, Edward!
Dein's Geyers Blut ist nicht so roth,
  Mein Sohn bekenn mir frei — O!
O ich hab geschlagen mein Rothroß todt,
  Mutter, Mutter!
O ich hab geschlagen mein Rothroß todt;
  Und 's war so stolz und treu — O!

Dein Roß war alt und hast's nicht noth,
  Edward, Edward!
Dein Roß war alt und hast's nicht noth,
  Dich drückt ein andrer Schmerz — O!
O ich hab geschlagen meinen Vater todt,
  Mutter, Mutter!
O ich hab geschlagen meinen Vater todt,
  Und weh, weh, ist mein Herz — O!

Und was für Buße wilt du nun thun?
  Edward, Edward!
Und was für Buße wilt du nun thun?
  Mein Sohn bekenn mir mehr — O!
Auf Erden soll mein Fuß nicht ruhn,
  Mutter, Mutter!
Auf Erden soll mein Fuß nicht ruhn,
  Will gehn fern über's Meer — O!

Und was soll werden dein Hof und Hall?
  Edward, Edward!
Und was soll werden dein Hof und Hall?
  So herrlich sonst und schön — O!
Ich laß es stehn, bis es sink und fall,
  Mutter, Mutter!
Ich laß es stehn, bis es sink und fall,
  Mag nie es wieder sehn — O!

Und was soll werden dein Weib und Kind?
    Erwart, Erwart!
Und was soll werden dein Weib und Kind,
    Wenn du gehst über Meer? — O!
Die Welt ist groß, laß sie betteln drinn,
    Mutter, Mutter!
Die Welt ist groß, laß sie betteln drinn,
    Ich seh sie nimmermehr — O!

Und was wilt du lassen deiner Mutter theur?
    Erwart, Erwart!
Und was wilt du lassen deiner Mutter theur?
    Mein Sohn, das sage mir — O!
Fluch will ich euch lassen und höllisch Feur,
    Mutter, Mutter!
Fluch will ich euch lassen und höllisch Feur,
    Denn ihr, ihr riethets mir! — O!

Herder.

Sir Patrick Spence.

Der König sitzt in Dumferlingstadt,
Trinkend blutrothen Wein:
„O wo sind ich ein' Schiffer gut,
Zu segeln dies Schiffe mein?"

Auf mir sprach ein Ritter alt,
Rechts sitzend an Königs Knie:
„Sir Patrick Spence ist der beste Schiff'r,
So segelt über die See."

Der König schrieb 'nen großen Brief,
Siegelt ihn zu eigner Hand,
Und sandt ihn an Sir Patrick Spence,
Der ging entlang den Sand.

Die erste Zeil' Sir Patrick las,
Laut Lachen lacht er auf.
Die nächste Zeil' Sir Patrick las,
Ein' Thräne trübte sein Aug.

„O wer hat mir die That gethan,
Dieß' üble That an mi',
Mich auszusenden in der Jahreszeit,
Zu segeln über die See?

Frisch auf, frisch auf, ihr muntern Leut'
    all!
Unser gut Schiff segelt morgen."
„O sprich nicht so, mein theurer Herr,
Ein' tödtlichen Sturm ich sorge.

Spät gestern sah ich den neuen Mond
Den alten Mond im Arm;
Und ich sorg', ich sorg' mein theurer Herr,
Wir werden kommen zu Harm."

O unsre Schotten, sie war'n recht lang,
Zu netzen den Korkholzschuh,
Doch lang überall war's Spiel gespielt,
Schwammen die Hüt' in der Fluth.

O lang, lang mögen sitz'n ihr Frau'n,
Den Fächer in ihrer Hand,
Eh denn sie sehn Sir Patrick Spence,
Heimsegelnd an das Land.

O lang, lang mögen stehn ihr Frau'n,
Den Goldkamm in ihrem Haar,
Harrend der eignen lieben Herrn,
Sie sehn sie nimmermehr.

Drüben, da drüben gen Aberdour,
's ist fünfzig Faden tief,
Und dort liegt gut Sir Patrick Spence
Die Schotten zu Füßen ihm.

Seckendorf.

Romanze.

In der Väter Hallen ruhte
  Ritter Rudolfs Heldenarm,
Rudolfs, den die Schlacht erfreute,
Rudolfs, welchen Frankreich scheute
  Und der Saracenen Schwarm.

Er, der letzte seines Stammes,
  Weinte seiner Söhne Fall:
Zwischen moosbewachsnen Mauern
Tönte seiner Klage Trauern
  In der Zellen Widerhall.

Agnes mit den goldnen Locken
  War des Greisen Trost und Stab;
Sanft wie Tauben, weiß wie Schwäne,
Küßte sie des Vaters Thräne
  Von den grauen Wimpern ab.

Ach! sie weinte selbst im Stillen,
  Wenn der Mond ins Fenster schien.
Albrecht mit der offnen Stirne
Brannte für die edle Dirne,
  Und die Dirne liebte ihn!

Aber Horst, der hundert Krieger
Unterhielt in eignem Sold,
Rühmte seines Stammes Ahnen,
Prangte mit erfochtnen Fahnen,
Und der Vater war ihm hold.

Einst beim freien Mahle küßte
Albrecht ihre freie Hand,
Ihre sanften Augen strebten
Ihn zu strafen, ach! da bebten
Thränen auf das Busenband.

Horst entbrannte, blickte seitwärts
Auf sein schweres Mordgewehr;
Auf des Ritters Wange glühte
Zorn und Liebe; Feuer sprühte
Aus den Augen wild umher.

Drohend warf er seinen Handschuh
In der Agnes keuschen Schooß;
„Albrecht nimm! Zu dieser Stunde
Harr ich dein im Mühlengrunde!"
Kaum gesagt, schon flog sein Roß.

Albrecht nahm das Fehdezeichen
Ruhig und bestieg sein Roß;
Freute sich des Mädchens Zähre
Die, der Lieb' und ihm zur Ehre,
Aus dem blauen Auge floß.

Röthlich schimmerte die Rüstung
In der Abendsonne Strahl;
Von den Hufen ihrer Pferde
Tönte weit umher die Erde
Und die Hirsche flohn ins Thal.

Auf des Söllers Gitter lehnte
Die betäubte Agnes sich,
Sah die blanken Speere blinken,
Sah — den edlen Albrecht sinken,
Sank, wie Albrecht, und erblich.

Bang von leiser Ahnung spornet
Horst sein schaumbedecktes Pferd,
Höret nun des Hauses Jammer,
Eilet in des Fräuleins Kammer,
Starr und stürzt sich in sein Schwert.

Rudolf nahm die kalte Tochter
In den väterlichen Arm,
Hielt sie so zween lange Tage,
Thränenlos und ohne Klage,
Und verschied im stummen Harm.

Stollberg.

Lenore.

Lenore fuhr um's Morgenroth
Empor aus schweren Träumen:
„Bist untreu, Wilhelm, oder todt?
Wie lange willst du säumen?"
Er war mit König Friedrich's Macht
Gezogen in die Prager Schlacht,
Und hatte nicht geschrieben,
Ob er gesund geblieben.

Der König und die Kaiserin,
Des langen Haders müde,
Erweichten ihren harten Sinn,
Und machten endlich Friede;
Und jedes Heer, mit Sing und Sang,
Mit Paukenschlag und Kling und Klang,
Geschmückt mit grünen Reisern,
Zog heim zu seinen Häusern.

Und überall all überall,
Auf Wegen und auf Stegen,
Zog Alt und Jung dem Jubelschall
Der Kommenden entgegen.
Gottlob! rief Kind und Gattin laut,
Willkommen! manche frohe Braut.
Ach! aber für Lenoren
War Gruß und Kuß verloren.

Sie frug den Zug wohl auf und ab,
Und frug nach allen Namen;
Doch keiner war, der Kundschaft gab,
Von allen, so da kamen.
Als nun das Heer vorüber war,
Zerraufte sie ihr Rabenhaar,
Und warf sich hin zur Erde,
Mit wüthiger Geberde.

Die Mutter lief wohl hin zu ihr: —
"Ach, daß sich Gott erbarme!
Du trautes Kind, was ist mit dir?" —
Und schloß sie in die Arme. —
"O Mutter, Mutter! hin ist hin!
Nun fahre Welt und Alles hin!
Bei Gott ist kein Erbarmen.
O weh, o weh mir Armen!"

"Hilf, Gott, hilf! Sieh uns gnädig
              an!
Kind, bet' ein Vaterunser!
Was Gott thut, das ist wohlgethan.
Gott, Gott erbarmt sich unser!" —
"O Mutter, Mutter! Eitler Wahn!
Gott hat an mir nicht wohl gethan!
Was half, was half mein Beten?
Nun ist's nicht mehr vonnöthen." —

"Hilf, Gott, hilf! Wer den Vater kennt,
Der weiß, er hilft den Kindern.
Das hochgelobte Sacrament
Wird deinen Jammer lindern." —
"O Mutter, Mutter! was mich brennt,
Das lindert mir kein Sacrament!
Kein Sacrament mag Leben
Den Todten wiedergeben." —

"Hör', Kind! wie, wenn der falsche Mann,
Im fernen Ungerlande,
Sich seines Glaubens abgethan,
Zum neuen Ehebande?
Laß fahren, Kind, sein Herz dahin!
Er hat es nimmermehr Gewinn!
Wann Seel' und Leib sich trennen,
Wird ihn sein Meineid brennen." —

"O Mutter, Mutter! Hin ist hin!
Verloren ist verloren;
Der Tod, der Tod ist mein Gewinn!
O wär' ich nie geboren!
Lisch aus, mein Licht, auf ewig aus!
Stirb hin, stirb hin in Nacht und Graus!
Bei Gott ist kein Erbarmen.
O weh, o weh mir Armen!" —

"Hilf, Gott, hilf! Geh' nicht ins Ge-
              richt
Mit deinem armen Kinde!
Sie weiß nicht, was die Zunge spricht.
Behalt' ihr nicht die Sünde!
Ach, Kind, vergiß dein irdisch Leid,
Und denk' an Gott und Seligkeit!
So wird doch deiner Seelen
Der Bräutigam nicht fehlen." —

„O Mutter! was ist Seligkeit?
O Mutter! was ist Hölle?
Bei ihm, bei ihm ist Seligkeit,
Und ohne Wilhelm Hölle! —
Lisch aus, mein Licht, auf ewig aus!
Stirb hin, stirb hin in Nacht und Graus!
Ohn' ihn mag ich auf Erden,
Mag dort nicht selig werden." — —

So wüthete Verzweifelung
Ihr in Gehirn und Adern.
Sie fuhr mit Gottes Vorsehung
Vermessen fort zu hadern;
Zerschlug den Busen, und zerrang
Die Hand, bis Sonnenuntergang,
Bis auf am Himmelsbogen
Die goldnen Sterne zogen.

Und außen, horch! ging's trap trap trap,
Als wie von Rosses Hufen;
Und klirrend stieg ein Reiter ab,
An des Geländers Stufen;
Und horch! und horch! den Pfortenring
Ganz lose, leise, klinglingling!
Dann kamen durch die Pforte
Vernehmlich diese Worte:

„Holla, Holla! Thu' auf, mein Kind!
Schläfst, Liebchen, oder wachst du?
Wie bist noch gegen mich gesinnt?
Und weinest oder lachst du?" —
„Ach, Wilhelm, du?.. So spät bei
                Nacht?..
Geweinet hab' ich und gewacht;
Ach, großes Leid erlitten!
Wo kommst du her geritten?" —

„Wir satteln nur um Mitternacht.
Weit ritt ich her von Böhmen.
Ich habe spät mich aufgemacht,
Und will dich mit mir nehmen." —
„Ach, Wilhelm, erst herein geschwind!
Den Hagedorn durchsaust der Wind,
Herein, in meinen Armen,
Herzliebster, zu erwarmen!" —

„Laß sausen durch den Hagedorn,
Laß sausen, Kind, laß sausen!
Der Rappe scharrt; es klirrt der Sporn,
Ich darf allhier nicht hausen.
Komm, schürze, spring' und schwinge dich
Auf meinen Rappen hinter mich!
Muß heut noch hundert Meilen
Mit dir ins Brautbett eilen."

„Ach! wolltest hundert Meilen noch
Mich heut ins Brautbett tragen?
Und horch: es brummt die Glocke noch,
Die elf schon angeschlagen." —
„Sieh hin, sieh her! der Mond scheint hell.
Wir und die Todten reiten schnell.
Ich bringe dich, zur Wette,
Noch heut ins Hochzeitbette." —

„Sag' an, wo ist dein Kämmerlein?
Wo, wie dein Hochzeitbettchen?" —
„Weit, weit von hier!.. Still, kühl und
                klein!..
Sechs Bretter und zwei Brettchen!" —
„Hat's Raum für mich?" — „Für dich und
                mich!
Komm, schürze, spring' und schwinge
                dich!"

Die Hochzeitgäste hoffen;
Die Kammer steht uns offen." —

Schön Liebchen schürzte, sprang und
      schwang
Sich auf das Roß behende;
Wohl um den trauten Reiter schlang
Sie ihre Lilienhände;
Und hurre hurre, hop hop hop!
Ging's fort in sausendem Galopp,
Daß Roß und Reiter schnoben,
Und Kies und Funken stoben.

Zur rechten und zur linken Hand,
Vorbei vor ihren Blicken,
Wie flogen Anger, Haid' und Land!
Wie donnerten die Brücken! —
"Graut Liebchen auch? .. Der Mond
      scheint hell!
Hurrah! die Todten reiten schnell!
"Graut Liebchen auch vor Todten?" —
"Ach, nein! .. Doch laß die Tod=
      ten!" —

Was klang dort für Gesang und Klang?
Was flatterten die Raben?
Horch Glockenklang! horch Todten=
      sang:
"Laßt ihn den Leib begraben!"
Und näher zog ein Leichenzug,
Der Sarg und Todtenbahre trug.
Das Lied war zu vergleichen
Dem Unkenruf in Teichen.

"Nach Mitternacht begrabt den Leib,
Mit Klang und Sang und Klage!

Jetzt führ' ich heim mein junges Weib.
Mit, mit zum Brautgelage!
Komm, Küster, hier! Komm mit dem
      Chor,
Und gurgle mir das Brautlied vor!
Komm, Pfaff', und sprich den Segen,
Eh' wir zu Bett uns legen!" —

Still Klang und Sang .. Die Bahre
      schwand ...
Gehorsam seinem Rufen,
Kam's, hurre hurre! nachgerannt,
Hart hinter's Rappen Hufen.
Und immer weiter, hop hop hop!
Ging's fort in sausendem Galopp,
Daß Roß und Reiter schnoben,
Und Kies und Funken stoben.

Wie flogen rechts, wie flogen links,
Gebirge, Bäum' und Hecken!
Wie flogen links, und rechts, und links
Die Dörfer, Städt' und Flecken! —
"Graut Liebchen auch? .. Der Mond
      scheint hell!
Hurrah! die Todten reiten schnell!
Graut Liebchen auch vor Todten?" —
"Ach! Laß sie ruhn, die Todten!" —

Sieh da! sieh da! Am Hochgericht
Tanzt' um des Rades Spindel,
Halb sichtbarlich beim Mondenlicht,
Ein luftiges Gesindel. —
"Sasa! Gesindel, hier! Komm hier!
Gesindel, komm und folge mir!
Tanz' uns den Hochzeitreigen,
Wann wir zu Bette steigen!" —

Und das Gesindel, husch husch husch!
Kam hinten nachgerasselt,
Wie Wirbelwind am Haselbusch
Durch dürre Blätter rasselt.

Und weiter, weiter, hop hop hop!
Ging's fort in sausendem Galopp,
Daß Roß und Reiter schnoben,
Und Kies und Funken stoben.

Wie flog, was rund der Mond beschien,
Wie flog es in die Ferne!
Wie flogen oben über hin
Der Himmel und die Sterne! —
„Graut Liebchen auch? .. Der Mond
        scheint hell!
Hurrah! die Todten reiten schnell!
Graut Liebchen auch vor Todten?" —
„O weh! Laß ruhn die Todten!" —

„Rapp'! Rapp'! Mich dünkt der Hahn
        schon ruft . . .
Bald wird der Sand verrinnen . . .
Rapp'! Rapp'! ich wittre Morgenluft ..
Rapp'! Tummle dich von hinnen! —
Vollbracht, vollbracht ist unser Lauf!
Das Hochzeitbette thut sich auf!
Die Todten reiten schnelle!
Wir sind, wir sind zur Stelle."———

Rasch auf ein eisern Gitterthor
Ging's mit verhängtem Zügel.
Mit schwanker Gert' ein Schlag davor
Zersprengte Schloß und Riegel.

Die Flügel flogen klirrend auf.
Und über Gräber ging der Lauf.
Es blinkten Leichensteine
Rund um im Mondenscheine.

Ha sieh! Ha sieh! im Augenblick,
Huhu! ein gräßlich Wunder!
Des Reiters Koller, Stück für Stück,
Fiel ab wie mürber Zunder.

Zum Schädel, ohne Zopf und Schopf,
Zum nackten Schädel ward sein Kopf;
Sein Körper zum Gerippe,
Mit Stundenglas und Hippe.

Hoch bäumte sich, wild schnob der
        Rapp',
Und sprühte Feuerfunken;
Und hui! war's unter ihr hinab
Verschwunden und versunken.
Geheul! Geheul aus hoher Luft,
Gewinsel kam aus tiefer Gruft.
Lenorens Herz, mit Beben,
Rang zwischen Tod und Leben.

Nun tanzten wohl beim Mondenglanz,
Rund um herum im Kreise,
Die Geister einen Kettentanz
Und heulten diese Weise:
„Geduld! Geduld! Wenn's Herz auch
        bricht!
Mit Gott im Himmel hadre nicht!
Des Leibes bist du ledig;
Gott sei der Seele gnädig!"

Bürger.

Der wilde Jäger.

Der Wild- und Rheingraf stieß ins
    Horn:
„Halloh, Halloh zu Fuß und Roß!"
Sein Hengst erhob sich wiehernd vorn!
Laut rasselnd stürzt ihm nach der Troß;
Laut klifft' und klafft' es, frei vom Koppel,
Durch Korn und Dorn, durch Haid'
    und Stoppel.

Vom Strahl der Sonntagsfrühe war
Des hohen Domes Kuppel blank.
Zum Hochamt rufte dumpf und klar
Der Glocken ernster Feierklang.
Fern tönten lieblich die Gesänge
Der andachtsvollen Christenmenge.

Rischrasch aber übern Kreuzweg ging's,
Mit Horriroh und Hussasa.
Sieh da! Sieh da, kam rechts und
    links
Ein Reiter hier, ein Reiter da!
Des Rechten Roß war Silberblinken
Ein Feuerfarbner trug den Linken.

Wer waren Reiter links und rechts?
Ich ahnt' es wohl, doch weiß ich's
    nicht,
Lichthehr erschien der Reiter rechts,
Mit mildem Frühlingsangesicht.
Graß, dunkelgelb der linke Ritter
Schoß Blitz vom Aug', wie Ungewitter.

„Willkommen hier, zu rechter Frist,
Willkommen zu der edeln Jagd!
Auf Erden und im Himmel ist
Kein Spiel, das lieblicher behagt." —
Er rief's, schlug laut sich an die Hüfte,
Und schwang den Hut hoch in die Lüfte.

„Schlecht stimmet deines Hornes Klang,
Sprach der zur Rechten, sanften Muths,
Zu Feierglock' und Chorgesang.
Kehr um! Erjagst dir heut nichts Guts.
Laß dich den guten Engel warnen,
Und nicht vom Bösen dich umgarnen!" —

„Jagt zu, jagt zu, mein edler Herr!
Fiel rasch der linke Ritter drein.
Was Glockenklang? Was Chorgeplärr?
Die Jagdlust muß euch baß erfreun!
Laßt mich, was fürstlich ist, euch lehren,
Und euch von Jenem nicht bethören!" —

„Ha! Wohl gesprochen, linker Mann!
Du bist ein Held nach meinem Sinn.
Wer nicht des Waidwerks pflegen kann,
Der scher' an's Paternoster hin!
Mag's, frommer Narr, dich baß ver=
        drießen,
So will ich meine Lust doch büßen!"

Und hurre, hurre, vorwärts ging's,
Feld ein und aus, Berg ab und an.
Stets ritten Reiter rechts und links,
Zu beiden Seiten neben an.
Auf sprang ein weißer Hirsch von
        ferne,
Mit sechzehnzackigem Gehörne.

Und lauter stieß der Graf in's Horn;
Und rascher flog's zu Fuß und Roß;
Und sieh! bald hinten und bald vorn
Stürzt' Einer todt dahin vom Troß.
„Laß stürzen! Laß zur Hölle stürzen!
Das darf nicht Fürstenlust verwürzen."

Das Wild duckt sich in's Aehrenfeld,
Und hofft da sichern Aufenthalt.
Sieh da! Ein armer Landmann stellt
Sich dar in kläglicher Gestalt.
„Erbarmen, lieber Herr, Erbarmen!
Verschont den sauern Schweiß des
                              Armen!"

Der rechte Ritter sprengt heran,
Und warnt den Grafen sanft und gut.
Doch baß hetzt ihn der linke Mann
Zu schadenfrohem Frevelmuth.
Der Graf verschmäht des Rechten Warnen
Und läßt vom Linken sich umgarnen.

„Hinweg, du Hund! schnaubt fürchterlich
Der Graf den armen Pflüger an.
Sonst hetz ich selbst, beim Teufel! dich.
Halloh, Gesellen, drauf und dran!
Zum Zeichen, daß ich wahr geschworen,
Knallt ihm die Peitschen um die Ohren!"

Gesagt, gethan! Der Wildgraf schwang
Sich übern Hagen rasch voran,
Und hinterher, bei Knall und Klang,
Der Troß mit Hund und Roß und Mann;
Und Hund und Mann und Roß zer=
        stampfte
Die Halmen, daß der Acker dampfte.

Vom nahen Lärm emporgescheucht,
Feld ein und aus, Berg ab und an
Gesprengt, verfolgt, doch unerreicht,
Ereilt das Wild des Angers Plan;
Und mischt sich da verschont zu werden,
Schlau mitten zwischen zahme Heerden.

Doch hin und her, durch Flur und Wald,
Und her und hin, durch Wald und Flur,
Verfolgen und erwittern bald
Die raschen Hunde seine Spur.
Der Hirt, voll Angst für seine Heerde,
Wirft vor dem Grafen sich zur Erde.

"Erbarmen, Herr, Erbarmen! Laßt
Mein armes stilles Vieh in Ruh!
Bedenket, lieber Herr, hier grast
So mancher armen Witwe Kuh.
Ihr-Eins und Alles spart der Armen!
Erbarmen, lieber Herr, Erbarmen!"

Der rechte Ritter sprengt heran,
Und warnt den Grafen sanft und gut.
Doch baß hetzt ihn der linke Mann
Zu schadenfrohem Frevelmuth.
Der Graf verschmäht des Rechten
            Warnen,
Und läßt vom Linken sich umgarnen.

"Verwegner Hund, der du mir wehrst!
Ha, daß du deiner besten Kuh
Selbst um- und angewachsen wärst,
Und jede Vettel noch dazu!
So sollt' es baß mein Herz ergetzen
Euch stracks in's Himmelreich zu hetzen.

Halloh, Gesellen, drauf und dran!
Jo! Doho! Hussasa!" —
Und jeder Hund fiel wüthend an,
Was er zunächst vor sich ersah.
Bluttriefend sank der Hirt zur Erde,
Bluttriefend Stück für Stück die Heerde.

Dem Mordgewühl entrafft sich kaum
Das Wild mit immer schwächerm Lauf.
Mit Blut besprengt, bedeckt mit Schaum,
Nimmt jetzt des Waldes Nacht es auf.
Tief birgt sich's in des Waldes Mitte,
In eines Klausners Gotteshütte.

Risch ohne Rast mit Peitschenknall,
Mit Horridoh und Hussasa,
Und Kliff und Klaff und Hörnerschall,
Verfolgt's der wilde Schwarm auch da.
Entgegen tritt mit sanfter Bitte
Der fromme Klausner vor die Hütte.

"Laß ab, laß ab von dieser Spur!
Entweihe Gottes Freistatt nicht!
Zum Himmel ächzt die Creatur,
Und heischt von Gott dein Strafge-
                richt.
Zum letzten Male laß dich warnen,
Sonst wird Verderben dich umgarnen!"

Der Rechte sprengt besorgt heran,
Und warnt den Grafen sanft und gut.
Doch baß hetzt ihn der linke Mann
Zu schadenfrohem Frevelmuth.
Und wehe! trotz des Rechten Warnen,
Läßt er vom Linken sich umgarnen!

„Verderben hin, Verderben her!
Das, ruft er, macht mir wenig Graus.
Und wenn's im dritten Himmel wär',
So acht' ich's keine Fledermaus.
Mag's Gott und dich, du Narr, ver=
drießen,
So will ich meine Lust doch büßen!"

Fleuch, Unhold, fleuch, und werde jetzt,
Von nun an bis in Ewigkeit,
Von Höll' und Teufel selbst gehetzt!
Zum Schreck der Fürsten jeder Zeit,
Die, um verruchter Lust zu frohnen,
Nicht Schöpfer noch Geschöpf verscho=
nen!" —

Er schwingt die Peitsche, stößt in's Horn:
„Halloh, Gesellen, drauf und dran!
Hui! schwinden Mann und Hütte vorn,
Und hinten schwinden Roß und Mann;
Und Knall und Schall und Jagdgebrülle
Verschlingt auf einmal Todtenstille.

Ein schwefelgelber Wetterschein
Umzieht hierauf des Waldes Laub.
Angst rieselt ihm durch Mark und Bein;
Ihm wird so schwül, so dumpf und taub!
Entgegen weht ihm kaltes Grausen,
Dem Nacken folgt Gewittersausen.

Erschrocken blickt der Graf umher;
Er stößt in's Horn, es tönet nicht;
Er ruft, und hört sich selbst nicht mehr;
Der Schwung der Peitsche sauset nicht;
Er spornt sein Roß in beide Seiten,
Und kann nicht vor= und rückwärts reiten.

Das Grausen weht, das Wetter saust,
Und aus der Erd' empor, huhu!
Fährt eine schwarze Riesenfaust;
Sie spannt sich auf, sie krallt sich zu;
Hui! Will sie ihn beim Wirbel packen;
Hui! steht sein Angesicht im Nacken.

Drauf wird es düster um ihn her,
Und immer düstrer, wie ein Grab.
Dumpf rauscht es, wie ein fernes Meer.
Hoch über seinem Haupt herab
Ruft furchtbar, mit Gewittergrimme,
Dies Urthel eine Donnerstimme:

Es flimmt und flammt rund um ihn her,
Mit grüner, blauer, rother Gluth;
Es wallt um ihn ein Feuermeer;
Darinnen wimmelt Höllenbrut.
Jach fahren tausend Höllenhunde,
Laut angehetzt, empor vom Schlunde.

„Du Wütherich, teuflischer Natur,
Frech gegen Gott und Mensch und Thier!
Das Ach und Weh der Creatur,
Und deine Missethat an ihr
Hat laut dich vor Gericht gefodert,
Wo hoch der Rache Fackel lodert.

Er rafft sich auf durch Wald und Feld,
Und flieht laut heulend Weh und Ach.
Doch durch die ganze weite Welt
Rauscht bellend ihm die Hölle nach,
Bei Tag tief durch der Erde Klüfte,
Um Mitternacht hoch durch die Lüfte.

Im Nacken bleibt sein Antlitz stehn,
So rasch die Flucht ihn vorwärts reißt.
Er muß die Ungeheuer sehn,
Laut angehetzt vom bösen Geist,
Muß sehn das Knirschen und das Zappen
Der Rachen, welche nach ihm schnap=
                    pen. —

Das ist des wilden Heeres Jagd,
Die bis zum jüngsten Tage währt,
Und oft dem Wüstling noch bei Nacht
In Schreck und Graus vorüberfährt.
Das könnte, müßt' er sonst nicht schwei=
                    gen,
Wohl manches Jägers Mund bezeugen.

Bürger.

Der Bruder Graurock und die Pilgerin.

Ein Pilgermädel, jung und schön,
Wallt' auf ein Kloster zu.
Sie zog das Glöcklein an dem Thor;
Und Bruder Graurock trat hervor,
Halbbarfuß ohne Schuh.

Sie sprach: „Gelobt sei Jesus Christ!"—
„In Ewigkeit!" sprach er.
Gar wunderseltsam ihm geschah;
Und als er ihr in's Auge sah,
Da schlug sein Herz noch mehr.

Die Pilgerin mit leisem Ton,
Voll holder Schüchternheit:
„Ehrwürdiger, o meldet mir,
Weilt nicht mein Herzgeliebter hier
In Klostereinsamkeit?" —

„Kind Gottes, wie soll kenntlich mir
Dein Herzgeliebter sein?" —
„Ach! an dem gröbsten härnen Rock,
An Geißel, Gurt und Weidenstock,
Die seinen Leib kastein.

Noch mehr an Wuchs und Angesicht,
Wie Morgenroth im Mai,
Am goldnen Ringellockenhaar,
Am himmelblauen Augenpaar,
So freundlich, lieb und treu!" —

„Kind Gottes, o wie längst dahin!
Längst todt und tief verscharrt!
Das Gräschen säuselt drüber her;
Ein Stein von Marmel drückt ihn schwer;
Längst todt und tief verscharrt!

Siehst dort, in Immergrün verhüllt,
Das Zellenfenster nicht?
Da wohnt' und weint' er, und verkam,
Durch seines Mädels Schuld, vor Gram
Verlöschend, wie ein Licht.

Sechs Junggesellen, schlank und fein,
Bei Trauer-Sang und Klang,
Sie trugen seine Bahr' an's Grab;
Und manche Zähre rann hinab,
Indem sein Sarg versank." —

O weh! O weh! So bist du hin?
Bist todt und tief verscharrt? —
Nun brich, o Herz, die Schuld war dein!
Und wärst du, wie sein Marmelstein,
Wärst dennoch nicht zu hart." —

„Geduld, Kind Gottes, weine nicht!
Nun bete desto mehr!
Vergebner Gram zerspellt das Herz;
Das Augenlicht verlischt von Schmerz;
Drum weine nicht so sehr!" —

„O nein, Ehrwürdiger, o nein!
Verdamme nicht mein Leid!
Denn meines Herzens Lust war Er;

So lebt und liebt kein Jüngling mehr,
Auf Erden weit und breit.

Drum laß mich weinen immerdar,
Und seufzen Tag und Nacht,
Bis mein verweintes Auge bricht,
Und lechzend meine Zunge spricht:
Gottlob! Nun ist's vollbracht!" —

„Geduld, Kind Gottes, weine nicht!
O seufze nicht so sehr!
Kein Thau, kein Regentrank erquickt
Ein Veilchen, das du abgepflückt;
Es welkt und blüht nicht mehr.

Huscht doch die Freud' auf Flügeln, schnell
Wie Schwalben, vor uns hin.
Was halten wir das Leid so fest,
Das, schwer wie Blei, das Herz zerpreßt?
Laß fahren! Hin ist hin!" —

„O nein, Ehrwürdiger, o nein!
Gieb meinem Gram kein Ziel!
Und litt' ich um den lieben Mann,
Was nur ein Mädchen leiden kann,
Nie litt' ich doch zu viel. —

So seh' ich ihn nun nimmermehr?
O weh! Nun nimmermehr? —
Nein! Nein! Ihn birgt ein düstres Grab;
Es regnet drauf und schneit herab; —
Und Gras weht drüber her. —

Wo seid ihr Augen, blau und klar?
Ihr Wangen, rosenroth?
Ihr Lippen, süß wie Nelkenduft? —
Ach! Alles modert in der Gruft;
Und mich verzehrt die Noth." —

„Kind Gottes, härme so dich nicht!
Und denk', wie Männer sind!
Den Meisten weht's aus einer Brust
Bald heiß, bald kalt, sie sind zur Lust
Und Unlust gleich geschwind.

Wer weiß, trotz deiner Treu und Huld
Hätt' ihn sein Loos gereut.
Dein Liebster war ein junges Blut,
Und junges Blut hegt Wankelmuth,
Wie die Aprillenzeit." —

„Ach nein, Ehrwürdiger, ach nein!
Sprich dieses Wort nicht mehr!
Mein Trauter war so lieb und hold,
War lauter, echt, und treu wie Gold,
Und aller Falschheit leer.

Ach! ist es wahr, daß ihn das Grab
Im dunkeln Rachen hält?
So sag' ich meiner Heimat ab,
Und setze meinen Pilgerstab
Fort durch die weite Welt.

Erst aber will ich hin zur Gruft;
Da will ich niederknien;
Da soll von Seufzerhauch und Kuß,
Und meinem Tausendthränengruß
Das Gräschen frischer blühn." —

„Kind Gottes, kehr' allhier erst ein,
Daß Ruh und Rost dich pflegt!
Horch! wie der Sturm die Fahnen rüttelt,
Und kalter Schloßenregen wild
An Dach und Fenster schlägt!" —

„O nein, Ehrwürdiger, o nein!
O halte mich nicht ab!
Mag's sein, daß Regen mich befällt!
Wäscht Regen aus der ganzen Welt
Doch meine Schuld nicht ab." — —

„Heida! Fein's Liebchen, nun kehr' um;
Bleib' hier und tröste dich!
Fein's Liebchen, schau mir in's Gesicht!
Kennst du den Bruder Graurock nicht?
Dein Liebster, ach! — bin ich.

Aus hoffnungslosem Liebesschmerz
Erkor ich dies Gewand.
Bald hätt' in Klostereinsamkeit
Mein Leben und mein Herzeleid
Ein hoher Schwur verbannt.

Doch, Gott sei Dank! mein Probejahr
Ist noch nicht ganz herum.
Fein's Liebchen, hast du wahr bekannt?
Und gäbst du mir wohl gern die Hand;
So kehrt' ich wieder um." —

„Gottlob! Gottlob! Nun fahre hin
Auf ewig Gram und Noth!
Willkommen! o willkommen, Lust!
Komm, Herzensjung', an meine Brust!
Nun scheid' uns nichts, als Tod!"

Bürger.

Der Kaiser und der Abt.

Ich will euch erzählen ein Märchen, gar schnurrig:
Es war 'mal ein Kaiser, der Kaiser war kurrig.
Auch war 'mal ein Abt, ein gar stattlicher Herr;
Nur schade! sein Schäfer war klüger, als er.

Dem Kaiser ward's sauer in Hitz' und in Kälte:
Oft schlief er bepanzert im Kriegesgezelte;
Oft hatt' er kaum Wasser zu Schwarzbrod und Wurst;
Und öfter noch litt' er gar Hunger und Durst.

Das Pfäfflein, das wußte sich besser zu hegen,
Und weidlich am Tisch und im Bette zu pflegen.
Wie Vollmond glänzte sein feistes Gesicht,
Drei Männer umspannten den Schmeerbauch ihm nicht.

Drob suchte der Kaiser am Pfäfflein oft Hader.
Einst ritt er, mit reisigem Kriegsgeschwader,
In brennender Hitze des Sommers vorbei.
Das Pfäfflein spazierte vor seiner Abtei.

„Ha, dachte der Kaiser, zur glücklichen Stunde!"
Und grüßte das Pfäfflein mit höhnischem Munde:
„Knecht Gottes, wie geht's dir? Mir däucht wohl ganz recht,
Das Beten und Fasten bekomme nicht schlecht.

Doch däucht mir daneben, euch plage viel Weile.
Ihr dankt mir's wohl, wenn ich euch Arbeit ertheile.
Man rühmet, ihr wäret der pfiffigste Mann,
Ihr hörtet das Gräschen fast wachsen, sagt man.

So geb' ich denn euern zwei tüchtigen Backen
Zur Kurzweil drei artige Nüsse zu knacken.
Drei Monden von nun an bestimm' ich zur Zeit.
Dann will ich auf diese drei Fragen Bescheid.

Zum ersten: Wann hoch ich, im fürstlichen Rathe,
Zu Throne mich zeige im Kaiser-Ornate,
Dann sollt ihr mir sagen, ein treuer Wardein,
Wie viel ich wohl werth bis zum Heller mag sein?

Zum zweiten sollt ihr mir berechnen und sagen:
Wie bald ich zu Rosse die Welt mag umjagen?
Um keine Minute zu wenig und viel!
Ich weiß, der Bescheid darauf ist euch nur Spiel.

Zum dritten noch sollst du, o Preis der Prälaten,
Auf's Härchen mir meine Gedanken errathen.
Die will ich dann treulich bekennen; allein
Es soll auch kein Titelchen Wahres dran sein.

Und könnt ihr mir diese drei Fragen nicht lösen,
So seid ihr die längste Zeit Abt hier gewesen;
So laß ich euch führen zu Esel durch's Land,
Verkehrt, statt des Zaumes, den Schwanz in der Hand." —

Drauf trabte der Kaiser mit Lachen von hinnen.
Das Pfäfflein zerriß und zersplitß sich mit Sinnen.
Kein armer Verbrecher fühlt mehr Schwulität,
Der vor hochnothpeinlichem Halsgericht steht.

Er schickte nach ein, zwei, drei, vier Un'verf'täten,
Er fragte bei ein, zwei, drei, vier Facultäten,
Er zahlte Gebühren und Sporteln vollauf!
Doch löste kein Doctor die Fragen ihm auf.

Schnell wuchsen, bei herzlichem Zagen und Pochen,
Die Stunden zu Tagen, die Tage zu Wochen,
Die Wochen zu Monden; schon kam der Termin!
Ihm ward's vor den Augen bald gelb und bald grün.

Nun sucht' er, ein bleicher, hohlwangiger Werther,
In Wäldern und Feldern die einsamsten Oerter.
Da traf ihn, auf selten betretener Bahn,
Hans Bendix, sein Schäfer, am Felsenhang an.

„Herr Abt, sprach Hans Bendix, was mögt ihr euch grämen?
Ihr schwindet ja wahrlich dahin, wie ein Schemen.
Maria und Joseph! Wie hotzelt ihr ein!
Mein Sixchen! Es muß euch was angethan sein." —

„Ach, guter Hans Bendix, so muß sich's wohl schicken.
Der Kaiser will gern mir am Zeuge was flicken,
Und hat mir drei Nüss' auf die Zähne gepackt,
Die schwerlich Beelzebub selber wohl knackt.

Zum ersten! Wann hoch er, im fürstlichen Rathe,
Zu Throne sich zeiget im Kaiser-Ornate,
Dann soll ich ihm sagen, ein treuer Warrein,
Wie viel er wohl werth bis zum Heller mag sein?

Zum zweiten soll ich ihm berechnen und sagen:
Wie bald er zu Rosse die Welt mag umjagen?
Um keine Minute zu wenig und viel!
Er meint, der Bescheid darauf wäre nur Spiel.

Zum dritten, ich ärmster von allen Prälaten,
Soll ich ihm gar seine Gedanken errathen!
Die will er mir treulich bekennen; allein
Es soll auch kein Titelchen Wahres dran sein.

Und kann ich ihm diese drei Fragen nicht lösen,
So bin ich die längste Zeit Abt hier gewesen;
So läßt er mich führen zu Esel durch's Land,
Verkehrt, statt des Zaumes, den Schwanz in der Hand." —

„Nichts weiter?" erwiedert Hans Bendix mit Lachen,
„Herr, gebt euch zufrieden! das will ich schon machen.
Nur borgt mir eu'r Käppchen, eu'r Kreuzchen und Kleid;
So will ich schon geben den rechten Bescheid.

Versteh' ich gleich nichts von lateinischen Brocken,
So weiß ich den Hund doch vom Ofen zu locken.
Was ihr euch, Gelehrte, für Geld nicht erwerbt,
Das hab' ich von meiner Frau Mutter geerbt."

Da sprang, wie ein Böcklein, der Abt vor Behagen.
Mit Käppchen und Kreuzchen, mit Mantel und Kragen,
Ward stattlich Hans Bendix zum Abte geschmückt,
Und hurtig zum Kaiser nach Hofe geschickt.

Hier thronte der Kaiser im fürstlichen Rathe,
Hoch prangt' er, mit Scepter und Kron' im Ornate:
„Nun sagt mir, Herr Abt, als ein treuer Wardein,
Wie viel ich itzt werth bis zum Heller mag sein?" —

„Für dreißig Reichsgulden ward Christus verschachert;
Drum gäb' ich, so sehr ihr auch pochet und prachert,
Für euch keinen Deut mehr, als zwanzig und neun,
Denn Einen müßt ihr doch wohl minder werth sein." —

„Hm! sagte der Kaiser, der Grund läßt sich hören,
Und mag den durchlauchtigsten Stolz wohl bekehren.
Nie hätt' ich, bei meiner hochfürstlichen Ehr'!
Geglaubet, daß so spottwohlfeil ich wär'.

Nun aber sollst du mir berechnen und sagen:
Wie bald ich zu Rosse die Welt mag umjagen?
Um keine Minute zu wenig und viel!
Ist dir der Bescheid darauf auch nur ein Spiel?" —

„Herr, wenn mit der Sonn' ihr früh sattelt und reitet,
Und stets sie in einerlei Tempo begleitet,
So setz' ich mein Kreuz und mein Käppchen daran,
In zwei mal zwölf Stunden ist Alles gethan." —

„Ha, lachte der Kaiser, vortrefflicher Haber!
Ihr füttert die Pferde mit Wenn und mit Aber.
Der Mann, der das Wenn und das Aber erdacht,
Hat sicher aus Häckerling Gold schon gemacht.

Nun aber zum dritten, nun nimm dich zusammen!
Sonst muß ich dich dennoch zum Esel verdammen.
Was denk' ich, das falsch ist! Das bringe heraus!
Nur bleib' mir mit Wenn und mit Aber zu Haus!" —

„Ihr denket, ich sei der Herr Abt von St. Gallen." —
„Ganz recht! und das kann von der Wahrheit nicht fallen." —
„Sein Diener, Herr Kaiser! Euch trügt eu'r Sinn:
Denn wißt, daß ich Bendix, sein Schäfer, nur bin!" —

„Was Henker! Du bist nicht der Abt von St. Gallen?
Rief hurtig, als wär' er vom Himmel gefallen,
Der Kaiser mit frohem Erstaunen darein;
Wohlan denn, so sollst du von nun an es sein!

Ich will dich belehnen mit Ring und mit Stabe.
Dein Vorfahr besteige den Esel und trabe!
Und lerne fortan erst quid Juris verstehn!
Denn wenn man will ernten, so muß man auch sä'n." —

„Mit Gunsten, Herr Kaiser! Das laßt nur hübsch bleiben!
Ich kann ja nicht lesen, noch rechnen und schreiben;
Auch weiß ich kein sterbendes Wörtchen Latein.
Was Hänschen versäumt, holt Hans nicht mehr ein."

„Ach, guter Hans Bendix, das ist ja recht Schade!
Erbitte dir demnach ein' andere Gnade!
Sehr hat mich ergötzet dein lustiger Schwank;
Drum soll dich auch wieder ergötzen mein Dank." —

„Herr Kaiser, groß hab' ich so eben nichts nöthig;
Doch seid ihr im Ernst mir zu Gnaden erbötig;
So will ich mir bitten, zum ehrlichen Lohn,
Für meinen hochwürdigen Herren Pardon." —

„Ha bravo! Du trägst, wie ich merke, Geselle,
Das Herz, wie den Kopf, auf der richtigsten Stelle.
Drum sei der Pardon ihm in Gnaden gewährt,
Und obenein dir ein Panis-Brief bescheert:

Wir lassen dem Abt von St. Gallen entbieten:
Hans Bendix soll ihm nicht die Schafe mehr hüten.
Der Abt soll sein pflegen, nach unserm Gebot,
Umsonst, bis an seinen sanftseligen Tod!"

Bürger.

Die Entführung

oder

Ritter Karl von Eichenhorst und Fräulein Gertrude von Hochburg.

„Knapp', sattle mir mein Dänenroß,
Daß ich mir Ruh' erreite!
Es wird mir hier zu eng' im Schloß;
Ich will und muß in's Weite!" —
So rief der Ritter Karl in Hast,
Voll Angst und Ahnung, sonder Rast.
Es schien ihn fast zu plagen,
Als hätt' er Wen erschlagen.

Er sprengte, daß es Funken stob,
Hinunter von dem Hofe!
Und als er kaum den Blick erhob,
Sieh' da! Gertrudens Zofe!
Zusammenschrak der Rittersmann;
Es packt' ihn, wie mit Krallen, an,
Und schüttelt' ihn wie Fieber,
Hinüber und herüber.

„Gott grüß' euch, edler junger Herr!
Gott geb' euch Heil und Frieden!
Mein armes Fräulein hat mich her
Zum letzten Mal beschieden.
Verloren ist euch Trudchens Hand!
Dem Junker Plump von Pommerland
Hat sie, vor aller Ohren,
Ihr Vater zugeschworen."

„„Mord! — flucht er laut, bei Schwert
und Spieß, —
Wo Karl dir noch gelüstet,
So sollst du tief in's Burgverließ,
Wo Molch und Unke nistet.
Nicht rasten will ich Tag und Nacht,
Bis daß ich nieder ihn gemacht,
Das Herz ihm ausgerissen,
Und das dir nachgeschmissen.""

„Jetzt in der Kammer zagt die Braut,
Und zuckt vor Herzenswehen,
Und ächzet tief, und weinet laut,
Und wünschet zu vergehen.
Ach! Gott der Herr muß ihrer Pein,
Bald muß und wird er gnädig sein.
Hört ihr zur Trauer läuten,
So wißt ihr's auszudeuten." —

„„Geh, meld' ihm, daß ich sterben muß.—
Rief sie mit tausend Zähren.
Geh, bring' ihm ach! den letzten Gruß,
Den er von mir wird hören!
Geh, unter Gottes Schutz, und bring'
Von mir ihm diesen goldnen Ring
Und dieses Wehrgehenke,
Wobei er mein gedenke!"" —

Zu Ohren braust' ihm, wie ein Meer,
Die Schreckenspost der Dirne.
Die Berge wankten um ihn her.
Es flirrt' ihm vor der Stirne.
Doch jach, wie Windeswirbel fährt,
Und rührig Laub und Staub empört,
Ward seiner Lebensgeister
Verzweiflungsmuth um Meister.

„Gottslohn! Gottslohn! du treue
Magd,
Kann ich's dir nicht bezahlen.
Gottslohn, daß du mir's angesagt,
Zu hundert tausend Malen.
Sei wohlgemuth und tummle dich!
Flugs tummle dich zurück und sprich:
Wär's auch aus tausend Ketten,
So wollt' ich sie erretten!

Sei wohlgemuth und tummle dich!
Flugs tummle dich von hinnen!
Ha! Riesen, gegen Hieb und Stich,
Wollt' ich sie abgewinnen.
Sprich: Mitternachts, bei Sternenschein,
Wollt' ich vor ihrem Fenster sein,
Mir geh' es, wie es gehe!
Wohl, oder ewig wehe!

Risch auf und fort!" — Wie Sporen trieb
Des Ritters Wort die Dirne.
Tief holt' er wieder Luft und rieb
Sich's klar vor Aug' und Stirne.
Dann schwenkt' er hin und her sein Roß,
Daß ihm der Schweiß vom Buge floß,
Bis er sich Rath ersonnen
Und den Entschluß gewonnen.

Drauf ließ er heim sein Silberhorn
Von Dach und Zinnen schallen.
Herangesprengt, durch Korn und Dorn,
Kam stracks ein Heer Vasallen.
Draus zog er Mann bei Mann hervor,
Und raunt' ihm heimlich Ding in's
      Ohr: —
„Wohlauf! Wohlan! Seid fertig,
Und meines Horns gewärtig!" —

Als nun die Nacht Gebirg' und Thal
Vermummt in Rabenschatten,
Und Hochburgs Lampen überall
Schon ausgeflimmert hatten,
Und alles tief entschlafen war;
Doch nur das Fräulein immerdar,
Voll Fieberangst noch wachte,
Und seines Ritters dachte:

Da horch! Ein süßer Liebeston
Kam leis' empor geflogen.
„Ho, Trudchen, ho! Da bin ich schon!
Risch auf! dich angezogen!
Ich, ich, dein Ritter, rufe dir;
Geschwind, geschwind herab zu mir!
Schon wartet dein die Leiter.
Mein Klepper bringt dich weiter." —

„Ach nein, du Herzens-Karl, ach nein!
Still, daß ich nichts mehr höre!
Entränn' ich ach! mit dir allein,
Dann wehe meiner Ehre!
Nur noch ein letzter Liebeskuß
Sei, Liebster, dein und mein Genuß,
Eh' ich im Todtenkleide
Auf ewig von dir scheide."

„Ha Kind! auf meiner Rittertreu'
Kannst du die Erde bauen.
Du kannst, beim Himmel! froh und frei
Mir Ehr' und Leib vertrauen.
Risch geht's nach meiner Mutter fort.
Das Sacrament vereint uns dort.
Komm, komm! Du bist geborgen.
Laß Gott und mich nur sorgen!"

„Mein Vater!... Ach! ein Reichsbaron!
So stolz von Ehrenstamme!...
Laß ab! Laß ab! Wie beb' ich schon,
Vor seines Zornes Flamme!
Nicht rasten wird er Tag und Nacht,
Bis daß er nieder dich gemacht,
Das Herz dir ausgerissen
Und das mir vergeschmissen." —

„Ha, Kind! Sei nur erst sattelfest,
So ist mir nicht mehr bange.
Dann steht uns offen Ost und West. —
O, zaudre nicht zu lange!
Horch, Liebchen, horch! — Was rührte
      sich? —
Um Gotteswillen! tummle dich!
Komm, komm! Die Nacht hat Ohren;
Sonst sind wir ganz verloren."

Das Fräulein zagte — stand — und
      stand —
Es graust' ihr durch die Glieder. —
Da griff er nach der Schwanenhand,
Und zog sie flink hernieder. .
Ach! Was ein Herzen, Mund und Brust,
Mit Rang und Drang, voll Angst und
      Lust,

Belauschten jetzt die Sterne
Aus hoher Himmelsferne! —

Er nahm sein Lieb, mit einem Schwung,
Und schwang's auf den Polacken.
Hui! saß er selber auf und schlung
Sein Heerhorn um den Nacken.
Der Ritter hinten, Trudchen vorn.
Den Dänen trieb des Ritters Sporn;
Die Peitsche den Polacken;
Und Hochburg blieb im Nacken. —

Ach! leise hört die Mitternacht!
Kein Wörtchen ging verloren.
Im nächsten Bett war aufgewacht
Ein Paar Verätherohren.
Des Fräuleins Sittenmeisterin,
Voll Gier nach schnödem Geldgewinn,
Sprang hurtig auf, die Thaten
Dem Alten zu verrathen.

„Halloh! Halloh! Herr Reichsbaron!
Hervor aus Bett und Kammer! —
Eu'r Fräulein Trudchen ist entflohn,
Entflohn zu Schand' und Jammer!
Schon reitet Karl von Eichenhorst,
Und jagt mit ihr durch Feld und Forst.
Geschwind! ihr dürft nicht weilen,
Wollt ihr sie noch ereilen."

Hui! auf der Freiherr, hui! heraus,
Bewehrte sich zum Streite,
Und donnerte durch Hof und Haus,
Und weckte seine Leute. —
„Heraus, mein Sohn von Pommerland!
Sitz' auf! Nimm Lanz' und Schwert zur
Hand!

Die Braut ist dir gestohlen;
Fort, fort, sie einzuholen!" —

Rasch ritt das Paar im Zwielicht schon,
Da horch! — ein dumpfes Rufen, —
Und horch! — erscholl ein Donnerton,
Von Hochburgs Pferdehufen;
Und wild kam Plump, den Zaum ver=
hängt,
Weit, weit voran, daher gesprengt,
Und ließ, zu Trudchens Grausen,
Vorbei die Lanze sausen. —

„Halt an! Halt an! du Ehrendieb!
Mit deiner losen Beute!
Herbei vor meinem Klingenhieb!
Dann raube wieder Bräute.
Halt an, verlaufne Buhlerin,
Daß neben deinen Schurken hin
Dich meine Rache strecke,
Und Schimpf und Schand' euch decke!"—

„Das lengst du, Plump von Pommerland,
Bei Gott und Ritterehre!
Herab! Herab! Daß Schwert und Hand
Dich andre Sitten lehre. —
Halt, Trudchen, halt den Dänen an! —
Herunter, Junker Grobian,
Herunter von der Mähre,
Daß ich dich Sitte lehre!" —

Ach! Trudchen, wie voll Angst und Noth!
Sah hoch die Säbel schwingen.
Hell funkelten im Morgenroth
Die Damascener=Klingen.
Von Kling und Klang, von Ach und Krach)
Ward rund herum das Echo wach.

Von ihrer Ferſen Stampfen
Begann der Grund zu dampfen.

Wie Wetter ſchlug des Liebſten Schwert,
Den Ungeſchliffnen nieder.
Gertrudens Helt blieb unverſehrt,
Und Plump erſtand nicht wieder. —
Nun weh, o weh! Erbarm' es Gott!
Kam fürchterlich, Galopp und Trott,
Als Karl kaum ausgeſtritten,
Der Nachtrapp angeritten. —

Trarah! Trarah! Durch Flur und Wald
Ließ Karl ſein Horn nun ſchallen.
Sieh da! Hervor vom Hinterhalt,
Hop hop! ſein Heer Vaſallen. —
"Nun halt, Baron, und hör' ein Wort!
Schau auf! erblickſt du jene dort?
Die ſind zum Schlagen fertig
Und meines Winks gewärtig.

Halt an! Halt an! Und hör' ein Wort,
Damit dich nichts gereue!
Dein Kind gab längſt mir Treu' und
                              Wort,
Und ich ihm Wort und Treue.
Willſt du zerreißen Herz und Herz?
Soll dich ihr Blut, ſoll dich ihr Schmerz;
Vor Gott und Welt verklagen?
Wohlan, ſo laß uns ſchlagen!

Noch halt! Bei Gott beſchwör' ich dich!
Bevor's dein Herz gereuet.
In Ehr' und Züchten hab' ich mich
Dem Fräulein ſtets geweihet.
Gib .. Vater! .. Gib mir Trudchens
                              Hand! —

Der Himmel gab mir Gold und Land.
Mein Ritterruhm und Adel
Gottlob! trotzt jedem Tadel."

Ach! Trudchen, wie voll Angſt und
                              Noth!
Verblüht' in Todesbläſſe.
Vor Zorn der Freiherr heiß und roth,
Glich einer Feuereſſe. —
Und Trudchen warf ſich auf den Grund;
Sie rang die ſchönen Hände wund,
Und ſuchte baß, mit Thränen,
Den Eifrer zu verſöhnen.

"O Vater, habt Barmherzigkeit,
Mit euerm armen Kinde!
Verzeih' euch, wie ihr uns verzeiht,
Der Himmel auch die Sünde!
Glaubt, beſter Vater, dieſe Flucht,
Ich hätte nimmer ſie verſucht,
Wenn vor des Junkers Bette
Mich nicht geekelt hätte. —

Wie oft habt ihr, auf Knie und Hand,
Gewiegt mich und getragen!
Wie oft: du Herzenskind! genannt,
Du Troſt in alten Tagen!
O Vater, Vater! Denkt zurück!
Ermordet nicht mein ganzes Glück!
Ihr tödtet ſonſt daneben
Auch eures Kindes Leben."

Der Freiherr warf ſein Haupt herum
Und wies den krauſen Nacken.
Der Freiherr rieb, wie taub und ſtumm,
Die dunkelrothen Backen. —
Vor Wehmuth brach ihm Herz und Blick;

Doch schlang er stolz den Strom zu-
    rück,
Um nicht durch Vaterthränen
Den Rittersinn zu höhnen. —

Bald sanken Zorn und Ungestüm.
Das Vaterherz wuchs über.
Von hellen Zähren strömten ihm
Die stolzen Augen über. —
Er hob sein Kind vom Boden auf,
Er ließ der Herzensfluth den Lauf,
Und wollte schier vergehen,
Vor wundersüßen Wehen. —

„Nun wohl! Verzeih' mir Gott die
    Schuld,
So wie ich dir verzeihe!
Empfange meine Vaterhuld,
Empfange sie auf's neue!
In Gottes Namen, sei es drum, —
Hier wandt' er sich zum Ritter um,

Da! Nimm sie meinetwegen,
Und meinen ganzen Segen!

Komm, nimm sie hin, und sei mein Sohn,
Wie ich dein Vater werde!
Vergeben und vergessen schon
Ist jegliche Beschwerde.
Dein Vater, einst mein Ehrenfeind,
Der's nimmer hold mit mir gemeint,
That Vieles mir zu Hohne.
Ihn haßt' ich noch im Sohne.

Mach's wieder gut! Mach's gut, mein
    Sohn,
An mir und meinem Kinde!
Auf daß ich meiner Güte Lohn
In deiner Güte finde.
So segne denn, der auf uns sieht,
Euch segne Gott, von Glied zu Glied!
Auf! Wechselt Ring' und Hände!
Und hiermit Lied am Ende!" —

Bürger.

Das Lied vom braven Manne.

Hoch klingt das Lied vom braven Mann,
Wie Orgelton und Glockenklang.
Wer hohes Muths sich rühmen kann,
Den lohnt nicht Gold, den lohnt Gesang.
Gottlob! daß ich singen und preisen kann!
Zu singen und preisen den braven Mann.

Der Thauwind kam vom Mittagsmeer,
Und schnob durch Welschland trüb und feucht.
Die Wolken flogen vor ihm her,
Wie wann der Wolf die Heerde scheucht.
Er fegte die Felder; zerbrach den Forst!
Auf Seen und Strömen das Grundeis borst.

Am Hochgebirge schmolz der Schnee;
Der Sturz von tausend Wassern scholl;
Das Wiesenthal begrub ein See;
Des Landes Heerstrom wuchs und schwoll;
Hoch rollten die Wogen, entlang ihr Gleis,
Und rollten gewaltige Felsen Eis.

Auf Pfeilern und auf Bogen schwer,
Aus Quaderstein von unten auf,
Lag eine Brücke drüber her;
Und mitten stand ein Häuschen drauf.
Hier wohnte der Zöllner, mit Weib und Kind. —
„O Zöllner, o Zöllner! Entfleuch geschwind!"

Es dröhnt' und dröhnte dumpf heran;
Laut heulten Sturm und Wog' um's Haus,
Der Zöllner sprang zum Dach hinan,
Und blickt' in den Tumult hinaus. —
„Barmherziger Himmel! Erbarme dich!
Verloren! Verloren! Wer rettet mich?" —

Die Schollen rollten, Schuß auf Schuß,
Von beiden Ufern, hier und dort,
Von beiden Ufern riß der Fluß
Die Pfeiler sammt den Bogen fort.
Der bebende Zöllner, mit Weib und Kind,
Er heulte noch lauter, als Strom und Wind.

Die Schollen rollten, Stoß auf Stoß,
An beiden Enden, hier und dort,
Zerborsten und zertrümmert, schoß
Ein Pfeiler nach dem andern fort.
Bald nahte der Mitte der Umsturz sich. —
„Barmherziger Himmel! Erbarme dich! —

Hoch auf dem fernen Ufer stand
Ein Schwarm von Gaffern, groß und klein;
Und Jeder schrie und rang die Hand,
Doch mochte Niemand Retter sein.
Der bebende Zöllner, mit Weib und Kind,
Durchheulte nach Rettung den Strom und Wind. —

Wann klingst du, Lied vom braven Mann,
Wie Orgelton und Glockenklang?
Wohlan! So nenn' ihn, nenn' ihn dann!
Wann nennst du ihn, mein schönster Sang?
Bald nahet der Mitte der Umsturz sich,
O braver Mann! braver Mann! nun zeige dich.

Rasch gallopirt' ein Graf hervor,
Auf hohem Roß ein edler Graf.
Was hielt des Grafen Hand empor?
Ein Beutel war es voll und straff. —
„Zweihundert Pistolen sind zugesagt
Dem, welcher die Rettung der Armen wagt."

Wer ist der Brave? Ist's der Graf?
Sag' an, mein braver Sang, sag' an!
Der Graf, bei'm höchsten Gott! war brav!
Doch weiß ich einen bravern Mann. —
O braver Mann! braver Mann! nun zeige dich!
Schon naht das Verderben sich fürchterlich.

Und immer höher schwoll die Fluth;
Und immer lauter schnob der Wind;
Und immer tiefer sank der Muth. —
O Retter! Retter! Komm' geschwind! —
Stets Pfeiler bei Pfeiler zerborst und brach.
Laut krachten und stürzten die Bogen nach.

„Halloh! Halloh! Frisch auf gewagt!"
Hoch hielt der Graf den Preis empor.
Ein Jeder hört's, doch Jeder zagt,
Aus Tausenden tritt Keiner vor.
Vergebens durchheulte mit Weib und Kind,
Der Zöllner nach Rettung den Strom und Wind. —

Sieh, schlecht und recht, ein Bauersmann
Am Wanderstabe schritt daher,
Mit grobem Kittel angethan,
An Wuchs und Antlitz hoch und hehr.
Er hörte den Grafen, vernahm sein Wort;
Und schaute das nahe Verderben dort.

Und kühn in Gottes Namen, sprang
Er in den nächsten Fischerkahn;
Trotz Wirbel, Sturm, und Wogendrang
Kam der Erretter glücklich an.
Doch wehe! Der Nachen war allzu klein,
Der Retter von Allen zugleich zu sein.

Und dreimal zwang er seinen Kahn,
Trotz Wirbel, Sturm, und Wogendrang;
Und dreimal kam er glücklich an,
Bis ihm die Rettung ganz gelang.
Kaum kamen die Letzten in sichern Port,
Da rollte das letzte Getrümmer fort. —

Wer ist, wer ist der brave Mann?
Sag' an, sag' an, mein braver Sang!
Der Bauer wagt' ein Leben dran;
Doch that er's wohl um Goldesklang?
Denn spendete nimmer der Graf sein Gut,
So wagte der Bauer vielleicht kein Blut.

„Hier, rief der Graf, mein wackrer Freund!
Hier ist dein Preis! Komm her! Nimm hin!" —
Sag' an, war das nicht brav gemeint?
Bei Gott! der Graf trug hohen Sinn.
Doch höher und himmlischer, wahrlich! schlug
Das Herz, was der Bauer im Kittel trug.

„Mein Leben ist für Gold nicht feil.
Arm bin ich zwar, doch eff' ich satt.
Dem Zöllner werd' euer Gold zu Theil,
Der Hab' und Gut verloren hat!"
So rief er, mit herzlichem Biederton,
Und wandte den Rücken und ging davon. —

Doch klingst du, Lied vom braven Mann,
Wie Orgelton und Glockenklang!
Wer solchen Muths sich rühmen kann,
Den lohnt kein Gold, den lohnt Gesang.
Gottlob! daß ich singen und preisen kann,
Unsterblich zu preisen den braven Mann.

                                        Bürger.

Die Weiber von Weinsberg.

Wer sagt mir an, wo Weinsberg liegt?
Soll sein ein wackres Städtchen,
Soll haben, fromm und klug gewiegt,
Viel Weiberchen und Mädchen.
Kommt mir einmal das Freien ein,
So werd' ich eins aus Weinsberg frei'n.

Einstmal der Kaiser Konrad war
Dem guten Städtlein böse,
Und rückt' heran mit Kriegesschaar
Und Reisigengetöse,
Umlagert' es, mit Roß und Mann,
Und schoß und rannte drauf und dran.

Und als das Städtlein widerstand,
Trotz allen seinen Nöthen,
Da ließ er, hoch von Grimm entbrannt,
Den Herold 'nein trompeten:
"Ihr Schurken, komm' ich 'nein, so wißt,
Soll hängen, was die Wand bepißt!"

Drob, als er den Avis also
Hinein trompeten lassen,
Gab's lautes Zetermordio,
Zu Hauf' und auf den Gassen.
Das Brot war theuer in der Stadt;
Doch theurer noch war guter Rath.

"O weh, mir armen Korydon!
O weh mir!" Die Pastores
Schrien: "Kyrie Eleyson!
Wir gehn, wir gehn kapores!
O weh, mir armen Korydon!
Es juckt mir an der Kehle schon."

Doch wann's Matthä' am letzten ist,
Trotz Rathen, Thun und Beten,
So rettet oft noch Weiberlist
Aus Aengsten und aus Nöthen.
Denn Pfaffentrug und Weiberlist
Gehn über Alles, wie ihr wißt.

Ein junges Weibchen Lobesan,
Seit gestern erst getrauet,
Gibt einen klugen Einfall an,
Der alles Volk erbauet;
Den ihr, sofern ihr anders wollt,
Belachen und beklatschen sollt.

Zur Zeit der stillen Mitternacht,
Die schönste Ambassade
Von Weibern sich in's Lager macht,
Und bettelt dort um Gnade.
Sie bettelt sanft, sie bettelt süß,
Erhält doch aber nichts, als dies:

"Die Weiber sollten Abzug han,
Mit ihren besten Schätzen,
Was übrig bliebe, wollte man
Zerhauen und zersetzen."
Mit der Capitulation
Schleicht die Gesandtschaft trüb' davon.

. Drauf, als der Morgen bricht hervor,
Gebt Achtung! was geschiehet?
Es öffnet sich das nächste Thor,
Und jedes Weibchen ziehet,
Mit ihrem Männchen schwer im Sack,
So wahr ich lebe! Huckepack.

Manch Hofschranz suchte zwar sofort
Das Kniffchen zu vereiteln;
Doch Konrad sprach: "Ein Kaiserwort
Soll man nicht drehn noch deuteln.
Ha bravo! rief er, bravo so!
Meint' unsre Frau es auch nur so?"

Er gab Parten und ein Bankett,
Den Schönen zu Gefallen.
Da ward gegeigt, da ward trompet't,
Und durchgetanzt mit allen,
Wie mit der Burgemeisterin,
So mit der Besenbinderin.

Ei, sagt mir doch, wo Weinsberg liegt?
Ist gar ein wackres Städtchen,
Hat, treu und fromm und klug gewiegt,
Viel Weiberchen und Mädchen.
Ich muß, kommt mir das Freien ein,
Fürwahr! muß Eins aus Weinsberg
frei'n.

Bürger.

Struth Winkelried.

~~~~~~

Es lebte ein Ritter am gräflichen Hof,
Geachtet von Großen und Kleinen:
Ein Blitz in den Schlachten, ein schützender Thurm,
Ein rettender Fels im verschlingenden Sturm,
Doch gern auch ein Bote des Friedens.

Und wenn in der Halle, beim festlichen Mahl,
Die rosigen Frauen kredenzten,
Und Becher erklangen die Tafel entlang,
Und Harfen ertönten, und Minnegesang,
Blieb immer sein Auge so düster.

Und sank an dem westlichen Himmel das Licht
Des Tages, bestieg er die Warte;

Und wenn dann des Hochgebirgs silberner Kranz
So golden verglimmte im scheidenden Glanz,
Dann netzten ihm Thränen die Wimper.

„Dort drüben, dort lieget mein heimathlich Land,
Dort drüben, da wohnen die Meinen!
Gerechtigkeit hat mich von ihnen gebannt,
Ich stieß, von der Hitze des Zorns übermannt,
Das Schwert in die Brust eines Freien.

Jetzt hab' ich so lange, so bitter gebüßt,
Und Kummer verzehrt meine Kräfte!
Ich spende an Kirchen und Arme mein Gut:
Erkauft mir denn nimmer die Reue, das Blut,
Ein Grab in dem Land meiner Väter?"

Und, horch! eine Mähre durchkreiset das Land:
„Nitwalden verheeret ein Drache;
Es drohet dem Ländchen ein gräßliches Loos,
Schon decken das einsame, traurige Moos
Die Knochen von Menschen und Thieren!

Hoch über die Berge zieht Alles, und flieht
Im Thale verödete Weiler;
Es wallen die Büßer mit Kreuzen, es weh'n
Die Fahnen, es hallen die Glocken, es fleh'n
Die Priester: Herr, send' uns den Retter!"

Da griff zur Rüstung der trauernde Held:
„Auf, Knappe! besteige den Renner!
Durchfliege das Land und durchstürme die Fluth,
Und sag meinen Herren, es wünsche der Struth
Dem Lande sein Leben zu weihen."

Und eh' noch der Renner die Ebne erreicht,
So sattelt er selber den Rappen,
Enteilet voll Kampflust dem gräflichen Schloß,
Und spornet und treibet das schäumende Roß
Der jammernden Heimath entgegen.

Es flog durch das Land, es durchstürmte die Fluth
Der Knapp' und verkündet die Mähre.
Und Alles ruft freudig: „den binde kein Bann,
Der zürnend erschlug einen einzelnen Mann,
Und tausend vom Tode nun rettet!"

Schon harrte der Ritter am Seeesgestad',
Blickt' bänglich zur Heimath hinüber:
Und, siehe! — ein Nachen durcheilet die Fluth;
Er ist es, der Knappe! er schwenket den Hut!
O Wonne! er bringet die Sühne.

Der Ritter springt froh in den landenden Kahn,
Und drückt an die Brust den Getreuen;
Greift hastig zum Ruder und steu'rt wieder fort,
Und Thränen der Freude benetzen den Ort
Der Heimath, an dem er nun landet.

Und dankend umringt ihn die Menge, und führt
Nach S t a n s ihn, im Jubelgepränge;
Ihm jauchzet der Jugend beweglicher Schwarm,
Es weinen die Mütter, die Kinder im Arm,
Und zeigen den Kleinen den Retter.

Und eh' noch die Sonne zu sinken begann,
Enteilt er den Armen der Freunde;
Steigt muthig hinan zu dem moosigen Land,
In Eisen gepanzert, die Lanze umwand
Ein Büschel der schärfsten Dornen.

Er ruft zu der Höhle am Felsen empor,
Und grimmig erscheinet der Drache;
Stürzt wüthend herab auf die Beute, und bäumt
Sich hoch in die Höhe, und zischet und schäumt,
Wildrollend die sprühenden Augen.

Doch tapfer tritt S t r u t h ihm entgegen, und stößt,
Da fletschend die Zähne er öffnet,
Den Speer in den Schlund ihm mit männlicher Kraft,

Und treibet den dornumwundenen Schaft
Ihm tief in den rauchenden Rachen.

Es windet, es wälzt sich das grimmige Thier:
Vergebens! Gepfählt an der Lanze,
Zerfleischt es der Ritter mit Hieb und mit Stoß;
Den tiefen, weit gähnenden Wunden entfloß
Das schäumende Blut auf dem Anger.

Und als es in krampfigen Ringen sich wand,
Verendet das fliehende Leben,
Da schwinget der Ritter sein Schwert durch die Luft,
Hochpreisend den Geber der Stärke, und ruft:
„Heil! Heil uns! Der Sieg ist errungen!"

Und Jubel erschallt von den Höhen, es strömt
Herbei die gerettete Menge,
Dem Ritter zu lohnen die männliche That,
Doch, Jammer! — Dem Ersten, der gegen ihn trat,
Sinkt sterbend der Held in die Arme!

Es war von dem Schwert ihm das schäumende Blut
Herunter geflossen zum Leibe;
Und schnell, wie das Feuer die Saaten verzehrt,
War jedes belebende Wirken zerstört,
Vom fressenden Gift des Gewürmes.

Laut scholl jetzt die Klage am traurigen Moos,
Doch freudig verathmet der Ritter,
Und ruft, da der Tod schon sein Auge verhüllt:
„Ich preise den Herren! Mein Wunsch ist erfüllt!
Ich finde ein Grab bei den Meinen!"

Und dankbar verkündet die Drachenkapell'
Die That noch den spätesten Zeiten.
Ein herrliches Loos hat der Ritter erreicht:
Wem dankend die Krone das Vaterland reicht,
Den zieret die schönste der Kronen!

Usteri.

Kaiser Max auf der Martinswand in Tyrol 1493.

Hinauf! hinauf! In Sprung und Lauf!
Wo die Luft so leicht, wo die Sonne so klar,
Nur die Gemse springt, nur horstet der Aar;
Wo das Menschengewühl zu Füßen mir rollt,
Wo das Donnergebrüll tief unten grollt:
Das ist der Ort, wo die Majestät
Sich herrlich den Herrscherthron erhöht!
Die steile Bahn hinan! Hinan!
Dort pfeifet die Gemse! — Ha! springe nur vor;
Nach setzet der Jäger, und fliegt empor!

Gähnt auch die Kluft schwarz, wie die Gruft;
Nur hinüber, hinüber, im leichten Schwung!
Wer setzt mir nach? es war ein Kaisersprung!
Klimme, Gemse, nur auf die Felsenwand!
In die luftige Höh, an des Abgrunds Rand
Mach' ich mit Eisen mir doch die Bahn.
Nur muthig hinauf und muthig hinan!
Jetzt ohne Rast, den Strauch erfaßt!
Wenn tückisch der Zweig vom Gesteine läßt,
So hält mich im Fall die Klippe noch fest." —

Der Stein nicht hält, der Kaiser fällt
In die Tiefe hinab zwei Klaftern lang,
Da ward Herr Maxen doch gleichsam bang.
Ein Felsen hervor ein wenig ragt,
· Das nennt er Glück — Gott sei's geklagt!
Einbrachen die Knie, doch blieb er stehn
Und taumelt sich aus; da mußt' er nun sehn:
Hier half kein Sprung, kein Aarschwung;
Denn unter ihm senkt sich die Martinswand,
Der steilste Felsen im ganzen Land.

Er starrt hinab in's Wolkengrab,
Und starrt hinauf in's Wolkenmeer,
Und schaut zurück und schaut umher.
Da zeigt sich kein Fleck zum Sprung handbreit,
Kein Strauch, der den Zweig dem Klimmer beut;
Aus harten Felsen wölbt sich ein Loch
Schroff hinter ihm, wie ein Dom so hoch!
Der Kaiser ruft in die taube Luft:
„Ei doch, wie hat mich die Gemse verführt!
Kein Weg zu den Lebenden niederführt." —

Er war's gewillt, es ist erfüllt!
Wo die Luft so leicht, wo die Sonne so klar,
Wo die Gemse nur springt, nur horstet der Aar,
Wo das Menschengewühl zu Füßen ihm rollt,

Wo das Donnergebrüll tief unten grollt,
Da steht des Kaisers Majestät,
Doch nicht zur Wonne hoch erhöht.
Ein Jammersohn auf luft'gem Thron,
Findet sich Max nun plötzlich allein,
Und fühlt sich, schaudernd, verlassen und klein. —

Im Thalesgrund ein Hirte sinnt,
Und sieht auf der Platte sich's regen,
Und bücken und heben und schreiend bewegen.
„„Den bannt wohl hinauf des Satans Gewalt?
Das ist bei Gott eine Menschengestalt!"
So ruft er, und winkt die Hirten herbei,
Daß jeder ihm staunend das Wunder zeih'!
Gott sei mit ihm! Ist's eine Stimm':
Der steht dort oben in großer Noth,
Muß arg wohl erleiden den Hungertod.

Auf leichtem Roß ein Jägertroß
Kommt nun das Thal hereingesprengt,
Wo sich die Menge schon gaffend drängt.
Und rufet den nächsten Hirten an:
„Nahm wohl der Kaiser anher die Bahn?
Hoch auf der Alp klomm er empor,
Daß ihn des Jägers Blick verlor."
Der Hirte blickt auf die Wand, erschrickt,
Hindeutend sagt er zum Jägerschwarm:
„„Dann schaut ihn dort oben! daß Gott erbarm!""

Der Jäger blickt auf die Wand, erschrickt,
Und hebet nun schnell sein Sprechrohr,
Und ruft, was Menschenbrust mag, empor:
„Herr Kaiser, seid Ihr's, der steht in der Bley',
So werft herab einen Stein behend."
Und vorwärts nun woget das Menschengewühl,
Und plötzlich ward es nun todtenstill. — —
Da fällt der Stein, senkrecht hinein,

Wo unter dem Felsen ein Hüter wacht,
Daß zerschmettert das Dach zusammenkracht.

Des Volks Geheul, auf eine Meil'
Im ganzen Umkreis zu hören,
Macht rings das Echo empören.
Uur zum Kaiser auf dringet der Jammerlaut,
Der kaum mehr menschlicher Hülfe vertraut.
Er spannet das Aug', er strecket das Ohr:
„Was wühlet dort unten! Was rauscht empor?"
Er sieht und lauscht; fort wühlt's und rauscht —
So harret er aus, ohn' Murren und Klag',
Der edle Herr, bis zu Mittag.

Doch Sonnenbrand die Felsenwand
Zurück mit glühenden Strahlen prallt;
Da wird unleidlich der Hitze Gewalt.
Erschöpft von der mattenden Gemsenjagd,
Vom Durst gequält, vom Hunger geplagt,
Fühlt sich Max ganz matt und schwach; —
War's Wunder, daß endlich die Kraft ihm brach?
Das wünscht' er allein: Gewiß zu sein,
Eh' die Besinnung ihm verfließt,
Ob Hülfe bei Menschen noch möglich ist?

Bald wußt er Rath und schritt zur That,
Und schrieb mit Stiften auf Pergament
Die Frag' an's Volk, und wickelt behend
Mit goldnem Bande das Täfelein,
Auf einen gewichtigen Marmorstein,
Ließ fallen die Last in die Tiefe hinab,
Und horcht' — kein Laut, der ihm Antwort gab.
Ach Gott und Herr! man liebt ihn so sehr,
Drum findet vom Volke sich Niemand ein,
Dem Herrn ein Bote des Todes zu sein. —

Der Kaiser, wie hart, auf Antwort harrt,
Und sendet den dritten und vierten Stein,

Doch immer wollt' es vergeblich fein,
Bis schon am Himmel die Sonne sich senkt,
Und nun erseufzend der Herr sich denkt:
„Wär' Hülfe möglich, sie riefen es mir,
So harr' ich nun sichrer des Todes allhier."
Da hob sein Sinn zu Gott sich hin;
Ihm entflammt das Herz der heilige Geist,
Daß er sich schnell von dem Irdischen reißt,

Weg stößt die Welt, zum Ewigen hält!
Jetzt wieder ein Täflein nimmt zur Hand,
Beschreibt es eifrig. — Weil fehlte das Band,
So band er's am Stein mit dem goldenen Vließ,
Was soll's ihm? Er war ja des Todes gewiß;
Und aus dem erhöheten luftigen Grab
Wirft er den Stein in's Leben hinab.
Wohl peinlicher Schmerz durchwühlet sein Herz
Jedem, der nun, was der Kaiser begehrt,
Weinend vom weinenden Leser hört.

Der Leser rief: „So heißt der Brief:
Viel Dank, Tyrol, für deine Lieb',
Die treu in jeder Noth mir blieb.
Doch Gott versucht' ich mit Uebermuth,
Das soll ich nun büßen mit Leib und Blut.
Bei Menschen ist keine Rettung mehr;
Gottes Wille geschehe! Gerecht ist der Herr!
Will büßen die Schuld mit Muth und Geduld.
Mit einem wohl könnt ihr mein Herz erfreun,
Ich will Euch den Dank im Tode noch weihn.

Nach Zierlein eilt nun unverweilt
Ein Bot' um das heilige Sakrament,
Nach dem mir dürstend die Seele brennt,
Und wenn der Priester steht am Fluß,
So kündet's mir, Schützen, durch einen Schuß.
Und wenn ich den Segen nun soll empfahn,

So reut' es ein zweiter mir wieder an.
Sehr bitt' ich euch, fleht dann zugleich
Mit mir zum Helfer in aller Noth,
Daß er mich stärk' im Hungertod."

Der Bote fleucht, der Priester leucht
Nun schon herbei, nun steht er am Fluß,
Schnell künder's dem Kaiser der Schützen Schuß.
Der schauet hinab, erblickt die Monstranz,
Denn blitzend erglänzt der Demantkranz.
Und wirft sich vor ihr auf die Kniee hin,
Mit zerknirschtem Herzen, mit gläubigem Sinn.
Die Menschheit ringt und singt, und schwingt
Auf entfesselten Flügeln empor sich schnell
Zu der ewigen Liebe hochheiligem Quell!

Und, o! wie fleht sein heißes Gebet!
„O Gott, du Vater, allmächtig am Himmelsthron,
Du Lieb' aus Lieb' entquollener Gottessohn,
Und du, hochheiliger Gottesgeist,
Der beide vereint, das Heil uns weist,
O Gott, deß Liebe auf jeder Spur
Verkündet laut die weite Natur!
O, tauchte sich schnell im Lebensquell
Mein liebender Geist, umfaßte die Welt,
Die liebend am Herzen dein Arm erhält.

„Vor meinem Tod dein Himmelsbrot
Wünsch ich Unwürdiger, o wie sehr!
O, sieh auf mich erbarmend her!
O, Christus Lieb', tritt bei mir ein,
Und führ' mich zurück in der Gläub'gen Verein,
Die deine Lieb' so feurig beseelt,
Daß eines sie werden mit Gott und Welt.
Und weil ich nicht werth, was ich begehrt,
Ein einzig Wort aus deinem Munde
Macht deinen Knecht auch wieder gesund."

So will er im Flehn vor Liebe vergehn.
Da kündet ein zweiter Schuß ihm an,
Daß er den Segen nun soll empfahn.
Der Herr sogleich auf Felsengrund
Wirft sich die Stirn und die Hände wund.
Und der Jäger mit lautem Sprecherrohr
Sagt ihm des Priesters Worte vor:
„„Dich segne Gott in deiner Noth,
Der Vater, der Sohn und der heilige Geist,
Den Himmel und Erd' ohn' Ende preist.""

Nun allzumal im ganzen Thal
Das Volk auf den Knien harrt im Gebet,
Und laut für das Heil des Herrn es fleht.
Den Kaiser rührt's, der Betenden Schall
Bringt ihm zu Ohren der Wiederhall.
Auch er bleibt knien im Gebet,
Und Gott für das Wohl der Völker fleht;
Schon flammet der Mond am Horizont,
Und herrlich das grünliche Firmament
Von funkelnden Sternenheeren brennt. —

Des Himmels Pracht erweckt mit Macht
Die Sehnsucht zum himmlischen Vaterland,
Ihm löset sich jedes irdische Band.
Wo der Seraphim Harfe Jubel erklingt,
Der Seligen Chor das Heilige singt,
Wo das Leiden schweigt, die Begierde sich bricht
Zur ewigen Liebe, zum ewigen Licht,
Dahin, dahin schwingt sich sein Sinn,
Und mit hoch empor gehobenen Händen
Denkt er entfliehend sein Elend zu enden.

Als schlank und fein ein Bäuerlein,
Wie der Blitz ihn blendend, nun vor ihm stund,
Und grüßt' ihn mit lieblich ertönendem Mund:
„Herr Max, zum Sterben hat's wohl noch Zeit,

Doch folgt mir schnell. Der Weg ist weit.""
Der Kaiser entsetzt sich ob dem Gesicht,
Und trauet den Augen und Ohren nicht.
Und wie er schaut, ihm heimlich graut:
Denn es wallt um den Knaben gar sonderlich
Ein dämmernder Schein, der nichts Irdischem glich.

Doch der Kaiser in Hast sich wieder faßt
Und fragt das Knäblein: „Wer bist du? — Sprich!"
„„Ein Bote, gesandt, um zu retten dich!""
„Wer zeigte dir an zur Klippe den Weg?"
„„Wohl kenn ich den Berg und jeglichen Steg.""
„So hat dich der Himmel zu mir geschickt?"
„„Wohl hat er dein reiniges Herz erblickt!""
Drauf es sich dreht, zur Höhlung geht,
Und gleitet nun leicht durch den Riß in der Wand.
Den vorher sein forschendes Auge nicht fand.

Durch den Riß gebückt der Kaiser sich drückt,
Sieh da hüpfet das Knäblein leuchtend voran, .
Durch steile Schluchten tief ab die Bahn.
Wo funkelnd das Erz an den Wänden glimmt,
In der Tiefe der Schwaden aufblitzend schwimmt,
Am Gewölb' ertönt der Schritte Hall,
Fern donnert des Bergstroms brausender Fall,
Tiefer noch ab, Meilen hinab;
Da gleitet das Knäblein in eine Schlucht,
Die Fackel erlosch. — Mit den Händen bange nun sucht

Max sich den Weg hervor, und dringt empor;
Und schaut anfathmend der Sterne Licht,
Und sucht den Knaben und findet ihn nicht.
Da faßt ihn ein Schauer. Nicht hat er geirrt,
Wohl war es ein Engel, der ihn geführt.
Und schon erkennt er Zierleins Thal,
Hört brausen der Menge verworrenen Schall.
Mit bebendem Tritt er weiter schritt,

Wie oft ermattet er weilen muß,
Bis er naht dem weit erglänzenden Fluß.

Noch stand er weit, — doch hocherfreut
Schaut er den Priester bei Fackelglanz
Stehn unermüdlich mit der Monstranz,
Und noch die treuen Gemeinden knien,
Und heiß im Gebete für ihn glühn.
Sein Auge war naß, sein Herz hoch schwoll,
's war ja von tausend Gefühlen voll.
Schnell tritt er vor, ruft laut empor:
„Lobet den Herrn und seine Macht!
Seht, mich hat sein Engel zurückgebracht!"

Collin.

Columbus.

„Was willst du, Fernando, so trüb und
bleich?
Du bringst mir traurige Mähr!"
„„Ach, edler Feldherr, bereitet euch,
Nicht länger bezähm' ich das Heer!
Wenn jetzt nicht die Küste sich zeigen will,
So seid ihr ein Opfer der Wuth;
Sie fordern laut, wie Sturmgebrüll,
Des Feldherrn heiliges Blut.""

Und eh' noch dem Ritter das Wort ent-
floh,
Da drängt schon die Menge sich nach,
Da stürmen die Krieger, die Wüthenden,
schon,
Gleich Wogen in's stille Gemach.
Verzweiflung im wilden, verlöschenden
Blick,
Auf bleichen Gesichtern der Tod.

„Verräther! wo ist nun dein gleißendes
    Glück!
Jetzt rett' uns vom Gipfel der Noth!

Du giebst uns nicht Speise, so gieb uns
    denn Blut!"
„Blut!" rief das entzügelte Heer. —
Sanft stellte der Große den Felsenmuth
Entgegen dem stürmischen Meer.
„Befriedigt mein Blut euch, so nehmt
    es und lebt!
Doch bis noch ein einziges Mal
Die Sonne dem feurigen Osten ent=
    schwebt,
Vergönnt mir den segnenden Strahl.

Beleuchtet der Morgen kein rettend Ge=
    stad,
So biet' ich dem Tode mich gern,
Bis dahin verfolgt noch den muthigen
    Pfad,
Und trauet der Hülfe des Herrn!"
Die Würde des Helden, sein ruhiger Blick
Besiegte noch einmal die Wuth.
Sie wichen vom Haupte des Führers
    zurück
Und schonten sein heiliges Blut.

„Wohlan denn! es sei noch! doch hebt
    sich der Strahl
Und zeigt uns kein rettendes Land,
So siehst du die Sonne zum letzten Mal!
So zittre der strafenden Hand!"
Geschlossen war also der eiserne Bund;
Die Schrecklichen wichen zurück. — —
Es thue der leuchtende Morgen nun kund
Des duldenden Helden Geschick!

Die Sonne sank, der Tag entwich;
Des Helden Brust ward schwer;
Der Kiel durchrauschte schauerlich
Das weite, wüste Meer.
Die Sterne zogen still herauf,
Doch ach! kein Hoffnungsstern!
Und von des Schiffes ödem Lauf
Blieb Land und Rettung fern. —

Vom Trost des süßen Schlafs verbannt,
Die Brust voll Gram, durchwacht,
Nach Westen blickend unverwandt,
Der Held die dunkle Nacht.
„Nach Westen, o nach Westen hin
Beflügle dich, mein Kiel!
Dich grüßt noch sterbend Herz und
    Sinn,
Du meiner Sehnsucht Ziel!

Doch mild, o Gott, von Himmelshöhn
Blick auf dein Volk herab,
Laß nicht sie trostlos untergehn
Im wüsten Fluthengrab!
Es sprach's der Held, von Mitleid
    weich; — —
Da horch! welch' eil'ger Tritt?
„Noch einmal, Fernando, so trüb' und
    bleich?
Was bringt dein bebender Schritt?"

„„Ach, edler Feldherr, es ist geschehn!
Jetzt hebt sich der östliche Strahl.""
„Sei ruhig, mein Lieber, von himmlischen
    Höhn
Entwand sich der leuchtende Strahl.
Es waltet die Allmacht von Pol zu Pol;
Mir lenkt sie zum Tode die Bahn."

„„Leb wohl denn, mein Feldherr! leb
    ewig wohl!
Ich höre die Schrecklichen nahn!""

Und eh' noch dem Ritter das Wort ent-
    flohn,
Da drängte die Menge sich nach;
Da stürmten die Krieger, die Wüthenden,
    schon,
Gleich Wogen in's stille Gemach.
„Ich weiß, was ihr fordert, und bin
    bereit,
Ja werft mich in's schäumende Meer;
Doch wisset, das rettende Ziel ist nicht
    weit;
Gott schütze dich, irrendes Heer!"

Dumpf klirrten die Schwerter, ein wüstes
    Geschrei
Erfüllte mit Grausen die Luft;

Der Edle bereitet sich still und frei
Zum Weg in die fluthende Gruft.
Zerrissen war jedes geheiligte Band:
Schon sah sich zum schwindelnden Rand
Der treffliche Führer gerissen; — —
    Und Land!
Land! rief es, und donnert es, Land!!

Ein glänzender Streifen, mit Purpur
    gemalt
Erschien dem beflügelten Blick;
Vom Golde der steigenden Sonne be-
    strahlt
Erhob sich das winkende Glück,
Was kaum noch geahnet der zagende
    Sinn,
Was muthvoll der Große gedacht; — —
Sie stürzten zu Füßen des Herrlichen
    hin, —
Und priesen die göttliche Macht.

        Luise Brachmann.

Philippine Welserin.

„Horch, die Thurmuhr hat geschlagen
Und er naht den Augenblick!
Darf ich hier zu bleiben wagen?
Zieh ich furchtsam mich zurück?
Tiefer noch den Pfeil zu drücken
In die schwer verletzte Brust,
Sollt' ich fliehn aus seinen Blicken,
Fliehn, als wär' ich schuldbewußt!

„Und was hab' ich denn begangen?
Jugend, Schönheit, Edelsinn
Ziehn mit schüchternem Verlangen
Meine Seele zu ihm hin.

Ach, er ist so mild, so freundlich,
Ist so tapfer, ist so schön!
War es möglich, kalt und feindlich
Solchem Reiz zu widerstehn?

„Ja, ich weiß, ich darf nicht hoffen,
Mich bethört kein eitler Wahn,
Mein Geschick liegt vor mir offen,
Eine dornenvolle Bahn.
Tollkühn zu dem Kaisersohne
Hob sich mein verwegner Blick;
Und der Glanz der Fürstenkrone
Schrecket strafend mich zurück.

„Doch was ist dort für Bewegung?
Wie das Volk zusammenströmt!
Alles scheint in froher Regung.
(Guter Gott! Er ist's! Er kömmt!
Herrlich ragt er aus der Menge,
Die er freundlich nickend grüßt,
Aus dem fluthenden Gedränge,
Das sein Bedderroß umfließt!"

Und schon hat er sie erspähet
Hinter der Gardinen Flor!
Zu dem Fenster, wo sie stehet,
Fliegt ein heißer Blick empor;
Denn die keinen Rang erkennet,
Liebe zieht ihn zu ihr hin,
Und der Sohn des Kaisers brennet
Für die schöne Welserin.

Täglich zieht er nun vorüber,
Täglich wird die süße Qual,
Seines Busens Schmerz ihm lieber,
Täglich wächst der Hoffnung Strahl;
Und schon wagt er zu gestehen,
Was die Seel' ihm glühend füllt,
Zitternd höret sie sein Flehen,
Denn sie schreckt der Zukunft Bild.

Und sie mahnt ihn seines Ranges,
Seines Vaters, seiner Pflicht;
Doch voll heißen Liebesdranges
Achtet er ihr Warnen nicht,
Weiß sie bald zu überzeugen,
Daß sein Glück in ihr nur lebt,
Ihren strengen Sinn zu beugen,
Der ihm zagend widerstrebt.

Kann sie wohl sein Glück zerstören,
Ungerührt von seinem Flehn,
Ihn von Leid und Gram verzehren
Diese Blicke welken sehn?

Zwischen Lieben, Zweifeln, Scheuen,
Reicht sie ihm besiegt die Hand,
Und des Priesters Segen weihen
Das geheimnißvolle Band.

Philippine! Philippine!
Rasch ist dieser Schritt gethan.
Doch es naht die ernste Sühne,
Es zerstiebt der schöne Wahn;
Denn der Kaiser hat vernommen,
Was ihr frevelnd hier gewagt.
Und sein Zorn ist rasch entglommen,
Hat euch schwer und streng verklagt.

„„Ja, ihr habt den Weg gefunden,
Wo ihr meine Macht verhöhnt;
Denn was Priesters Hand gebunden,
Wird von Menschen nicht getrennt.
Doch dies sei euch laut verkündigt!
Die mich tief gekränkt, die schwer
Sich an meiner Huld versündigt,
Sehn mein Antlitz nimmermehr!""

Wie ein Blitz aus heitern Lüften
Trifft die Liebenden dies Wort,
Ihre Freuden zu vergiften,
Tönt's in ihren Herzen fort,
Mischt, ein düsteres Geleite,
Sich in jeden frohen Reihn,
Läßt an Philippinens Seite
Ferdinand nicht glücklich sein.

Kummervoll sieht sie ihn trauern,
Es zerreißt ihr liebend Herz.
„Nein, die Qual soll nicht mehr dauern,
Nein, ich ende diesen Schmerz!
Hab' ich, Theurer, dich betrogen
Um des Vatersegens Glück:
Was die Liebe dir entzogen,
Bringt die Liebe dir zurück!"

Im entschlossenen Gemüthe
Reift ein Anschlag, klug und kühn.
Wohl kennt sie des Kaisers Güte,
Und zu dieser will sie fliehn.
Unerkannt soll er sie sehen
Und wenn sie ihr Leid geklagt,
Ihr die Milde zugestehen,
Die er keinem noch versagt.

An den Ort, wo jetzt er thronet,
Zieht sie hin, zum fernen Prag,
Wo ihr nie ein Freund gewohnet,
Wo sie Niemand kennen mag.
Als verdrängte Fremde stehet
Sie vor ihres Kaisers Blick,
Die um Schutz und Hülf' ihn flehet,
Von ihm hofft ihr Lebensglück.

Und sein Blick ruht mit Vergnügen
Auf der lieblichen Gestalt,
Auf den engelmilden Zügen,
Wo sich Zucht und Güte malt.
Mit geheimer, zarter Regung
Fühlt er sich zu ihr geneigt,
Hört mit inniger Bewegung,
Welch ein Schmerz die Holde beugt.

Freundlich läßt er sich erzählen,
Wie ein Ritter sie geliebt,
Wie das stille Glück der Seelen
Jetzt des Vaters Härte trübt.
Dessen Zorn ihr Bund entflammet,
Der die Schnur zwar nie gekannt,
Doch sie mit dem Sohn verrammet
Und sie ewig von sich bannt.

„„Wahrlich, das soll nicht geschehen!""
Ruft der Kaiser. „„Fasset Muth!
Laßt euch vor dem Vater sehen,
Glaubt mir, dann wird Alles gut.""

„Ach, wie dürft' ich dieses wagen?
Mich verbannt sein strenger Spruch.
In der Ferne muß ich tragen
Meinen Schmerz und seinen Fluch."

„„Nun, so will ich mit ihm sprechen,
Nennt mir ihn, und seinen Sinn,
Wär' er noch so eisern, brechen,
Traun! so wahr ich Kaiser bin!""
„Wollt ihr das? Ihr wollt verzeihen?"
Ruft sie — stürzet vor ihm hin:
„O laßt euch dies Wort nicht reuen,
Denn ich bin die Welserin!"

Staunend tritt der Fürst zurücke.
Unmuth, Mitleid, Zweifel, Lust,
Kämpfen in dem Augenblicke
Heftig in des Kaisers Brust.
Soll er — darf er sie verstoßen,
Die sich zitternd an ihn schmiegt,
Die, in Thränenstrom ergossen,
Schluchzend ihm zu Füßen liegt?

Muß er nicht des Worts gedenken,
Das den raschen Zorn ihm band?
Kann er wohl dem Sohn verdenken,
Was er selbst beinah empfand? .
Nein! er kann nicht widerstreben,
Enden muß er ihren Harm.
„„Komm!"" ruft er: „„dir sei vergeben,
Komm in deines Vaters Arm.

Ja, ihr habt mich überlistet,
Schlau begegnet meinem Drohn!
Doch ich zürne nicht, ihr büßtet
Eure Schuld durch Reue schon.
Was geschehn ist, sei vergeben,
Himmelslust liegt im Verzeihn!
Laßt das neue schöne Leben
Uns der Lieb' und Eintracht weihn!""

Caroline Pichler.

DER KOENIG VON THULE

Der König in Thule.

Es war ein König in Thule
Gar treu bis an das Grab,
Dem sterbend seine Buhle
Einen goldnen Becher gab.

Es ging ihm nichts darüber,
Er leert' ihn jeden Schmaus;
Die Augen gingen ihm über,
So oft er trank daraus.

Und als er kam zu sterben,
Zählt' er seine Städt' im Reich,
Gönnt' alles seinem Erben,
Den Becher nicht zugleich.

Er saß beim Königsmahle,
Die Ritter um ihn her,
Auf hohem Vätersaale
Dort auf dem Schloß am Meer.

Dort stand der alte Zecher,
Trank letzte Lebensgluth,
Und warf den heil'gen Becher
Hinunter in die Fluth.

Er sah ihn stürzen, trinken
Und sinken tief in's Meer.
Die Augen thäten ihm sinken;
Trank nie einen Tropfen mehr.

Goethe.

Erlkönig.

Wer reitet so spät durch Nacht und Wind?
Es ist der Vater mit seinem Kind;
Er hat den Knaben wohl in dem Arm,
Er faßt ihn sicher, er hält ihn warm.

Mein Sohn, was birgst du so bang dein Gesicht? —
Siehst, Vater, du den Erlkönig nicht?
Den Erlenkönig mit Kron' und Schweif? —
Mein Sohn, es ist ein Nebelstreif. —

„Du liebes Kind, komm, geh mit mir!
Gar schöne Spiele spiel' ich mit dir;
Manch' bunte Blumen sind an dem Strand,
Meine Mutter hat manch gülden Gewand." —

Mein Vater, mein Vater, und hörest du nicht,
Was Erlenkönig mir leise verspricht? —
Sei ruhig, bleibe ruhig, mein Kind;
In dürren Blättern säuselt der Wind. —

„Willst, feiner Knabe, du mit mir gehn?
Meine Töchter sollen dich warten schön;
Meine Töchter führen den nächtlichen Reihn
Und wiegen und tanzen und singen dich ein.“ —

Mein Vater, mein Vater, und siehst du nicht dort
Erlkönigs Töchter am düstern Ort? —
Mein Sohn, mein Sohn, ich seh' es genau
Es scheinen die alten Weiden so grau. —

„Ich liebe dich, mich reizt deine schöne Gestalt;
Und bist du nicht willig, so brauch' ich Gewalt.“ —
Mein Vater, mein Vater, jetzt faßt er mich an!
Erlkönig hat mir ein Leids gethan! —

Dem Vater grauset's, er reitet geschwind,
Er hält in den Armen das ächzende Kind,
Erreicht den Hof mit Müh' und Noth;
In seinen Armen das Kind war todt.

Goethe.

Der Sänger.

Was hör' ich draußen vor dem Thor,
Was auf der Brücke schallen?
Laß den Gesang vor unserm Ohr
Im Saale wiederhallen!
Der König sprach's, der Page lief;
Der Knabe kam, der König rief:
Laßt mir herein den Alten!

Gegrüßet seid mir, edle Herrn,
Gegrüßt ihr, schöne Damen!
Welch reicher Himmel! Stern bei Stern!
Wer kennet ihre Namen?

Im Saal voll Pracht und Herrlichkeit
Schließt, Augen, euch; hier ist nicht Zeit
Sich staunend zu ergötzen.

Der Sänger drückt die Augen ein,
Und schlug in vollen Tönen;
Die Ritter schauten muthig drein,
Und in den Schooß die Schönen.
Der König, dem das Lied gefiel,
Ließ ihm, zum Lohne für sein Spiel,
Eine goldne Kette bringen.

Die goldne Kette gieb mir nicht,
Die Kette gieb den Rittern,
Vor deren kühnem Angesicht
Der Feinde Lanzen splittern.
Gieb sie dem Kanzler, den du hast,
Und laß ihn noch die goldne Last
Zu andern Lasten tragen.

Ich singe, wie der Vogel singt,
Der in den Zweigen wohnet;
Das Lied, das aus der Kehle dringt
Ist Lohn, der reichlich lohnet;
Doch darf ich bitten, bitt' ich eins:
Laß mir den besten Becher Weins
In purem Golde reichen.

Er setzt' ihn an, er trank ihn aus:
O Trank voll süßer Labe!
O! dreimal hochbeglücktes Haus,
Wo das ist kleine Gabe!
Ergeht's euch wohl, so denkt an mich,
Und danket Gott so warm, als ich
Für diesen Trunk euch danke.

Goethe.

Der Fischer.

Das Wasser rauscht', das Wasser schwoll,
Ein Fischer saß daran,
Sah nach der Angel ruhevoll,
Kühl bis an's Herz hinan.
Und wie er sitzt und wie er lauscht,
Theilt sich die Fluth empor;
Aus dem bewegten Wasser rauscht
Ein feuchtes Weib hervor.

Sie sang zu ihm, sie sprach zu ihm:
Was lockst du meine Brut
Mit Menschenwitz und Menschenlist
Hinauf in Todesgluth?
Ach wüßtest du, wie's Fischlein ist
So wohlig auf dem Grund,
Du stiegst herunter wie du bist
Und würdest erst gesund.

Labt sich die liebe Sonne nicht,
Der Mond sich nicht im Meer?
Kehrt wellenathmend ihr Gesicht
Nicht doppelt schöner her?
Lockt dich der tiefe Himmel nicht,
Das feuchtverklärte Blau?
Lockt dich dein eigen Angesicht
Nicht her in ew'gen Thau?

Das Wasser rauscht', das Wasser schwoll,
Netzt' ihm den nackten Fuß;
Sein Herz wuchs ihm so sehnsuchtsvoll,
Wie bei der Liebsten Gruß.
Sie sprach zu ihm, sie sang zu ihm;
Da war's um ihn geschehn:
Halb zog sie ihn, halb sank er hin,
Und ward nicht mehr gesehn.

Goethe.

Der getreue Eckart.

O wären wir weiter, o wär' ich zu Haus!
Sie kommen, da kommt schon der nächt-
　　　liche Graus;
Sie sind's die unholdigen Schwestern.
Sie streifen heran und sie finden uns hier,
Sie trinken das mühsam geholte, das Bier,
Und lassen nur leer uns die Krüge.

So sprechen die Kinder und drücken sich
　　　schnell;
Da zeigt sich vor ihnen ein alter Gesell:

Nur stille, Kind! Kinderlein, stille!
Die Hulden sie kommen von durstiger Jagd
Und laßt ihr sie trinken wie's jeder behagt,
Dann sind sie euch hold die Unholden.

Gesagt, so geschehn! und da naht sich der
　　　Graus
Und siehet so grau und so schattenhaft
　　　aus,
Doch schlürft es und schlampst es auf's
　　　beste

Das Bier ist verschwunden, die Krüge sind leer;
Nun sauf't und brauf't es, das wüthige Heer,
In's weite Gethal und Gebirge.

Die Kinderlein ängstlich gen Hause so schnell,
Gesellt sich zu ihnen der fromme Gesell!
Ihr Püppchen, nur seid mir nicht traurig. —
Wir kriegen nun Schelten und Streich' bis auf's Blut. —
Nein, keineswegs, alles geht herrlich und gut,
Nur schweiget und horchet wie Mäuslein.

Und der es euch anräth und der es befiehlt,
Er ist es, der gern mit den Kindelein spielt,
Der alte Getreue, der Eckart.
Vom Wundermann hat man euch immer erzählt;
Nur hat die Bestätigung jedem gefehlt,
Die habt ihr nun köstlich in Händen.

Sie kommen nach Hause, sie setzen den Krug
Ein jedes den Eltern bescheiden genug,
Und harren der Schläg' und der Schelten.
Doch siehe, man kostet: ein herrliches Bier!
Man trinkt in die Runde schon dreimal und vier,
Und noch nimmt der Krug nicht ein Ende.

Das Wunder es dauert zum morgenden Tag;
Doch fraget wer immer zu fragen vermag:
Wie ist's mit den Krügen ergangen?
Die Mäuslein sie lächeln, im Stillen ergötzt;
Sie stammeln und stottern und schwatzen zuletzt,
Und gleich sind vertrocknet die Krüge.

Und wenn euch, ihr Kinder, mit treuem Gesicht
Ein Vater, ein Lehrer, ein Altermann spricht,
So horchet und folget ihm pünktlich!
Und liegt auch das Zünglein in peinlicher Hut,
Verplaudern ist schädlich, verschweigen ist gut;
Dann füllt sich das Bier in den Krügen.

Goethe.

Der Todtentanz.

Der Thürmer der schaut
   zu Mitten der Nacht
Hinab auf die Gräber
   in Lage;
Der Mond der, hat alles
   in's Helle gebracht;
Der Kirchhof er liegt wie
   am Tage.
Da regt sich ein Grab und
   ein anderes dann:
Sie kommen hervor, ein Weib da, ein Mann,
In weißen und schleppenden Hemden.

Das reckt nun, es will sich ergötzen sogleich,
Die Knöchel zur Runde, zum Kranze,
So arm und so jung, und so alt und so reich;
Doch hindern die Schleppen am Tanze.
Und weil hier die Scham nun nicht weiter gebeut,
Sie schütteln sich alle, da liegen zerstreut
Die Hemdelein über den Hügeln.

Nun hebt sich der Schenkel, nun wackelt das Bein,
Gebärden da giebt es vertrackte;
Dann klippert's und klappert's mitunter hinein,
Als schlüg' man die Hölzlein zum Takte.
Das kommt nun dem Thürmer so lächerlich vor;
Da raunt ihm der Schalk, der Versucher, in's Ohr:
Geh! hole dir einen der Laken.

Gethan wie gedacht! und er flüchtet sich schnell
Nun hinter geheiligte Thüren.
Der Mond und noch immer er scheinet so hell
Zum Tanz, den sie schauderlich führen.
Doch endlich verlieret sich dieser und der,
Schleicht eins nach dem andern gekleidet einher
Und husch ist es unter dem Rasen.

Nur einer der trippelt und stolpert zuletzt
Und tappet und grapst an den Grüften;
Doch hat kein Geselle so schwer ihn verletzt;
Er wittert das Tuch in den Lüften.
Er rüttelt die Thurmthür, sie schlägt ihn zurück,
Geziert und gesegnet, dem Thürmer zum Glück;
Sie blinkt von metallenen Kreuzen.

Das Hemd muß er haben, da rastet er nicht,
Da gilt auch kein langes Besinnen,
Den gothischen Zierrath ergreift nun der Wicht
Und klettert von Zinne zu Zinnen.
Nun ist's um den armen, den Thürmer gethan!
Es ruckt sich von Schnörkel zu Schnörkel hinan,
Langbeinigen Spinnen vergleichbar.

Der Thürmer erbleichet, der Thürmer erbebt,
Gern' gäb er ihn wieder den Laken.
Da häkelt — jetzt hat er am längsten gelebt —
Den Zipfel ein eiserner Zacken.
Schon trübet der Mond sich verschwindenden Scheins,
Die Glocke sie donnert ein mächtiges Eins
Und unten zerschellt das Gerippe.

Goethe.

Die wandelnde Glocke.

Es war ein Kind, das wollte nie
Zur Kirche sich bequemen
Und Sonntags fand es stets ein Wie,
Den Weg in's Feld zu nehmen.

Die Mutter sprach: Die Glocke tönt,
Und so ist dir's befohlen,
Und hast du dich nicht hingewöhnt,
Sie kommt und wird dich holen.

Das Kind es ruft: die Glocke hängt
Da droben auf dem Stuhle.
Schon hat's den Weg in's Feld gelenkt
Als lief es aus der Schule.

Die Glocke Glocke tönt nicht mehr,
Die Mutter hat gefackelt.
Doch welch' ein Schrecken! hinterher
Die Glocke kommt gewackelt.

Sie wackelt schnell, man glaubt es kaum;
Das arme Kind im Schrecken
Es läuft, es kommt, als wie im Traum;
Die Glocke wird es decken.

Doch nimmt es richtig seinen Husch
Und mit gewandter Schnelle
Eilt es durch Anger, Feld und Busch
Zur Kirche, zur Capelle.

Und jeden Sonn- und Feiertag
Gedenkt es an den Schaden,
Läßt durch den ersten Glockenschlag,
Nicht in Person sich laden.

Goethe.

Hochzeitlied

Wir singen und sagen vom Grafen so gern
Der hier in dem Schlosse gehauset,
Da wo ihr den Enkel des seligen Herrn,
Den heute vermählten beschmauset.
Nun hatte sich jener im heiligen Krieg
Zu Ehren gestritten durch mannigen Sieg,
Und als er zu Hause vom Rößlein stieg,
Da fand er sein Schlößlein oben;
Doch Diener und Habe zerstoben.

Da bist du nun, Gräflein, da bist du zu Haus,
Das Heimische findest du schlimmer!
Zum Fenster da ziehen die Winde hinaus,
Sie kommen durch alle die Zimmer.
Was wäre zu thun in der herbstlichen Nacht?
So hab' ich doch manche noch schlimmer vollbracht,
Der Morgen hat alles wohl besser gemacht.
Drum rasch bei der mondlichen Helle
In's Bett, in das Stroh, in's Gestelle.

Und als er im willigen Schlummer so lag,
Bewegt es sich unter dem Bette.
Die Ratte die raschle so lange sie mag!
Ja, wenn sie ein Bröselein hätte!
Doch siehe! da stehet ein winziger Wicht,
Ein Zwerglein so zierlich mit Ampelen-Licht,
Mit Redner-Gebärden und Sprechergewicht,
Zum Fuß des ermüdeten Grafen,
Der, schläft er nicht, möcht' er doch schlafen.

Wir haben uns Feste hier oben erlaubt,
Seitdem du die Zimmer verlassen,
Und weil wir dich weit in der Ferne geglaubt,
So dachten wir eben zu prassen.
Und wenn du vergönnest und wenn dir nicht graut,
So schmausen die Zwerge, behaglich und laut,
Zu Ehren der reichen, der niedlichen Braut,
Der Graf im Behagen des Traumes:
Bedienet euch immer des Raumes!

Da kommen drei Reiter, sie reiten hervor,
Die unter dem Bette gehalten;
Dann folget ein singendes, klingendes Chor
Possirlicher kleiner Gestalten;
Und Wagen auf Wagen mit allem Geräth,
Daß einem so Hören und Sehen vergeht,
Wie's nur in den Schlössern der Könige steht;

Zuletzt auf vergoldetem Wagen
Die Braut und die Gäste getragen.

So rennet nun Alles in vollem Galopp
Und kürt sich im Saale sein Plätzchen;
Zum Drehen und Walzen und lustigen Hopp
Erliefet sich jeder ein Schätzchen.
Da pfeift es und geigt es und klinget und klirrt,
Da ringelt's und schleift es und rauschet und wirrt,
Da pispert's und knistert's und flüstert's und schwirrt;
Das Gräflein, es blicket hinüber,
Es dünkt ihn, als läg' er im Fieber.

Nun tappelt's und rappelt's und klappert's im Saal,
Von Bänken und Stühlen und Tischen,
Da will nun ein jeder am festlichen Mahl,
Sich neben dem Liebchen erfrischen;
Sie tragen die Würste, die Schinken so klein
Und Braten und Fisch und Geflügel herein;
Es kreiset beständig der köstliche Wein;
Das toset und koset so lange,
Verschwindet zuletzt mit Gesange.

Und sollen wir singen was weiter geschehn,
So schweige das Toben und Tosen.
Denn was er, so artig, im Kleinen gesehn,
Erfuhr er, genoß er im Großen.
Trompeten und klingender singender Schall,
Und Wagen und Reiter und bräutlicher Schwall
Sie kommen und zeigen und neigen sich all,
Unzählige, selige Leute.
So ging es und geht es noch heute.

Goethe.

Wirkung in die Ferne.

Die Königin steht im hohen Saal,
Da brennen der Kerzen so viele;
Sie spricht zum Pagen: „Du läufst einmal
Und holst mir den Beutel zum Spiele.
Er liegt zur Hand
Auf meines Tisches Rand."
Der Knabe der eilt so behende,
War bald an Schlosses Ende.

Und neben der Königin schlürft zur Stund
Sorbet die schönste der Frauen.
Da brach ihr die Tasse so hart an dem Mund,
Es war ein Gräuel zu schauen.
Verlegenheit! Scham!
Um's Prachtkleid ist's gethan!
Sie eilt und fliegt so behende
Entgegen des Schlosses Ende.

Der Knabe zurück zu laufen kam
Entgegen der Schönen in Schmerzen,
Es wußt' es niemand, doch beide zusamm',
Sie hegten einander im Herzen;
Und o des Glücks,
Des günst'gen Geschicks!
Sie warfen mit Brust sich zu Brüsten
Und herzten und küßten nach Lüsten.

Doch endlich beide sich reißen los;
Sie eilt in ihre Gemächer;
Der Page drängt sich zur Königin groß
Durch alle die Degen und Fächer.
Die Fürstin entdeckt
Das Westchen befleckt;
Für sie war nichts unerreichbar,
Der Königin von Saba vergleichbar.

Und sie die Hofmeisterin rufen läßt:
„Wir kamen doch neulich zu Streite,
Und ihr behauptet steif und fest,
Nicht reiche der Geist in die Weite;
Die Gegenwart nur
Die lasse wohl Spur;
Doch niemand wirf' in die Ferne,
Sogar nicht die himmlischen Sterne."

„Nun seht! So eben ward mir zur Seit'
Der geistige Süßtrank verschüttet,
Und gleich darauf hat er dort hinten so weit
Dem Knaben die Weste zerrüttet. —
Besorg dir sie neu!
Und weil ich mich freu',
Daß sie mir zum Beweise gegolten,
Ich zahl' sie! sonst wirst du gescholten."

Goethe.

Der Zauberlehrling.

Hat der alte Hexenmeister
Sich doch einmal wegbegeben!
Und nun sollen seine Geister
Auch nach meinem Willen leben;
Seine Wort' und Werke
Merkt' ich, und den Brauch,
Und mit Geistesstärke
Thu' ich Wunder auch.

Walle! walle
Manche Strecke,
Daß, zum Zwecke,
Wasser fließe,
Und mit reichem vollem Schwalle
Zu dem Bade sich ergieße.

Und nun komm, du alter Besen!
Nimm die schlechten Lumpenhüllen;
Bist schon lange Knecht gewesen;
Nun erfülle meinen Willen!
Auf zwei Beinen stehe,
Oben sei ein Kopf,
Eile nun und gehe
Mit dem Wassertopf!

Walle! walle
Manche Strecke,
Daß, zum Zwecke,
Wasser fließe,
Und mit reichem vollem Schwalle
Zu dem Bade sich ergieße.

Seht, er läuft zum Ufer nieder;
Wahrlich! ist schon an dem Flusse,
Und mit Blitzesschnelle wieder
Ist er hier mit raschem Gusse.
Schon zum zweitenmale!
Wie das Becken schwillt!
Wie sich jede Schale
Voll mit Wasser füllt!

Stehe! stehe!
Denn wir haben
Deiner Gaben
Vollgemessen! —
Ach, ich merk' es! Wehe! wehe!
Hab' ich doch das Wort vergessen!

Ach, das Wort, worauf am Ende
Er das wird, was er gewesen.
Ach, er läuft und bringt behende!
Wärst du doch der alte Besen!

Immer neue Güsse
Bringt er schnell herein,
Ach! und hundert Flüsse
Stürzen auf mich ein.

Nein, nicht länger
Kann ich's lassen;
Will ihn fassen.
Das ist Tücke!
Ach! nun wird mir immer bänger!
Welche Miene! welche Blicke!

O, du Ausgeburt der Hölle!
Soll das ganze Haus ersaufen?
Seh' ich über jede Schwelle
Doch schon Wasserströme laufen.
Ein verruchter Besen,
Der nicht hören will!
Stock, der du gewesen,
Steh doch wieder still!

Willst's am Ende
Gar nicht lassen?
Will dich fassen,
Will dich halten,
Und das alte Holz behende
Mit dem scharfen Beile spalten.

Seht, da kommt er schleppend wieder!
Wie ich mich nur auf dich werfe,
Gleich, o Kobold, liegst du nieder;
Krachend trifft die glatte Schärfe.
Wahrlich! brav getroffen!
Seht, er ist entzwei!
Und nun kann ich hoffen,
Und ich athme frei!

Wehe! wehe!
Beide Theile
Stehn in Eile
Schon als Knechte
Völlig fertig in die Höhe!
Helft mir, ach! ihr hohen Mächte!

Und sie laufen! Naß und nässer
Wird's im Saal und auf den Stufen.
Welch entsetzliches Gewässer!
Herr und Meister! hör' mich rufen! —

Ach da kommt der Meister!
Herr, die Noth ist groß!
Die ich rief, die Geister,
Werd' ich nun nicht los.

„In die Ecke,
Besen! Besen!
Seid's gewesen.
Denn als Geister
Ruft euch nur, zu seinem Zwecke,
Erst hervor der alte Meister."

Goethe.

Der Gott und die Bajadere.

Mahadöh, der Herr der Erde,
Kommt herab zum sechstenmal,
Daß er unsers Gleichen werde,
Mit zu fühlen Freud' und Qual.
Er bequemt sich hier zu wohnen,
Läßt sich alles selbst geschehn.
Soll er strafen oder schonen,
Muß er Menschen menschlich sehn.
Und hat er die Stadt sich als Wandrer betrachtet,
Die Großen belauert, auf Kleine geachtet,
Verläßt er sie Abends, um weiter zu gehn.

Als er nun hinausgegangen,
Wo die letzten Häuser sind,
Sieht er, mit gemalten Wangen,
Ein verlornes schönes Kind.
Grüß' dich, Jungfrau! — Dank der Ehre!
Wart', ich komme gleich hinaus —
Und wer bist du? — Bajadere,
Und dies ist der Liebe Haus.
Sie rührt sich, die Cymbeln zum Tanze zu schlagen;
Sie weiß sich so lieblich im Kreise zu tragen,
Sie neigt sich und biegt sich, und reicht ihm den Strauß.

Schmeichelnd zieht sie ihn zur Schwelle,
Lebhaft ihn in's Haus hinein.
Schöner Fremdling, lampenhelle
Soll sogleich die Hütte sein.
Bist du müd', ich will dich laben,
Lindern deiner Füße Schmerz.
Was du willst, das sollst du haben,
Ruhe, Freuden oder Scherz.
Sie lindert geschäftig geheuchelte Leiden.
Der Göttliche lächelt; er siehet mit Freuden
Durch tiefes Verderben ein menschliches Herz.

Und er fordert Sklavendienste,
Immer heitrer wird sie nur,
Und des Mädchens frühe Künste
Werden nach und nach Natur.
Und so stellet auf die Blüthe
Bald und bald die Frucht sich ein;
Ist Gehorsam im Gemüthe,
Wird nicht fern die Liebe sein.
Aber, sie schärfer und schärfer zu prüfen,
Wählet der Kenner der Höhen und Tiefen
Lust und Entsetzen und grimmige Pein.

Und er küßt die bunten Wangen,
Und sie fühlt der Liebe Qual,
Und das Mädchen steht gefangen,
Und sie weint zum erstenmal;
Sinkt zu seinen Füßen nieder,
Nicht um Wollust noch Gewinnst,
Ach! und die gelenken Glieder
Sie versagen allen Dienst.
Und so zu des Lagers vergnüglicher Feier
Bereiten den dunklen behaglichen Schleier
Die nächtlichen Stunden das schöne Gespinnst.

Spät entschlummert unter Scherzen,
Früh erwacht nach kurzer Rast,
Findet sie an ihrem Herzen
Todt den vielgeliebten Gast.
Schreiend stürzt sie auf ihn nieder;
Aber nicht erweckt sie ihn,
Und man trägt die starren Glieder
Bald zur Flammengrube hin.
Sie höret die Priester, die Todtengesänge,
Sie raset und rennet und theilet die Menge.
Wer bist du? was drängt zu der Grube dich hin?

Bei der Bahre stürzt sie nieder,
Ihr Geschrei durchdringt die Luft:
Meinen Gatten will ich wieder!
Und ich such' ihn in der Gruft.
Soll zu Asche mir zerfallen
Dieser Glieder Götterpracht?
Mein! er war es, mein vor allen!
Ach, nur Eine süße Nacht?
Es singen die Priester: wir tragen die Alten,
Nach langem Ermatten und spätem Erkalten,
Wir tragen die Jugend, noch eh' sie's gedacht.

Höre deiner Priester Lehre:
Dieser war dein Gatte nicht.
Lebst du doch als Bajadere,
Und so hast du keine Pflicht.
Nur dem Körper folgt der Schatten
In das stille Todtenreich;
Nur die Gattin folgt dem Gatten:
Das ist Pflicht und Ruhm zugleich.
Ertöne, Drommete, zu heiliger Klage!
O nehmet, ihr Götter! die Zierde der Tage,
O nehmet den Jüngling in Flammen zu euch!

So das Chor, das ohn' Erbarmen
Mehret ihres Herzens Noth;
Und mit ausgestreckten Armen
Springt sie in den heißen Tod.
Doch der Götter-Jüngling hebet
Aus der Flamme sich empor,
Und in seinen Armen schwebet
Die Geliebte mit hervor.
Es freut sich die Gottheit der reuigen Sünder;
Unsterbliche heben verlorene Kinder
Mit feurigen Armen zum Himmel empor.

Goethe.

Johanna Sebus.

Der Damm zerreißt, das Feld erbraus't.
Die Fluthen spülen, die Fläche saus't.
  „Ich trage dich, Mutter, durch die Fluth,
  Noch reicht sie nicht hoch, ich wate gut."
  „Auch uns bedenke, bedrängt wie wir sind,
  Die Hausgenossin, drei arme Kind!
  Die schwache Frau! . . . Du gehst davon!"
  Sie trägt die Mutter durch's Wasser schon.
  „Zum Bühle, da rettet euch! harret derweil;
  Gleich kehr' ich zurück, uns allen ist Heil.
  Zum Bühl' ist's noch trocken nur wenige Schritt;
  Doch nehmt auch mir meine Ziege mit."

Der Damm zerschmilzt, das Feld erbraus't,
Die Fluthen wühlen, die Fläche saus't.

Sie setzt die Mutter auf sichres Land;
Schön Suschen gleich wieder zur Fluth gewandt.
„Wohin? Wohin? Die Breite schwoll;
Des Wassers ist hüben und drüben voll.
Verwegen in's Tiefe willst du hinein!" —
„Sie sollen und müssen gerettet sein!"

Der Damm verschwindet, die Welle braus't,
Eine Meereswoge, sie schwankt und saus't.
Schön Suschen schreitet gewohnten Steg,
Umströmt auch gleitet sie nicht vom Weg,
Erreicht den Bühl und die Nachbarin;
Doch der und den Kindern kein Gewinn!

Der Damm verschwand, ein Meer erbraus't's,
Den kleinen Hügel im Kreis umsaus't's,
    Da gähnet und wirbelt der schäumende Schlund
    Und ziehet die Frau mit den Kindern zu Grund;
    Das Horn der Ziege faßt das ein',
    So sollten sie alle verloren sein!
Schön Suschen steht noch strack und gut:
Wer rettet das junge, das edelste Blut!
Schön Suschen steht noch wie ein Stern;
Doch alle Werber sind alle fern.
Rings um sie her ist Wasserbahn,
Kein Schifflein schwimmet zu ihr heran.
Noch einmal blickt sie zum Himmel hinauf,
Da nehmen die schmeichelnden Fluthen sie auf.

Kein Damm, kein Feld! Nur hier und dort
Bezeichnet ein Baum, ein Thurm den Ort,
    Bedeckt ist alles mit Wasserschwall;
    Doch Suschens Bild schwebt überall. —
    Das Wasser sinkt, das Land erscheint
    Und überall wird schön Suschen beweint. —
    Und dem sei, wer's nicht singt und sagt,
    Im Leben und Tod nicht nachgefragt!

Goethe.

Ballade
vom vertriebenen und zurückkehrenden Grafen.

Herein, o du Guter! du Alter herein!
Hier unten im Saale da sind wir allein,
Wir wollen die Pforte verschließen.
Die Mutter sie betet, der Vater im Hain
Ist gangen die Wölfe zu schießen.
O sing uns ein Märchen, o sing es uns oft,
Daß ich und der Bruder es lerne;
Wir haben schon längst einen Sänger gehofft,
Die Kinder sie hören es gerne.

Im nächtlichen Schrecken, im feindlichen Graus,
Verläßt er das hohe, das herrliche Haus,

Die Schätze die hat er vergraben.
Der Graf nun so eilig zum Pförtchen hinaus,
Was mag er im Arme denn haben?
Was birget er unter dem Mantel geschwind?
Was trägt er so rasch in die Ferne?
Ein Töchterlein ist es, da schläft nun das Kind. —
Die Kinder sie hören es gerne.

Nun hellt sich der Morgen, die Welt ist so weit,
In Thälern und Wäldern die Wohnung bereit,
In Dörfern erquickt man den Sänger;
So schreitet und heischt er undenkliche Zeit,
Der Bart wächst ihm länger und länger;
Doch wächf't in dem Arme das liebliche Kind,
Wie unter dem glücklichsten Sterne,
Geschützt in dem Mantel vor Regen und Wind —
Die Kinder sie hören es gerne.

Und immer sind weiter die Jahre gerückt,
Der Mantel entfärbt sich, der Mantel zerstückt,
Er könnte sie länger nicht fassen.
Der Vater er schaut sie, wie ist er beglückt!
Er kann sich für Freude nicht lassen;
So schön und so edel erscheint sie zugleich,
Entsprossen aus tüchtigem Kerne,
Wie macht sie den Vater, den theuern, so reich! —
Die Kinder sie hören es gerne.

Da reitet ein fürstlicher Reiter heran,
Sie recket die Hand aus, der Gabe zu nahn,
Almosen will er nicht geben.
Er fasset das Händchen so kräftiglich an:
Die will ich, so ruft er, auf's Leben!
Erkennst du, erwiedert der Alte, den Schatz,
Erhebst du zur Fürstin sie gerne;
Sie sei dir verlobet auf grünendem Platz —
Die Kinder sie hören es gerne.

Sie segnet der Priester am heiligen Ort,
Mit Lust und mit Unlust nun ziehet sie fort,
Sie möchte vom Vater nicht scheiden.
Der Alte wandelt nun hier und bald dort,
Er träget in Freuden sein Leiden.
So hab' ich mir Jahre die Tochter gedacht,
Die Enkelin wohl in der Ferne;
Sie segn' ich bei Tage, sie segn' ich bei Nacht –
Die Kinder sie hören es gerne.

Er segnet die Kinder; da poltert's am Thor,
Der Vater da ist er! Sie springen hervor,
Sie können den Alten nicht bergen —
Was lockst du die Kinder! du Bettler, du Thor!
Ergreift ihn, ihr eisernen Schergen!
Zum tiefsten Verließ den Verwegenen fort!
Die Mutter vernimmt's in der Ferne,
Sie eilet, sie bittet mit schmeichelndem Wort —
Die Kinder sie hören es gerne.

Die Schergen sie lassen den Würdigen stehn,
Und Mutter und Kinder sie bitten so schön;
Der fürstliche Stolze verbeißet
Die grimmige Wuth, ihn entrüstet das Flehn,
Bis endlich sein Schweigen zerreißet.
Du niedrige Brut! du vom Bettlergeschlecht!
Verfinsterung fürstlicher Sterne!
Ihr bringt mir Verderben! Geschieht mir doch Recht —
Die Kinder sie hören's nicht gerne.

Noch stehet der Alte mit herrlichem Blick,
Die eisernen Schergen sie treten zurück,
Es wächs't nur das Toben und Wüthen.
Schon lange verflucht' ich mein ehliches Glück,
Das sind nun die Früchte der Blüthen!
Man läugnete stets, und man läugnet mit Recht,
Daß je sich der Adel erlerne,

Die Bettlerin zeugte mir Bettlergeschlecht —
Die Kinder sie hören's nicht gerne.

Und wenn euch der Gatte, der Vater verstößt,
Die heiligsten Bande verwegentlich lös't,
So kommt zu dem Vater, dem Ahnen!
Der Bettler vermag, so ergraut und entblößt
Euch herrliche Wege zu bahnen.
Die Burg die ist meine! Du hast sie geraubt,
Mich trieb dein Geschlecht in die Ferne;
Wohl bin ich mit köstlichen Siegeln beglaubt!
Die Kinder sie hören es gerne.

Rechtmäßiger König er kehret zurück,
Den Treuen verleiht er entwendetes Glück,
Ich löse die Siegel der Schätze.
So rufet der Alte mit freundlichem Blick:
Euch künd' ich die milden Gesetze.
Erhole dich, Sohn! Es entwickelt sich gut,
Heut einen sich selige Sterne,
Die Fürstin sie zeugte dir fürstliches Blut —
Die Kinder sie hören es gerne.

Goethe.

Der Edelknabe und die Müllerin.

Edelknabe.

Wohin? wohin?
Schöne Müllerin!
Wie heißt du?

Müllerin.

Liese.

Edelknabe.

Wohin denn? Wohin,
Mit dem Rechen in der Hand?

Müllerin.

Auf des Vaters Land,
Auf des Vaters Wiese.

Edelknabe.

Und gehst so allein?

Müllerin.

Das Heu soll herein,
Das bedeutet der Rechen;
Und im Garten daran

Fangen die Birnen zu reifen an;
Die will ich brechen.

Edelknabe.

Ist nicht eine stille Laube dabei?

Müllerin.

Sogar ihrer zwei,
An beiden Ecken.

Edelknabe.

Ich komme dir nach,
Und am heißen Mittag
Wollen wir uns drein verstecken.
Nicht wahr, im grünen vertraulichen
Haus --

Müllerin.

Das gäbe Geschichten.

Edelknabe.

Ruhst in meinen Armen aus?

Müllerin.

Mit nichten!
Denn wer die artige Müllerin küßt
Auf der Stelle verrathen ist.
Euer schönes dunkles Kleid
Thät mir leid
So weiß zu färben.
Gleich und gleich! so allein ist's recht!
Darauf will ich leben und sterben.
Ich liebe mir den Müllerknecht;
An dem ist nichts zu verderben.

Goethe.

Der Junggesell und der Mühlbach.

Gesell.

Wo willst du klares Bächlein hin,
So munter?
Du eilst mit frohem leichtem Sinn
Hinunter.
Was suchst du eilig in dem Thal?
So höre doch und sprich einmal!

Bach.

Ich war ein Bächlein, Junggesell;
Sie haben
Mich so gefaßt, damit ich schnell
Im Graben
Zur Mühle dort hinunter soll,
Und immer bin ich rasch und voll.

Gesell.

Du eilest mit gelaßnem Muth
Zur Mühle,
Und weißt nicht, was ich junges Blut
Hier fühle.
Es blickt die schöne Müllerin
Wohl freundlich manchmal nach dir hin?

Bach.
Sie öffnet früh beim Morgenlicht
Den Laden,
Und kommt, ihr liebes Angesicht
Zu baden.
Ihr Busen ist so voll und weiß;
Es wird mir gleich zum Dampfen heiß.

Gesell.
Kann sie im Wasser Liebesgluth
Entzünden;
Wie soll man Ruh mit Fleisch und Blut
Wohl finden?
Wenn man sie Einmal nur gesehn,
Ach! immer muß man nach ihr gehn.

Bach.
Dann stürz' ich auf die Räder mich
Mit Brausen,
Und alle Schaufeln drehen sich
Im Sausen.
Seitdem das schöne Mädchen schafft
Hat auch das Wasser beßre Kraft.

Gesell.
Du armer, fühlst du nicht den Schmerz,
Wie Andre?
Sie lacht dich an, und sagt im Scherz:
Nun wandre!
Sie hielte dich wohl selbst zurück
Mit einem süßen Liebesblick?

Bach.
Mir wird so schwer, so schwer, vom Ort
Zu fließen:
Ich trümme mich nur sachte fort
Durch Wiesen;
Und käm' es erst auf mich nur an,
Der Weg wär' bald zurückgethan.

Gesell.
Geselle meiner Liebesqual,
Ich scheide;
Du murmelst mir vielleicht einmal
Zur Freude.
Geh, sag' ihr gleich, und sag' ihr oft,
Was still der Knabe wünscht und hofft.

Goethe.

Der Müllerin Reue.

Jüngling.

Nur fort, du braune Hexe, fort!
Aus meinem gereinigten Hause,
Daß ich dich, nach dem ernsten Wort,
Nicht zanse!
Was singst du hier für Heuchelei
Von Lieb' und stiller Märchentreu?
Wer mag das Märchen hören!

Zigeunerin.

Ich singe von des Märchens Reu,
Und langem heißen Sehnen;

Denn Leichtsinn wandelte sich in Treu
Und Thränen.
Sie fürchtet der Mutter Droh'n nicht mehr,
Sie fürchtet des Bruders Faust nicht so
sehr,
Als den Haß des herzlich Geliebten.

Jüngling.

Von Eigennutz sing' und von Verrath,
Von Mord und diebischem Rauben;
Man wird dir jede falsche That
Wohl glauben.

Wenn sie Beute vertheilt, Gewand und
        Gut,
Schlimmer als je ihr Zigeuner thut,
Das sind gewohnte Geschichten.

Zigeunerin.

„Ach weh! ach weh! Was hab' ich ge-
        than!
Was hilft mir nun das Lauschen!
Ich hör' an meine Kammer heran
Ihn rauschen.
Da klopfte mir hoch das Herz, ich dacht':
O hättest du doch die Liebesnacht
Der Mutter nicht verrathen!"

Jüngling.

Ach leider! trat ich auch einst hinein,
Und ging verführt im Stillen:
Ach Süßchen! laß mich zu dir ein
Mit Willen!
Doch gleich entstand ein Lärm und Ge-
        schrei;
Es rannten die tollen Verwandten herbei.
Noch sieder das Blut mir im Leibe.

Zigeunerin.

„Kommt nun dieselbige Stunde zurück,
Wie still mich's kränket und schmerzet!
Ich habe das nahe, das einzige Glück
Verscherzet.
Ich armes Mädchen, ich war zu jung!
Es war mein Bruder verrucht genung,
So schlecht an dem Liebsten zu handeln."

Der Dichter.

So ging das schwarze Weib in das Haus,
In den Hof zur springenden Quelle;
Sie wusch sich heftig die Augen aus,
Und helle

Ward Aug' und Gesicht, und weiß und klar
Stellt sich die schöne Müllerin dar
Dem erstaunt-erzürnten Knaben.

Müllerin.

Ich fürchte fürwahr dein erzürnt Gesicht,
Du Süßer, Schöner und Trauter!
Und Schläg' und Messerstiche nicht;
Nur lauter
Sag' ich von Schmerz und Liebe dir,
Und will zu deinen Füßen hier
Nun leben oder auch sterben.

Jüngling.

O Neigung, sage, wie hast du so tief
Im Herzen dich versteckt?
Wer hat dich, die verborgen schlief,
Geweckt?
Ach Liebe, du wohl unsterblich bist!
Nicht kann Verrath und hämische List
Dein göttlich Leben tödten.

Müllerin.

Liebst du mich noch so hoch und sehr,
Wie du mir sonst geschworen,
So ist uns beiden auch nichts mehr
Verloren.
Nimm hin das vielgeliebte Weib!
Den jungen unberührten Leib,
Es ist nun Alles dein eigen!

Beide.

Nun, Sonne, geh hinab und hinauf!
Ihr Sterne, leuchtet und dunkelt!
Es geht ein Liebesgestirn mir auf
Und funkelt.
So lange die Quelle springt und rinnt,
So lange bleiben wir gleichgesinnt,
Eins an des Andern Herzen.

                       Goethe.

Der Ring des Polykrates.

Er stand auf seines Daches Zinnen,
Er schaute mit vergnügten Sinnen
Auf das beherrschte Samos hin.
Dies Alles ist mir unterthänig,
Begann er zu Aegyptens König,
Gestehe, daß ich glücklich bin.

Du hast der Götter Gunst erfahren!
Die vormals deines Gleichen waren,
Sie zwingt jetzt deines Scepters Macht.

Doch Einer lebt noch, sie zu rächen;
Dich kann mein Mund nicht glücklich
            sprechen,
So lang des Feindes Auge wacht.

Und eh' der König noch geendet,
Da stellt sich, von Milet gesendet,
Ein Bote dem Tyrannen dar:
Laß, Herr! des Opfers Düfte steigen,
Und mit des Lorbeers muntern Zweigen
Bekränze dir dein göttlich Haar!

Getroffen sank dein Feind vom Speere;
Mich sendet mit der frohen Mähre
Dein treuer Feldherr Polydor —
Und nimmt aus einem schwarzen Becken,
Noch blutig, zu der Beiden Schrecken,
Ein wohlbekanntes Haupt hervor.

Der König tritt zurück mit Grauen:
„Doch warn' ich dich, dem Glück zu
            trauen,"
Versetzt er mit besorgtem Blick.
„Bedenk', auf ungetreuen Wellen,
Wie leicht kann sie der Sturm zerschellen,
Schwimmt deiner Flotte zweifelnd Glück."

Und eh' er noch das Wort gesprochen,
Hat ihn der Jubel unterbrochen,
Der von der Rhede jauchzend schallt.
Mit fremden Schätzen reich beladen
Kehrt zu den heimischen Gestaden
Der Schiffe mastenreicher Wald.

Der königliche Gast erstaunet:
„Dein Glück ist heute gut gelaunet,

Doch fürchte seinen Unbestand.
Der Kreter waffenkund'ge Schaaren
Bedräuen dich mit Kriegsgefahren;
Schon nahe sind sie diesem Strand."

Und eh' ihm noch das Wort entfallen,
Da sieht man's von den Schiffen
            wallen,
Und tausend Stimmen rufen: Sieg!
Von Feindesnoth sind wir befreiet,
Die Kreter hat der Sturm zerstreuet,
Vorbei, geendet ist der Krieg!

Das hört der Gastfreund mit Entsetzen;
„Fürwahr, ich muß dich glücklich schätzen!
Doch, spricht er, zittr' ich für dein
            Heil:
Mir grauet vor der Götter Neide;
Des Lebens ungemischte Freude
Ward keinem Irdischen zu Theil.

Auch mir ist Alles wohl gerathen;
Bei allen meinen Herrscherthaten
Begleitet' mich des Himmels Huld;
Doch hatt' ich einen theuren Erben,
Den nahm mir Gott, ich sah ihn sterben,
Dem Glück bezahlt' ich meine Schuld.

Drum, willst du dich vor Leid be=
            wahren,
So flehe zu den Unsichtbaren,
Daß sie zum Glück den Schmerz ver=
            leihn.
Noch Keinen sah ich fröhlich enden,
Auf den mit immer vollen Händen
Die Götter ihre Gaben streun.

Und wenn's die Götter nicht gewähren,
So acht' auf eines Freundes Lehren
Und rufe selbst das Unglück her,
Und was von allen deinen Schätzen
Dein Herz am höchsten mag ergötzen,
Das nimm und wirf's in dieses Meer."

Und Jener spricht, von Furcht beweget:
„Von Allem, was die Insel heget,
Ist dieser Ring mein höchstes Gut.
Ihn will ich den Erinnen weihen,
Ob sie mein Glück mir dann verzeihen."
Und wirft das Kleinod in die Fluth.

Und bei des nächsten Morgens Lichte,
Da tritt mit fröhlichem Gesichte
Ein Fischer vor den Fürsten hin:

„Herr, diesen Fisch hab' ich gefangen,
Wie keiner noch in's Netz gegangen;
Dir zum Geschenke bring' ich ihn."

Und als der Koch den Fisch zertheilet,
Kommt er bestürzt herbeigeeilet,
Und ruft mit hocherstauntem Blick:
„Sieh, Herr, den Ring, den du getragen,
Ihn fand ich in des Fisches Magen;
O, ohne Grenzen ist dein Glück!"

Hier wendet sich der Gast mit Grausen:
„So kann ich hier nicht ferner hausen,
Mein Freund kannst du nicht weiter sein.
Die Götter wollen dein Verderben;
Fort eil' ich, nicht mit dir zu sterben."
Und sprach's und schiffte schnell sich ein.

Schiller.

Die Kraniche des Ibykus.

Zum Kampf der Wagen und Gesänge,
Der auf Korinthus Landesenge
Der Griechen Stämme froh vereint,
Zog Ibykus, der Götterfreund.
Ihm schenkte des Gesanges Gabe,
Der Lieder süßen Mund Apoll;
So wandert er, an leichtem Stabe,
Aus Rhegium, des Gottes voll.

Schon winkt auf hohem Bergesrücken
Akrokorinth des Wandrers Blicken,
Und in Poseidons Fichtenhain
Tritt er mit frommen Schauder ein.

Nichts regt sich um ihn her, nur
    Schwärme
Von Kranichen begleiten ihn,
Die fernhin nach des Südens Wärme
In graulichem Geschwader ziehn.

"Seid mir gegrüßt, befreund'te Schaaren,
Die mir zur See Begleiter waren!
Zum guten Zeichen nehm' ich euch,
Mein Loos, es ist dem euren gleich:
Von fernher kommen wir gezogen
Und flehen um ein wirthlich Dach;
Sei uns der Gastliche gewogen,
Der von dem Fremdling wehrt die
    Schmach!

Und munter fördert er die Schritte,
Und sieht sich in des Waldes Mitte;
Da sperren auf gedrangem Steg,
Zwei Mörder plötzlich seinen Weg.
Zum Kampfe muß er sich bereiten,
Doch bald ermattet sinkt die Hand;
Sie hat der Leier zarte Saiten,
Doch nie des Bogens Kraft gespannt.

Er ruft die Menschen an, die Götter,
Sein Flehen dringt zu keinem Retter,
Wie weit er auch die Stimme schickt,
Nichts Lebendes wird hier erblickt.
"So muß ich hier verlassen sterben,
Auf fremdem Boden, unbeweint,
Durch böser Buben Hand verderben,
Wo auch kein Rächer mir erscheint."

Und schwer getroffen sinkt er nieder;
Da rauscht der Kraniche Gefieder.
Er hört, schon kann er nicht mehr sehn,

Die nahen Stimmen furchtbar krähn.
"Von euch, ihr Kraniche dort oben!
Wenn keine andre Stimme spricht,
Sei meines Mordes Klag' erhoben!"
Er ruft es, und sein Auge bricht.

Der nackte Leichnam wird gefunden,
Und bald, obgleich entstellt von Wunden,
Erkennt der Gastfreund von Korinth
Die Züge, die ihm theuer sind.
"Und muß ich so dich wieder finden,
Und hoffte mit der Fichte Kranz
Des Sängers Schläfe zu umwinden,
Bestrahlt von seines Ruhmes Glanz!"

Und jammernd hören's alle Gäste,
Versammelt bei Poseidons Feste;
Ganz Griechenland ergreift der Schmerz;
Verloren hat ihn jedes Herz.
Und stürmend drängt sich zum Prytanen
Das Volk, es fordert seine Wuth,
Zu rächen des Erschlag'nen Manen,
Zu sühnen mit des Mörders Blut.

Doch wo die Spur, die aus der Menge,
Der Völker fluthendem Gedränge,
Gelocket von der Spiele Pracht,
Den schwarzen Thäter kenntlich macht?
Sind's Räuber, die ihn feig erschlagen?
That's neidisch ein verborgner Feind?
Nur Helios vermag's zu sagen,
Der alles Irdische bescheint.

Er geht vielleicht mit frechem Schritte
Jetzt eben durch der Griechen Mitte,
Und während ihn die Rache sucht,
Genießt er seines Frevels Frucht.

Auf ihres eignen Tempels Schwelle
Trotzt er vielleicht den Göttern, mengt
Sich dreist in jene Menschenwelle,
Die dort sich zum Theater drängt.

Denn Bank an Bank gedränget sitzen,
Es brechen fast der Bühne Stützen,
Herbeigeströmt von fern und nah,
Der Griechen Völker wartend da,
Dumpfbrausend wie des Meeres Wogen;
Von Menschen wimmelnd, wächst der
Bau
In weiter stets geschweiftem Bogen
Hinauf bis in des Himmels Blau.

Wer zählt die Völker, nennt die Namen,
Die gastlich hier zusammen kamen?
Von Thesus Stadt, von Aulis Strand,
Von Phocis, vom Spartanerland,
Von Asiens entlegner Küste,
Von allen Inseln kamen sie,
Und horchten von dem Schaugerüste
Des Chores grauser Melodie,

Der, streng und ernst, nach alter Sitte,
Mit langsam abgemeff'nem Schritte,
Hervortritt aus dem Hintergrund,
Umwandelnd des Theaters Rund.
So schreiten keine ird'schen Weiber!
Die zeugte kein sterblich Haus!
Es steigt das Riesenmaß der Leiber
Hoch über Menschliches hinaus.

Ein schwarzer Mantel schlägt die Lenden,
Sie schwingen in entfleischten Händen
Der Fackel düsterrothe Gluth;
In ihren Wangen fließt kein Blut.

Und wo die Haare lieblich flattern,
Um Menschenstirnen freundlich wehn,
Da sieht man Schlangen hier und Nattern
Die giftgeschwollnen Bäuche blähn.

Und schauerlich gedreht im Kreise,
Beginnen sie des Hymnus Weise,
Der durch das Herz zerreißend dringt,
Die Bande um den Sünder schlingt.
Besinnungraubend, herzbethörend
Schallt der Erinnyen Gesang,
Er schallt, des Hörers Mark verzehrend,
Und duldet nicht der Leier Klang:

„Wohl dem, der frei von Schuld und Fehle
Bewahrt die kindlich reine Seele!
Ihm dürfen wir nicht rächend nahn,
Er wandelt frei des Lebens Bahn.
Doch wehe, wehe, wer verstohlen
Des Mordes schwere That vollbracht;
Wir heften uns an seine Sohlen,
Das furchtbare Geschlecht der Nacht!

Und glaubt er fliehend zu entspringen,
Geflügelt sind wir da, die Schlingen
Ihm werfend um den flücht'gen Fuß,
Daß er zu Boden fallen muß.
So jagen wir ihn, ohn' Ermatten,
Versöhnen kann uns keine Reu',
Ihn fort und fort bis zu den Schatten,
Und geben ihn auch dort nicht frei."

So singend tanzen sie den Reigen,
Und Stille, wie des Todes Schweigen,
Liegt über'm ganzen Hause schwer,
Als ob die Gottheit nahe wär'.
Und feierlich, nach alter Sitte

Umwandelnd des Theaters Rund,
Mit langsam abgemeſſ'nem Schritte,
Verſchwinden ſie im Hintergrund.

Und zwiſchen Trug und Wahrheit
ſchwebet
Noch zweifelt jede Bruſt und bebet,
Und huldiget der furchtbar'n Macht,
Die richtend im Verborg'nen wacht,
Die unerforſchlich, unergründet,
Des Schickſals dunkeln Knäuel flicht,
Dem tiefen Herzen ſich verkündet,
Doch fliehet vor dem Sonnenlicht.

Da hört man auf den höchſten Stufen
Auf einmal eine Stimme rufen:
„Sieh da! ſieh da, Timotheus,
Die Kraniche des Ibykus!" —
Und finſter plötzlich wird der Himmel,
Und über dem Theater hin
Sieht man, in ſchwärzlichem Gewimmel,
Ein Kranichheer vorüberziehn.

„Des Ibykus!" — der theure Name
Rührt jede Bruſt mit neuem Grame,

Und, wie im Meere Well' auf Well',
So läuft's von Mund zu Munde ſchnell:
„Des Ibykus, den wir beweinen,
Den eine Mörderhand erſchlug?
Was iſt's mit dem? was kann er
meinen?
Was iſt's mit dieſem Kranichzug." —

Und lauter immer wird die Frage,
Und ahnend fliegt's, mit Blitzesſchlage,
Durch alle Herzen: „Gebet Acht!
Das iſt der Eumeniden Macht!
Der fromme Dichter wird gerochen,
Der Mörder bietet ſelbſt ſich dar!
Ergreift ihn, der das Wort geſprochen
Und ihn, an den's gerichtet war!"

Doch dem war kaum das Wort entfahren,
Möcht' er's im Buſen gern bewahren;
Umſonſt! der ſchreckenbleiche Mund
Macht ſchnell die Schuldbewußten kund.
Man reißt und ſchleppt ſie vor den Richter,
Die Scene wird zum Tribunal,
Und es geſtehn die Böſewichter,
Getroffen von der Rache Strahl.

Schiller.

Hero und Leander.

Seht ihr dort die altergrauen
Schlösser sich entgegen schauen,
Leuchtend in der Sonne Gold,
Wo der Hellespont die Wellen
Brausend durch der Dardanellen
Hohe Felsenpforte rollt?
Hört ihr jene Brandung stürmen,
Die sich an dem Felsen bricht?
Asien riß sie von Europen;
Doch die Liebe schreckt sie nicht.

Hero's und Leander's Herzen
Rührte mit dem Pfeil der Schmerzen
Amors heil'ge Göttermacht.
Hero, schön wie Hebe blühend,
Er, durch die Gebirge ziehend

Rüstig, im Geräusch der Jagd.
Doch der Väter feindlich Zürnen
Trennte das verbund'ne Paar,
Und die süße Frucht der Liebe
Hing am Abgrund der Gefahr.

Dort auf Sestos Felsenthurme,
Den mit ew'gen Wogensturme
Schäumend schlägt der Hellespont,
Saß die Jungfrau, einsam grauend,
Nach Abydos Küste schauend,
Wo der Heißgeliebte wohnt.
Ach, zu dem entfernten Strande
Baut sich keiner Brücke Steg,
Und kein Fahrzeug stößt vom Ufer,
Doch die Liebe fand den Weg.

Aus des Labyrinthes Pfaden
Leitet sie mit sichrem Faden,
Auch den Blöden macht sie klug;
Beugt in's Joch die wilden Thiere,
Spannt die feuersprühnden Stiere
An den diamantnen Pflug.
Selbst der Styx, der neunfach fließet,
Schließt die wagende nicht aus;
Mächtig raubt sie das Geliebte
Aus des Pluto finsterm Haus.

Auch durch des Gewässers Fluthen
Mit der Sehnsucht feur'gen Gluthen
Stachelt sie Leander's Muth.
Wenn des Tages heller Schimmer
Bleichet, stürzt der kühne Schwimmer
In des Pontus finstre Fluth,
Theilt mit starkem Arm die Woge,
Strebend nach dem theuren Strand,
Wo auf hohem Söller leuchtend
Winkt der Fackel heller Brand.

Und in weichen Liebesarmen
Darf der Glückliche erwarmen
Von der schwer bestand'nen Fahrt,
Und den Götterlohn empfangen,
Den in seligem Umfangen
Ihm die Liebe aufgespart,
Bis den Säumenden Aurora
Aus der Wonne Träumen weckt,
Und in's kalte Bett des Meeres
Aus dem Schooß der Liebe schreckt.

Und so flohen dreißig Sonnen,
Schnell, im Raub verstohl'ner Wonnen,
Dem beglückten Paar dahin,
Wie der Brautnacht süße Freuden,
Die die Götter selbst beneiden,
Ewig jung und ewig grün.
Der hat nie das Glück gekostet,
Der die Frucht des Himmels nicht
Raubend an des Höllenflusses
Schauervollem Rande bricht.

Hesper und Aurora zogen
Wechselnd auf am Himmelsbogen;
Doch die Glücklichen, sie sahn
Nicht den Schmuck der Blätter fallen,
Nicht aus Nords beeisten Hallen
Den ergrimmten Winter nahn.
Freudig sahen sie des Tages
Immer kürzern, kürzern Kreis;
Für das läng're Glück der Nächte
Dankten sie bethört dem Zeus.

Und es gleichte schon die Wage
An dem Himmel Nächt' und Tage,
Und die holde Jungfrau stand
Harrend auf dem Felsenschlosse,
Sah hinab die Sonnenrosse

Fliehen an des Himmels Rand.
Und das Meer lag still und eben,
Einem reinen Spiegel gleich;
Keines Windes leiſes Weben
Regte das kryſtallne Reich.

Luſtige Delphinenſchaaren
Scherzten in dem ſilberklaren,
Reinen Element umher,
Und in ſchwärzlich grauen Zügen,
Aus dem Meergrund aufgeſtiegen,
Kam der Thetis buntes Heer.
Sie, die einzigen, bezeugten
Den verſtohlnen Liebesbund;
Aber ihnen ſchloß auf ewig
Hekate den ſtummen Mund.

Und ſie freute ſich des ſchönen
Meeres, und mit Schmeicheltönen
Sprach ſie zu dem Element:
„Schöner Gott! du ſollteſt trügen?
Nein, den Frevler ſtraf' ich Lügen,
Der dich falſch und treulos nennt.
Falſch iſt das Geſchlecht der Menſchen,
Grauſam iſt des Vaters Herz!
Aber du biſt hold und gütig,
Und dich rührt der Liebe Schmerz.

In den öden Felſenmauern
Müßt' ich freudlos einſam trauern,
Und verblühn in ew'gem Harm;
Doch du trägſt auf deinem Rücken,
Ohne Nachen, ohne Brücken,
Mir den Freund in meinen Arm.
Grauenvoll iſt deine Tiefe,
Furchtbar deiner Wogen Fluth;
Aber dich erfleht die Liebe,
Dich bezwingt der Heldenmuth.

Denn auch dich, den Gott der Wogen,
Rührte Eros mächt'ger Bogen,
Als des goldnen Widders Flug
Helle, mit dem Bruder fliehend,
Schön in Jugendfülle blühend,
Ueber deine Tiefe trug.
Schnell, von ihrem Reiz beſieget,
Grifſt du aus dem finſtern Schlund,
Zogſt ſie von des Widders Rücken
Nieder in den Meeresgrund.

Eine Göttin mit dem Gotte,
In der tiefen Waſſergrotte,
Lebt ſie jetzt unſterblich fort;
Hülfreich der verfolgten Liebe
Zähmt ſie deine wilden Triebe,
Führt den Schiffer in den Port.
Schöne Helle! holde Göttin!
Selige, dich fleh' ich an:
Bring' auch heute den Geliebten
Mir auf der gewohnten Bahn!"

Und ſchon dunkelten die Fluthen,
Und ſie ließ der Fackel Gluthen
Von dem hohen Söller wehn.
Leitend in den öden Reichen
Sollte das vertraute Zeichen
Der geliebte Wandrer ſehn.
Und es ſauſt und dröhnt von ferne,
Finſter kräuſelt ſich das Meer,
Und es löſcht das Licht der Sterne,
Und es naht gewitterſchwer.

Auf des Pontus weite Fläche
Legt ſich Nacht, und Wetterbäche
Stürzen aus der Wolken Schooß;
Blitze zucken in den Lüften,
Und aus ihren Felſengrüften

Werden alle Stürme los,
Wühlen ungeheure Schlünde
In dem weiten Wasserschlund.
Gähnend, wie ein Felsenrachen,
Oeffnet sich des Meeres Grund.

„Wehe! Weh mir! ruft die Arme
Jammernd; großer Zeus, erbarme!
Ach! was wagt' ich zu erflehn!
Wenn die Götter mich erhören,
Wenn er sich den falschen Meeren
Preis gab in des Sturmes Wehn!
Alle meergewohnten Vögel
Ziehen heim, in eil'ger Flucht;
Alle sturmerprobten Schiffe
Bergen sich in sichrer Bucht.

Ach gewiß, der Unverzagte
Unternahm das oft Gewagte,
Denn ihn trieb ein mächt'ger Gott.
Er gelobte mir's beim Scheiden
Mit der Liebe heil'gen Eiden;
Ihn entbindet nur der Tod.
Ach! in diesem Augenblicke
Ringt er mit des Sturmes Wuth,
Und hinab in ihre Schlünde
Reißt ihn die empörte Fluth.

Falscher Pontus, deine Stille
War nur des Verrathes Hülle;
Einem Spiegel warst du gleich;
Tückisch ruhten deine Wogen,
Bis du ihn heraus betrogen
In dein falsches Lügenreich.
Jetzt, in deines Stromes Mitte,
Da die Rückkehr sich verschloß,
Lässest du auf den Verrathnen
Alle deine Schrecken los!"

Und es wächst des Sturmes Toben,
Hoch zu Bergen aufgehoben
Schwillt das Meer, die Brandung bricht
Schäumend sich am Fuß der Klippen,
Selbst das Schiff mit Eichenrippen
Nahte unzerschmettert nicht.
Und im Wind erlischt die Fackel,
Die des Pfades Leuchte war;
Schrecken bietet das Gewässer,
Schrecken auch die Landung dar.

Und sie fleht zu Aphrodite,
Daß sie dem Orkan gebiete,
Sänftige der Wellen Zorn,
Und gelobt, den strengen Winden
Reiche Opfer anzuzünden,
Einen Stier mit goldnem Horn.
Alle Göttinnen der Tiefe,
Alle Götter in der Höh'
Fleht sie, lindernd Oel zu gießen
In die sturmbewegte See.

„Höre meinen Ruf erschallen,
Steig' aus deinen grünen Hallen,
Selige Leucothea!
Die der Schiffer in dem öden
Wellenreich, in Sturmesnöthen,
Rettend oft erscheinen sah.
Reich' ihm deinen heil'gen Schleier,
Der, geheimnißvoll gewebt,
Die ihn tragen, unverletzlich
Aus dem Grab der Fluthen hebt!"

Und die wilden Winde schweigen,
Hell an Himmels Rande steigen
Eos Pferde in die Höh',
Friedlich in dem alten Bette
Fließt das Meer in Spiegelglätte,

Heiter lächeln Luft und See.
Sanfter brechen sich die Wellen
An des Ufers Felsenwand,
Und sie schwemmen, ruhig spielend,
Einen Leichnam an den Strand.

Ja er ist's, der auch entseelet
Seinem heil'gen Schwur nicht fehlet!
Schnellen Blicks erkennt sie ihn.
Keine Klage läßt sie schallen,
Keine Thräne sieht man fallen,
Kalt, verzweifelnd starrt sie hin.
Trostlos in die öde Tiefe
Blickt sie, in des Aethers Licht,
Und ein edles Feuer röthet
Das erbleichte Angesicht.

"Ich erkenn' euch, ernste Mächte!
Strenge treibt ihr eure Rechte,
Furchtbar, unerbittlich ein.
Früh schon ist mein Lauf beschlossen;
Doch das Glück hab' ich genossen,
Und das schönste Loos war mein.
Lebend hab' ich deinem Tempel
Mich geweiht als Priesterin;
Dir ein freudig Opfer sterb' ich,
Venus, große Königin!"

Und mit fliegendem Gewande
Schwingt sie von des Thurmes Rande
In die Meerfluth sich hinab.
Hoch in seinen Fluthenreichen
Wälzt der Gott die heil'gen Leichen,
Und er selber ist ihr Grab;
Und mit seinem Raub zufrieden,
Zieht er freudig fort und gießt
Aus der unerschöpften Urne
Seinen Strom, der ewig fließt.

Schiller.

Die Bürgschaft.

Zu Dionys, dem Tyrannen, schlich
Möros, den Dolch im Gewande;
Ihn schlugen die Häscher in Bande.
Was wolltest du mit dem Dolche, sprich!
Entgegnet ihm finster der Wütherich.
„Die Stadt von dem Tyrannen befreien!"
Das sollst du am Kreuze bereuen.

„Ich bin, spricht Jener, zum Sterben bereit,
Und bitte nicht um mein Leben:
Doch willst du Gnade mir geben,
Ich flehe dich um drei Tage Zeit,
Bis ich die Schwester dem Gatten gefreit;
Ich lasse den Freund dir als Bürgen;
Ihn magst du, entrinn' ich, erwürgen."

Da lächelt der König mit arger List,
Und spricht nach kurzem Bedenken:
Drei Tage will ich dir schenken;
Doch wisse: wenn sie verstrichen die Frist,
Eh' du zurück mir gegeben bist,
So muß er statt deiner erblassen,
Doch dir ist die Strafe erlassen.

Und er kommt zum Freunde: „Der König gebeut,
Daß ich am Kreuz mit dem Leben
Bezahle das frevelnde Streben,
Doch will er mir gönnen drei Tage Zeit,
Bis ich die Schwester dem Gatten gefreit;
So bleib' du dem König zum Pfande,
Bis ich komme zu lösen die Bande."

Und schweigend umarmt ihn der treue Freund,
Und liefert sich aus dem Tyrannen,
Der Andere ziehet von dannen.
Und ehe das dritte Morgenroth scheint,
Hat er schnell mit dem Gatten die Schwester vereint,
Eilt heim mit sorgender Seele,
Damit er die Frist nicht verfehle.

Da gießt unendlicher Regen herab,
Von den Bergen stürzen die Quellen,
Und die Bäche, die Ströme schwellen,
Und er kommt an's Ufer mit wanderndem Stab;
Da reißet die Brücke der Strudel hinab,
Und donnernd sprengen die Wogen
Des Gewölbes krachenden Bogen.

Und trostlos irrt er an Ufers Rand;
Wie weit er auch spähet und blicket
Und die Stimme, die rufende, schicket,
Da stößet kein Nachen vom sichern Strand,
Der ihn setze an das gewünschte Land,

Kein Schiffer lenket die Fähre
Und der wilde Strom wird zum Meere.

Da sinkt er an's Ufer und weint und fleht,
Die Hände zum Zeus erhoben:
„O hemme des Stromes Toben!
Es eilen die Stunden, im Mittag steht
Die Sonne, und wenn sie niedergeht,
Und ich kann die Stadt nicht erreichen,
So muß der Freund mir erbleichen."

Doch wachsend erneut sich des Stromes Wuth,
Und Welle auf Welle zerrinnet,
Und Stunde an Stunde entrinnet.
Da treibt ihn die Angst, da faßt er sich Muth
Und wirft sich hinein in die brausende Fluth,
Und theilt mit gewaltigen Armen
Den Strom, ein Gott hat Erbarmen.

Und gewinnt das Ufer und eilet fort,
Und danket dem rettenden Gotte,
Da stürzet die raubende Rotte
Hervor aus des Waldes nächtlichem Ort,
Den Pfad ihm sperrend, und schnaubet Mord,
Und hemmet des Wanderers Eile
Mit drohend geschwungener Keule.

„Was wollt ihr?" ruft er vor Schrecken bleich,
Ich habe nichts als mein Leben,
Das muß ich dem Könige geben!"
Und entreißt die Keule dem nächsten gleich:
„Um des Freundes willen, erbarmet euch!"
Und drei, mit gewaltigen Streichen,
Erlegt er, die andern entweichen.

Und die Sonne versendet glühenden Brand,
Und von der unendlichen Mühe

Ermattet, finken die Kniee;
„O haft du mich gnädig aus Räubershand,
Aus dem Strom mich gerettet an's heilige Land,
Und soll hier verschmachtend verderben,
Und der Freund mir, der liebende, sterben!"

Und horch! da sprudelt es silberhell,
Ganz nahe, wie rieselndes Rauschen,
Und stille hält er zu lauschen;
Und sieh', aus dem Felsen, geschwätzig, schnell,
Springt murmelnd hervor ein lebendiger Quell,
Und freudig bückt er sich·nieder,
Und erfrischet die brennenden Glieder.

Und die Sonne blickt durch der Zweige Grün,
Und malt auf den glänzenden Matten
Der Bäume gigantische Schatten;
Und zwei Wanderer sieht er die Straße ziehn,
Will eilenden Laufes vorüber fliehn,
Da hört er die Worte sie sagen:
Jetzt wird er an's Kreuz geschlagen.

Und die Angst beflügelt den eilenden Fuß,
Ihn jagen der Sorge Qualen,
Da schimmern in Abendroths Strahlen
Von ferne die Zinnen von Syrakus,
Und entgegen kommt ihm Philostratus,
Des Hauses redlicher Hüter,
Der erkennet entsetzt den Gebieter.

Zurück! du rettest den·Freund nicht mehr,
So rette das eigene Leben!
Den Tod erleidet er eben.
Von Stunde zu Stunde gewartet' er
Mit hoffender Seele der Wiederkehr,
Ihm konnte den muthigen Glauben
Der Hohn des Tyrannen nicht rauben.

„Und ist es zu spät, und kann ich ihm nicht
Ein Retter willkommen erscheinen,
So soll mich der Tod ihm vereinen.
Deß rühme der blut'ge Tyrann sich nicht,
Daß der Freund dem Freunde gebrochen die Pflicht,
Er schlachte der Opfer zweie,
Und glaube an Liebe und Treue!"

Und die Sonne geht unter, da steht er am Thor
Und sieht das Kreuz schon erhöhet,
Das die Menge gaffend umstehet,
An dem Seile schon zieht man den Freund empor;
Da zertrennt er gewaltig den dichten Chor:
„Mich, Henker! ruft er, erwürget!
Da bin ich, für den er gebürget!"

Und Erstaunen ergreift das Volk umher,
In den Armen liegen sich Beide,
Und weinen vor Schmerzen und Freude.
Da sieht man kein Auge thränenleer,
Und zum Könige bringt man die Wundermähr';
Der fühlt ein menschliches Rühren,
Läßt schnell vor den Thron sie führen.

Und blicket sie lange verwundert an,
Drauf spricht er: Es ist euch gelungen,
Ihr habt das Herz mir bezwungen,
Und die Treue, sie ist doch kein leerer Wahn,
So nehmet auch mich zum Genossen an,
Ich sei, gewährt mir die Bitte,
In eurem Bunde der Dritte.

                                   Schiller.

Der Taucher.

Wer wagt es, Rittersmann oder Knapp',
Zu tauchen in diesen Schlund?
Einen goldnen Becher werf' ich hinab,
Verschlungen schon hat ihn der schwarze Mund.
Wer mir den Becher kann wieder zeigen,
Er mag ihn behalten, er ist sein eigen.

Der König spricht es und wirft von der Höh'
Der Klippe, die schroff und steil
Hinaushängt in die unendliche See,
Den Becher in der Charybde Geheul.
Wer ist der Beherzte, ich frage wieder,
Zu tauchen in diese Tiefe nieder?

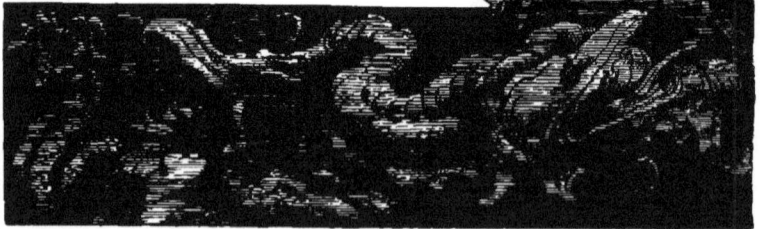

Und die Ritter, die Knappen um ihn her
Vernehmen's und schweigen still,
Sehen hinab in das wilde Meer,
Und Keiner den Becher gewinnen will.
Und der König zum dritten Mal wieder fraget:
Ist Keiner, der sich hinunter waget?

Doch Alles noch stumm bleibt wie zuvor —
Und ein Edelknecht, sanft und keck,
Tritt aus der Knappen zagendem Chor,
Und den Gürtel wirft er, den Mantel weg,
Und alle die Männer umher und Frauen
Auf den herrlichen Jüngling verwundert schauen.

Und wie er tritt an des Felsen Hang
Und blickt in den Schlund hinab,
Die Wasser, die sie hinunter schlang,
Die Charybde jetzt brüllend wiedergab,
Und wie mit des fernen Donners Getose
Entstürzen sie schäumend dem finstern Schooße.

Und es wallet und siedet und brauset und zischt,
Wie wenn Wasser mit Feuer sich mengt,
Bis zum Himmel spritzet der dampfende Gischt,
Und Fluth auf Fluth sich ohn' Ende drängt,
Und will sich nimmer erschöpfen und leeren,
Als wollte das Meer noch ein Meer gebären.

Doch endlich, da legt sich die wilde Gewalt,
Und schwarz aus dem weißen Schaum
Klafft hinunter ein gähnender Spalt,
Grundlos, als ging's in den Höllenraum,
Und reißend sieht man die brandenden Wogen
Hinab in den strudelnden Trichter gezogen.

Jetzt schnell, eh' die Brandung wiederkehrt,
Der Jüngling sich Gott befiehlt,
Und — ein Schrei des Entsetzens wird rings gehört,

Und schon hat ihn der Wirbel hinweggespült,
Und geheimnißvoll über dem kühnen Schwimmer
Schließt sich der Rachen, er zeigt sich nimmer.

Und stille wird's über dem Wasserschlund,
In der Tiefe nur brauset es hohl,
Und bebend hört man von Mund zu Mund:
„Hochherziger Jüngling, fahre wohl!"
Und hohler und hohler hört man's heulen,
Und es harrt noch mit bangem, mit schrecklichem Weilen.

Und wärfst du die Krone selber hinein
Und sprächst: „Wer mir bringet die Kron',
Er soll sie tragen und König sein!"
Mich gelüstete nicht nach dem theuren Lohn.
Was die heulende Tiefe da unten verhehle,
Das erzählt keine lebende, glückliche Seele.

Wohl manches Fahrzeug, vom Strudel gefaßt,
Schoß jäh in die Tiefe hinab;
Doch zerschmettert nur rangen sich Kiel und Mast
Hervor aus dem Alles verschlingenden Grab —
Und heller und heller, wie Sturmes Sausen,
Hört man's näher und immer näher brausen.

Und es wallet und siedet und brauset und zischt,
Wie wenn Wasser mit Feuer sich mengt,
Bis zum Himmel spritzet der dampfende Gischt,
Und Well' auf Well' sich ohn' Ende drängt,
Und wie mit des fernen Donners Getose
Entstürzt es brüllend dem finstern Schooße.

Und sieh! aus dem finster flutenden Schooß
Da hebet sich's schwanenweiß,
Und ein Arm und ein glänzender Nacken wird bloß
Und es rudert mit Kraft und mit emsigem Fleiß,
Und er ist's, und hoch in seiner Linken
Schwingt er den Becher mit freudigem Winken.

Und athmete lang und athmete tief,
Und begrüßte das himmlische Licht.
Mit Frohlocken es Einer dem Andern rief:
„Er lebt! Er ist da! Es behielt ihn nicht!
Aus dem Grab, aus der strudelnden Wasserhöhle
Hat der Brave gerettet die lebende Seele!"

Und er kommt, es umringt ihn die jubelnde Schaar,
Zu des Königs Füßen er sinkt,
Den Becher reicht er ihm knieend dar,
Und der König der lieblichen Tochter winkt,
Die füllt ihn mit funkelndem Wein bis zum Rande;
Und der Jüngling sich also zum König wandte:

„Lang lebe der König! Es freue sich,
Wer da athmet im rosigen Licht!
Da unten aber ist's fürchterlich,
Und der Mensch versuche die Götter nicht,
Und begehre nimmer und nimmer zu schauen,
Was sie gnädig bedecken mit Nacht und Grauen.

Es riß mich hinunter blitzesschnell,
Da stürzt' mir aus felsigem Schacht
Wildfluthend entgegen ein reißender Quell;
Mich packte des Doppelstroms wüthende Macht,
Und wie einen Kreisel mit schwindelndem Drehen
Trieb mich's um, ich konnte nicht widerstehen.

Da zeigte mir Gott, zu dem ich rief,
In der höchsten, schrecklichen Noth,
Aus der Tiefe ragend ein Felsenriff,
Das erfaßt' ich behend und entrann dem Tod,
Und da hing auch der Becher an spitzen Korallen,
Sonst wär' er in's Bodenlose gefallen.

Denn unter mir lag's noch bergetief
In purpurner Finsterniß da,
Und ob's hier dem Ohre gleich ewig schlief,

Das Auge mit Schaudern hinunter sah,
Wie's von Salamandern und Molchen und Drachen
Sich regt' in dem furchtbaren Höllenrachen.

Schwarz wimmelten da, in grausem Gemisch,
Zu scheußlichen Klumpen geballt,
Der stachlichte Roche, der Klippenfisch,
Des Hammers gräuliche Ungestalt,
Und dräuend wies mir die grimmigen Zähne
Der entsetzliche Hay, des Meeres Hyäne.

Und da hing ich, und war's mir mit Grausen bewußt,
Von der menschlichen Hülfe so weit,
Unter Larven die einzige fühlende Brust,
Allein in der gräßlichen Einsamkeit,
Tief unter dem Schall der menschlichen Rede
Bei den Ungeheuern der traurigen Oede.

Und schaudernd dacht' ich's, da kroch's heran,
Regte hundert Gelenke zugleich,
Will schnappen nach mir; in des Schreckens Wahn
Laß' ich los der Koralle umklammerten Zweig,
Gleich faßt mich der Strudel mit rasendem Toben;
Doch es war mir zum Heil, er riß mich nach oben." —

Der König darob sich verwundert schier,
Und spricht: „Der Becher ist dein,
Und diesen Ring noch bestimm' ich dir,
Geschmückt mit dem köstlichsten Edelgestein,
Versuchst du's noch einmal und bringst mir Kunde,
Was du sahst auf des Meeres tiefunterstem Grunde."

Das hörte die Tochter mit weichem Gefühl,
Und mit schmeichelndem Munde sie fleht:
„Laßt, Vater, genug sein das grausame Spiel!
Er hat euch bestanden, was Keiner besteht,
Und könnt ihr des Herzens Gelüste nicht zähmen,
So mögen die Ritter den Knappen beschämen."

Drauf der König greift nach dem Becher schnell,
In den Strudel ihn schleudert hinein:
„Und schafffst du den Becher mir wieder zur Stell',
So sollst du der trefflichste Ritter mir sein,
Und sollst sie als Eh'gemahl heut' noch umarmen,
Die jetzt für dich bittet mit zartem Erbarmen."

Da ergreift's ihm die Seele mit Himmelsgewalt,
Und es blitzt aus den Augen ihm kühn,
Und er siehet erröthen die schöne Gestalt,
Und sieht sie erbleichen und sinken hin —
Da treibt's ihn, den köstlichen Preis zu erwerben,
Und stürzt hinunter auf Leben und Sterben. —

Wohl hört man die Brandung, wohl kehrt sie zurück,
Sie verkündigt der donnernde Schall;
Da bückt sich's hinunter mit liebendem Blick —
Es kommen, es kommen die Wasser all,
Sie rauschen herauf, sie rauschen nieder —
Den Jüngling bringt keines wieder.

Schiller.

Ritter Toggenburg.

„Ritter, treue Schwesterliebe
　Widmet euch dies Herz.
Fordert keine andre Liebe,
　Denn es macht mir Schmerz.
Ruhig mag ich euch erscheinen,
　Ruhig gehen sehn.
Eurer Augen stilles Weinen
　Kann ich nicht verstehn."

Und er hört's mit stummem Harme,
　Reißt sich blutend los,
Preßt sie heftig in die Arme,
　Schwingt sich auf sein Roß,

Schickt zu seinen Mannen allen
In dem Lande Schweiz;
Nach dem heil'gen Grab sie wallen,
Auf der Brust das Kreuz.

Große Thaten dort geschehen
Durch der Helden Arm;
Ihres Helmes Büsche wehen
In der Feinde Schwarm,
Und des Toggenburgers Name
Schreckt den Muselmann;
Doch das Herz von seinem Grame
Nicht genesen kann.

Und ein Jahr hat er's getragen,
Trägt's nicht länger mehr,
Ruhe kann er nicht erjagen
Und verläßt das Heer,
Sieht ein Schiff an Joppe's Strande,
Das die Segel bläht,
Schiffet heim zum theuren Lande,
Wo ihr Athem weht.

Und an ihres Schlosses Pforte
Klopft der Pilger an,
Ach! und mit dem Donnerworte
Wird sie aufgethan:
„Die ihr suchet, trägt den Schleier,
Ist des Himmels Braut.
Gestern war des Tages Feier,
Der sie Gott getraut."

Da verlässet er auf immer
Seiner Väter Schloß,
Seine Waffen sieht er nimmer,
Noch sein treues Roß.
Von der Toggenburg hernieder
Steigt er unbekannt,

Denn es deckt die edeln Glieder
Härenes Gewand.

Und er baut sich eine Hütte
Jener Gegend nah,
Wo das Kloster aus der Mitte
Düst'rer Linden sah;
Harrend von des Morgens Lichte
Bis zu Abends Schein,
Stille Hoffnung im Gesichte,
Saß er da allein.

Blickte nach dem Kloster drüben,
Blickte Stunden lang
Nach dem Fenster seiner Lieben,
Bis das Fenster klang,
Bis die Liebliche sich zeigte,
Bis das theure Bild
Sich in's Thal herunter neigte,
Ruhig, engelmild.

Und dann legt' er froh sich nieder,
Schlief getröstet ein,
Still sich freuend, wenn es wieder
Morgen würde sein.
Und so saß er viele Tage,
Saß viel' Jahre lang,
Harrend ohne Schmerz und Klage,
Bis das Fenster klang,

Bis die Liebliche sich zeigte,
Bis das theure Bild
Sich in's Thal herunter neigte,
Ruhig, engelmild.
Und so saß er, eine Leiche,
Eines Morgens da,
Nach dem Fenster noch das bleiche,
Stille Antlitz sah.

Schiller.

Der Gang nach dem Eisenhammer.

Ein frommer Knecht war Fridolin,
Und in der Furcht des Herrn
Ergeben der Gebieterin,
Der Gräfin von Savern.
Sie war so sanft, sie war so gut,
Doch auch der Launen Uebermuth
Hätt' er geeifert zu erfüllen
Mit Freudigkeit, mit Gotteswillen.

Früh von des Tages erstem Schein,
Bis spät die Vesper schlug,
Lebt' er nur ihrem Dienst allein,
That nimmer sich genug.
Und sprach die Dame: „Mach' dir's
                                    leicht!"
Da wurd' ihm gleich das Auge feucht,
Und meinte seiner Pflicht zu fehlen,
Durst' er sich nicht im Dienste quälen.

Drum vor dem ganzen Dienertroß
Die Gräfin ihn erhob;
Aus ihrem schönen Munde floß
Sein unerschöpftes Lob.
Sie hielt ihn nicht als ihren Knecht,
Es gab sein Herz ihm Kindesrecht;
Ihr klares Auge mit Vergnügen
Hing an den wohlgestalten Zügen.

Darob entbrennt in Roberts Brust,
Des Jägers, gift'ger Groll,
Dem längst von böser Schadenlust
Die schwarze Seele schwoll —
Und trat zum Grafen, rasch zur That,
Und offen des Verführers Rath,
Als einst vom Jagen heim sie kamen,
Streut' ihm in's Herz des Argwohns
                                    Samen.

„Wie seid ihr glücklich, edler Graf,"
Hub er voll Arglist an,
„Euch raubet nicht den goldnen Schlaf
Des Zweifels gift'ger Zahn;
Denn ihr besitzt ein edles Weib,
Es gürtet Scham den keuschen Leib.
Die fromme Treue zu berücken,
Wird nimmer dem Versucher glücken."

Da rollt der Graf die finstern Brau'n:
„Was red'st du mir, Gesell?
Werd' ich auf Weibertugend bau'n,
Beweglich wie die Well'!
Leicht locket sie des Schmeichlers Mund;
Mein Glaube steht auf festerm Grund.
Vom Weib des Grafen von Saverne
Bleibt', hoff' ich, der Versucher ferne."

Der Andre spricht: „So denkt ihr recht.
Nur euren Spott verdient
Der Thor, der, ein geborner Knecht,
Ein solches sich erkühnt,
Und zu der Frau, die ihm gebeut,
Erhebt der Wünsche Lüsternheit." —
„Was?" fällt ihm Jener ein und bebet,
„Red'st du von Einem, der da lebet?"

„Ja doch, was Aller Mund erfüllt,
Das bärg' sich meinem Herrn?
Doch, weil ihr's denn mit Fleiß ver=
                                    hüllt,
So unterdrück' ich's gern."
„Du bist des Todes, Bube, sprich!"
Ruft Jener streng und fürchterlich.
„Wer hebt das Haupt zu Kunigon=
                                    den?" —
„Nun ja, ich spreche von dem Blonden."

„Er ist nicht häßlich von Gestalt,"
Fährt er mit Arglist fort,
Indem's den Grafen heiß und kalt
Durchrieselt bei dem Wort.
„Ist's möglich, Herr? Ihr saht es nie,
Wie er nur Augen hat für sie?
Bei Tafel euer selbst nicht achtet,
An ihrem Stuhl gefesselt schmachtet?"

Seht da die Verse, die er schrieb,
Und seine Gluth gesteht" —
"Gesteht!" — "Und sie um Gegenlieb',
Der freche Bube! fleht.
Die gnäd'ge Gräfin, sanft und weich,
Aus Mitleid wohl verbarg sie's euch;
Mich reuet jetzt, daß mir's entfahren,
Denn, Herr, was habt ihr zu befahren?"

Da ritt in seines Zornes Wuth
Der Graf in's nahe Holz,
Wo ihm in hoher Oefen Gluth
Die Eisenstufe schmolz.
Hier nährten früh und spät den Brand
Die Knechte mit geschäft'ger Hand;
Der Funke sprüht, die Bälge blasen,
Als gält' es, Felsen zu verglasen.

Des Wassers und des Feuers Kraft
Verbündet sieht man hier;
Das Mühlrad, von der Fluth gerafft,
Umwälzt sich für und für;
Die Werke klappern Nacht und Tag,
Im Takte pocht der Hämmer Schlag,
Und bildsam von den mächt'gen Streichen
Muß selbst das Eisen sich erweichen.

Und zweien Knechten winket er,
Bedeutet sie und sagt:
"Den Ersten, den ich sende her,
Und der euch also fragt:
Habt ihr befolgt des Herren Wort?
Den werft mir in die Hölle dort,
Daß er zu Asche gleich vergehe
Und ihn mein Aug' nicht weiter sehe."

Deß freut sich das entmenschte Paar
Mit roher Henkerslust,

Denn fühllos, wie das Eisen, war
Das Herz in ihrer Brust.
Und frischer mit der Bälge Hauch
Erhitzen sie des Ofens Bauch,
Und schicken sich mit Mordverlangen,
Das Todesopfer zu empfangen.

Drauf Robert zum Gesellen spricht
Mit falschem Heuchelschein:
"Frisch auf, Gesell, und säume nicht!
Der Herr begehret dein."
Der Herr, der spricht zu Fridolin:
"Mußt gleich zum Eisenhammer hin,
Und frage mir die Knechte dorten,
Ob sie gethan nach meinen Worten?"

Und Jener spricht: "Es soll geschehn!"
Und macht sich flugs bereit.
Doch sinnend bleibt er plötzlich stehn:
"Ob sie mir nichts gebeut?"
Und vor die Gräfin stellt er sich:
"Hinaus zum Hammer schickt man mich;
So sag', was kann ich dir verrichten?
Denn dir gehören meine Pflichten."

Darauf die Dame von Savern
Versetzt' mit sanftem Ton:
"Die heil'ge Messe hört' ich gern,
Doch liegt mir krank der Sohn:
So gehe denn, mein Kind, und sprich
In Andacht ein Gebet für mich,
Und denkst du reuig deiner Sünden,
So laß auch mich die Gnade finden."

Und, froh der vielwillkommnen Pflicht,
Macht er im Flug sich auf,
Hat noch des Dorfes Ende nicht
Erreicht im schnellen Lauf,

Da tönt ihm von dem Glockenstrang
Hellschlagend des Geläutes Klang,
Das alle Sünder, hochbegnadet,
Zum Sakramente festlich ladet.

"Dem lieben Gotte weich' nicht aus,
Find'st du ihn auf dem Weg!" —
Er spricht's nur tritt in's Gotteshaus;
Kein Laut ist hier noch reg',
Denn um die Ernte war's, und heiß
Im Felde glüht der Schnitter Fleiß;
Kein Chorgehülfe war erschienen,
Die Messe kundig zu bedienen.

Entschlossen ist er alsobald,
Und macht den Sakristan;
"Das," spricht er, "ist kein Aufenthalt,
Was fördert himmelan."
Die Stola und das Cingulum
Hängt er dem Priester dienend um,
Bereitet hurtig die Gefäße,
Geheiliget zum Dienst der Messe.

Und als er dies mit Fleiß gethan,
Tritt er als Ministrant
Dem Priester zum Altar voran,
Das Meßbuch in der Hand,
Und kniet rechts und kniet links,
Und ist gewärtig jedes Winks,
Und, als des Sanctus Worte kamen,
Da schellt er dreimal bei dem Namen.

Drauf, als der Priester fromm sich neigt
Und, zum Altar gewandt,
Den Gott, den gegenwärt'gen, zeigt
In hocherhobner Hand,
Da kündet es der Sakristan
Mit hellem Glöcklein klingend an.

Und Alles kniet und schlägt die Brüste,
Sich fromm bekreuzend vor dem Christe.

So übt er Jedes pünktlich aus
Mit schnell gewandtem Sinn;
Was Brauch ist in dem Gotteshaus,
Er hat es Alles inn',
Und wird nicht müde bis zum Schluß,
Bis beim Vobiscum Dominus
Der Priester zur Gemein' sich wendet,
Die heil'ge Handlung segnend endet.

Da stellt er jedes wiederum
In Ordnung säuberlich,
Erst reinigt er das Heiligthum,
Und dann entfernt er sich,
Und eilt in des Gewissens Ruh'
Den Eisenhütten heiter zu,
Spricht unterwegs, die Zahl zu füllen,
Zwölf Paternoster noch im Stillen.

Und als er rauchen sieht den Schlot,
Und sieht die Knechte stehn,
Da ruft er: "Was der Graf gebot,
Ihr Knechte, ist's geschehn?"
Und grinsend zerren sie den Mund
Und deuten in des Ofens Schlund:
"Der ist besorgt und aufgehoben!
Der Graf wird seine Diener loben."

Die Antwort bringt er seinem Herrn
In schnellem Lauf zurück.
Als der ihn kommen sieht von fern,
Kaum traut er seinem Blick:
"Unglücklicher! wo kommst du her?" —
"Vom Eisenhammer!"— "Nimmermehr!
So hast du dich im Lauf verspätet?" —
"Herr, nur so lang, bis ich gebetet."

„Denn, als von eurem Angesicht
Ich heute ging, verzeiht!
Da fragt ich erst nach meiner Pflicht
Bei der, die mir gebeut.
Die Messe, Herr, befahl sie mir
Zu hören; gern gehorcht' ich ihr,
Und sprach der Rosenkränze viere
Für euer Heil und für das ihre."

In tiefes Staunen sinket hier
Der Graf, entsetzet sich:
„Und welche Antwort wurde dir
Am Eisenhammer? Sprich!" —
„Herr, dunkel war der Rede Sinn:
Zum Ofen wies man lachend hin:
Der ist besorgt und aufgehoben;
Der Graf wird seine Diener loben."

„Und Robert?" fällt der Graf ihm ein,
Es überläuft ihn kalt,
„Sollt' er dir nicht begegnet sein?
Ich sandt' ihn doch zum Wald." —
„Herr, nicht im Wald, nicht in der Flur
Fand ich von Robert eine Spur" —
„Nun," ruft der Graf und steht vernichtet,
„Gott selbst im Himmel hat gerichtet!"

Und gütig, wie er nie gepflegt,
Nimmt er des Dieners Hand,
Bringt ihn der Gattin, tiefbewegt,
Die nichts davon verstand.
„Dies Kind, kein Engel ist so rein,
Laßt's eurer Huld empfohlen sein!
Wie schlimm wir auch berathen waren,
Mit dem ist Gott und seine Schaaren."

Schiller.

Der Kampf mit dem Drachen.

Was rennt das Volk, was wälzt sich
                                   dort
Die langen Gassen brausend fort?
Stürzt Rhodus unter Feuers Flammen?
Es rottet sich im Sturm zusammen,
Und einen Ritter, hoch zu Roß,
Gewahr' ich aus dem Menschentroß,
Und hinter ihm, welch' Abenteuer!
Bringt man geschleppt ein Ungeheuer,
Ein Drache scheint es von Gestalt,
Mit weitem Krokodilesrachen,
Und Alles blickt verwundert bald
Den Ritter an und bald den Drachen.

Und tausend Stimmen werden laut:
„Das ist der Lindwurm, kommt und schaut,
Der Hirt und Heerden uns verschlungen!
Das ist der Held, der ihn bezwungen!
Viel andre zogen vor ihm aus,
Zu wagen den gewalt'gen Strauß,
Doch keinen sah man wiederkehren;
Den kühnen Ritter soll man ehren!"
Und nach dem Kloster geht der Zug,
Wo Sankt Johann's des Täufers
                                   Orden,
Die Ritter des Spitals, im Flug
Zu Rathe sind versammelt worden.

Und vor den edlen Meister tritt
Der Jüngling mit bescheidnem Schritt;
Nachdrängt das Volk, mit wildem Drusen,
Erfüllend des Geländers Stufen,
Und jener nimmt das Wort und spricht:
„Ich hab' erfüllt die Ritterpflicht.
Der Drache, der das Land verödet,
Er liegt von meiner Hand getödtet;
Frei ist dem Wanderer der Weg,
Der Hirte treibe in's Gefilde,
Froh walle auf dem Felsensteg
Der Pilger zu dem Gnadenbilde."

Doch strenge blickt der Fürst ihn an
Und spricht: „Du hast als Held gethan;
Der Muth ist's, der den Ritter ehret,
Du hast den kühnen Geist bewähret;
Doch sprich! Was ist die erste Pflicht
Des Ritters, der für Christum ficht,
Sich schmücket mit des Kreuzes Zeichen?"
Und alle rings herum erbleichen.
Doch er, mit edlem Anstand, spricht,
Indem er sich erröthend neiget:
„Gehorsam ist die erste Pflicht,
Die ihn des Schmuckes würdig zeiget."

„Und diese Pflicht, mein Sohn," versetzt
Der Meister, „hast du frech verletzt.
Den Kampf, den das Gesetz versaget,
Hast du mit frevlem Muth gewaget!" —
„Herr, richte, wenn du Alles weißt,"
Spricht jener mit gesetztem Geist,
„Denn des Gesetzes Sinn und Willen
Vermeint' ich treulich zu erfüllen.
Nicht unbedachtsam zog ich hin,
Das Ungeheuer zu bekriegen;

Durch List und kluggewandten Sinn
Versucht ich's, in dem Kampf zu siegen.

Fünf unsers Ordens waren schon,
Die Zierden der Religion,
Des kühnen Muthes Opfer worden:
Da wehrtest du den Kampf dem Orden.
Doch an dem Herzen nagten mir
Der Unmuth und die Streitbegier,
Ja, selbst im Traum der stillen Nächte
Fand ich mich keuchend im Gefechte,
Und wenn der Morgen dämmernd kam,
Und Kunde gab von neuen Plagen,
Da faßte mich ein wilder Gram,
Und ich beschloß, es frisch zu wagen.

Und zu mir selber sprach ich dann:
Was schmückt den Jüngling, ehrt den
Mann?
Was leisteten die tapfern Helden,
Von denen uns die Lieder melden,
Die zu der Götter Glanz und Ruhm
Erhub das blinde Heidenthum?
Sie reinigten von Ungeheuern
Die Welt in kühnen Abenteuern,
Begegneten im Kampf dem Leu'n
Und rangen mit den Minotauren,
Die armen Opfer zu befrei'n,
Und ließen sich das Blut nicht dauern.

Ist nur der Saracen' es werth,
Daß ihn bekämpft des Christen Schwert?
Bekriegt er nur die falschen Götter?
Gesandt ist er der Welt zum Retter,
Von jeder Noth und jedem Harm
Befreien muß sein starker Arm;

Doch seinen Muth muß Weisheit leiten
Und List muß mit der Stärke streiten.
So sprach ich oft und zog allein,
Des Raubthiers Fährte zu erkunden.
Da flößte mir der Geist es ein;
Froh rief ich aus: ich hab's gefunden.

Und trat zu dir und sprach das Wort:
Mich zieht es nach der Heimath fort.
Du, Herr, willfahrtest meinen Bitten
Und glücklich war das Meer durch=
                    schnitten.
Kaum stieg ich aus am heim'schen Strand,
Gleich ließ ich durch des Künstlers Hand
Getreu den wohlbemerkten Zügen
Ein Drachenbild zusammenfügen.
Auf kurzen Füßen wird die Last
Des langen Leibes aufgethürmet;
Ein schuppicht Panzerhemd umfaßt
Den Rücken, den es furchtbar schirmet.

Lang strecket sich der Hals hervor,
Und gräßlich, wie ein Höllenthor,
Als schnappt' es gierig nach der Beute,
Eröffnet sich des Rachens Weite,
Und aus dem schwarzen Schlunde dräun
Der Zähne stachelichte Reihn;
Die Zunge gleicht des Schwertes Spitze,
Die kleinen Augen sprühen Blitze,
In eine Schlange endigt sich
Des Rückens ungeheure Länge,
Rollt um sich selber fürchterlich,
Daß es um Mann und Roß sich schlänge.

Und Alles bild' ich nach genau,
Und kleid' es in ein scheußlich Grau;

Halb Wurm erschien's, halb Molch und
                    Drache,
Gezeuget in der gift'gen Lache;
Und als das Bild vollendet war,
Erwähl' ich mir ein Doggenpaar,
Gewaltig, schnell, von flinken Läufen,
Gewohnt, den wilden Ur zu greifen;
Die hetz' ich auf den Lindwurm an,
Erhitze sie zu wildem Grimme,
Zu fassen ihn mit scharfem Zahn,
Und lenke sie mit meiner Stimme.

Und wo des Bauches weiches Vließ
Den scharfen Bissen Blöße ließ,
Da reiz' ich sie, den Wurm zu packen,
Die spitzen Zähne einzuhacken.
Ich selbst, bewaffnet mit Geschoß,
Besteige mein arabisch Roß,
Von adliger Zucht entstammet,
Und als ich seinen Zorn entflammet,
Rasch auf den Drachen spreng' ich's
                    los
Und stach!' es mit den scharfen Sporen,
Und werfe zielend mein Geschoß,
Als wollt' ich die Gestalt durchbohren.

Ob auch das Roß sich grauend bäumt,
Und knirscht und in den Zügeln schäumt,
Und meine Doggen ängstlich stöhnen,
Nicht rast' ich, bis sie sich gewöhnen.
So üb' ich's aus mit Emsigkeit,
Bis dreimal sich der Mond erneut,
Und als sie Jedes recht begriffen,
Führ' ich sie her auf schnellen Schiffen.
Der dritte Morgen ist es nun,
Daß mir's gelungen hier zu landen;

Den Gliedern gönnt' ich kaum zu ruhn,
Bis ich das große Werk bestanden.

Denn heiß erregte mir das Herz
Des Landes frisch erneuter Schmerz:
Zerrissen fand man jüngst die Hirten,
Die nach dem Sumpfe sich verirrten;
Und ich beschließe rasch die That,
Nur von dem Herzen nehm' ich Rath.
Flugs unterricht' ich meine Knappen,
Besteige den versuchten Rappen,
Und von dem edeln Doggenpaar
Begleitet, auf geheimen Wegen,
Wo meiner That kein Zeuge war,
Reit' ich dem Feinde frisch entgegen.

Das Kirchlein kennst du, Herr, das hoch
Auf eines Felsenberges Joch,
Der weit die Insel überschauet,
Des Meisters kühner Geist erbauet.
Verächtlich scheint es, arm und klein,
Doch ein Mirakel schließt es ein:
Die Mutter mit dem Jesusknaben,
Den die drei Könige begaben.
Auf dreimal dreißig Stufen steigt
Der Pilgrim nach der steilen Höhe;
Doch hat er schwindelnd sie erreicht,
Erquickt ihn seines Heilands Nähe.

Tief in den Fels, auf dem es hängt,
Ist eine Grotte eingesprengt,
Vom Thau des nahen Moors befeuchtet,
Wohin des Himmels Strahl nicht
                            leuchtet.
Hier hausete der Wurm und lag,
Den Raub erspähend, Nacht und Tag.

So hielt er, wie der Höllendrache,
Am Fuß des Gotteshauses Wache,
Und kam der Pilgrim hergewallt,
Und lenkte in die Unglücksstraße,
Hervorbrach aus dem Hinterhalt
Der Feind und trug ihn fort zum
                            Fraße.

Den Felsen stieg ich jetzt hinan,
Eh' ich den schweren Strauß begann;
Hin kniet' ich vor dem Christuskinde,
Und reinigte mein Herz von Sünde.
Drauf gürt' ich mir im Heiligthum
Den blanken Schmuck der Waffen um,
Bewehre mit dem Spieß die Rechte,
Und nieder steig' ich zum Gefechte.

Zurücke bleibt der Knappen Troß;
Ich gebe scheidend die Befehle,
Und schwinge mich behend auf's Roß,
Und Gott empfehl' ich meine Seele.

Kaum seh' ich mich im ebnen Plan,
Flugs schlagen meine Doggen an,
Und bang beginnt das Roß zu keuchen
Und bäumet sich und will nicht weichen;
Denn nahe liegt, zum Knäul geballt,
Des Feindes scheußliche Gestalt,
Und sonnet sich auf warmem Grunde.
Auf jagen ihn die flinken Hunde;
Doch wenden sie sich pfeilgeschwind,
Als es den Rachen gähnend theilet
Und von sich haucht den gift'gen Wind,
Und winselnd wie der Schakal heulet.

Doch schnell erfrisch' ich ihren Muth,
Sie fassen ihren Feind mit Wuth,

Indem ich nach des Thieres Lende
Aus starker Faust den Speer versende;
Doch machtlos, wie ein dünner Stab,
Prallt er vom Schuppenpanzer ab,
Und eh' ich meinen Wurf erneuet,
Da bäumet sich mein Roß und scheuet
An seinem Basiliskenblick
Und seines Athems gift'gem Wehen,
Und mit Entsetzen springt's zurück,
Und jetzo war's um mich geschehen —

Da schwing' ich mich behend vom Roß,
Schnell ist des Schwertes Schneide bloß,
Doch alle Streiche sind verloren,
Den Felsenharnisch zu durchbohren,
Und wüthend mit des Schweifes Kraft
Hat es zur Erde mich gerafft;
Schon seh' ich seinen Rachen gähnen,
Es haut nach mir mit grimmen Zähnen,
Als meine Hunde, wuthentbrannt,
An seinen Bauch mit grimm'gen Bissen
Sich warfen, daß es heulend stand,
Von ungeheurem Schmerz zerrissen.

Und eh' es ihren Bissen sich
Entwindet, rasch erheb' ich mich,
Erspähe mir des Feindes Blöße,
Und stoße tief ihm in's Getröse,
Nachbohrend bis an's Heft, den Stahl,
Schwarzquellend springt des Blutes Strahl.
Hin sinkt es und begräbt im Falle
Mich mit des Leibes Riesenballe,
Daß schnell die Sinne mir vergehn;
Und als ich neugestärkt erwache,

Seh' ich die Knappen um mich stehn,
Und todt im Blute liegt der Drache."

Des Beifalls lang gehemmte Lust
Befreit jetzt aller Hörer Brust,
So wie der Ritter dies gesprochen,
Und zehnfach am Gewölb' gebrochen
Wälzt der vermischten Stimmen Schall
Sich brausend fort im Wiederhall.
Laut fordern selbst des Ordens Söhne,
Daß man die Heldenstirne kröne,
Und dankbar im Triumphgepräng
Will ihn das Volk dem Volke zeigen;
Da faltet seine Stirne streng
Der Meister und gebietet Schweigen.

Und spricht: „Den Drachen, der dies Land
Verheert, schlugst du mit tapfrer Hand;
Ein Gott bist du dem Volke worden,
Ein Feind kommst du zurück dem Orden,
Und einen schlimmern Wurm gebar
Dein Herz, als dieser Drache war.
Die Schlange, die das Herz vergiftet,
Die Zwietracht und Verderben stiftet,
Das ist der widerspenst'ge Geist,
Der gegen Zucht sich frech empöret,
Der Ordnung heilig Band zerreißt,
Denn er ist's, der die Welt zerstöret.

Muth zeiget auch der Mameluck,
Gehorsam ist des Christen Schmuck;
Denn wo der Herr in seiner Größe
Gewandelt hat in Knechtesblöße,
Da stifteten, auf heil'gem Grund,
Die Väter dieses Ordens Bund,

Der Pflichten schwerste zu erfüllen,
Zu bändigen den eignen Willen!
Dich hat der eitle Ruhm bewegt;
Drum wende dich aus meinen Blicken!
Denn wer des Herren Joch nicht trägt,
Darf sich mit seinem Kreuz nicht
        schmücken."

Da bricht die Menge tobend aus,
Gewalt'ger Sturm bewegt das Haus,
Um Gnade flehen alle Brüder;

Doch schweigend blickt der Jüngling
        nieder.
Still legt er von sich das Gewand
Und küßt des Meisters strenge Hand
Und geht. Der folgt ihm mit dem Blicke,
Dann ruft er liebend ihn zurücke
Und spricht: „Umarme mich, mein Sohn!
Dir ist der härt're Kampf gelungen;
Nimm dieses Kreuz. Es ist der Lohn
Der Demuth, die sich selbst bezwungen."

                         Schiller.

Der Graf von Habsburg.

Zu Aachen, in seiner Kaiserpracht,
  Im alterthümlichen Saale,
Saß König Rudolphs heilige Macht
  Beim festlichen Krönungsmahle.
Die Speisen trug der Pfalzgraf des Rheins,
Es schenkte der Böhme des perlenden Weins,
  Und alle die Wähler, die Sieben,
Wie der Sterne Chor um die Sonne sich stellt,
Umstanden geschäftig den Herrscher der Welt,
  Die Würde des Amtes zu üben.

Und rings erfüllte den hohen Balkon
  Das Volk in freud'gem Gedränge;
Laut mischte sich in der Posaunen Ton
  Das jauchzende Rufen der Menge:
Denn geendigt nach langem verderblichen Streit

War die kaiserlose, die schreckliche Zeit,
Und ein Richter war wieder auf Erden.
Nicht blind mehr waltet der eiserne Speer,
Nicht fürchtet der Schwache, der Friedliche mehr,
Des Mächtigen Beute zu werden.

Und der Kaiser ergreift den goldnen Pokal,
Und spricht mit zufriedenen Blicken:
„Wohl glänzet das Fest, wohl pranget das Mahl,
Mein königlich Herz zu entzücken;
Doch den Sänger vermiss' ich, den Bringer der Lust,
Der mit süßem Klang mir bewege die Brust
Und mit göttlich erhabenen Lehren.
So hab' ich's gehalten von Jugend an,
Und was ich als Ritter gepflegt und gethan,
Nicht will ich's als Kaiser entbehren."

Und sieh! in der Fürsten umgebenden Kreis
Trat der Sänger im langen Talare.
Ihm glänzte die Locke silberweiß,
Gebleicht von der Fülle der Jahre.
„Süßer Wohllaut schläft in der Saiten Gold;
Der Sänger singt von der Minne Sold,
Er preiset das Höchste, das Beste,
Was das Herz sich wünscht, was der Sinn begehrt;
Doch sage, was ist des Kaisers werth
An seinem herrlichsten Feste?"

„Nicht gebieten werd' ich dem Sänger," spricht
Der Herrscher mit lächelndem Munde,
„Er steht in des größeren Herren Pflicht,
Er gehorcht der gebietenden Stunde.
Wie in den Lüften der Sturmwind saust,
Man weiß nicht, von wannen er kommt und braust,
Wie der Quell aus verborgenen Tiefen,
So des Sängers Lied aus dem Innern schallt,
Und wecket der dunkeln Gefühle Gewalt,
Die im Herzen wunderbar schliefen."

Und der Sänger rasch in die Saiten fällt
Und beginnt sie mächtig zu schlagen:
„Auf's Waidwerk hinaus ritt ein edler Held,
Den flüchtigen Gemsbock zu jagen.
Ihm folgte der Knapp mit dem Jägergeschoß;
Und als er auf seinem stattlichen Roß
Zu einer Au' kommt geritten,
Ein Glöcklein hört er erklingen fern, —
Ein Priester war's mit dem Leib des Herrn;
Voran kam der Meßner geschritten.

Und der Graf zur Erde sich neiget hin,
Das Haupt mit Demuth entblößet,
Zu verehren mit gläubigem Christensinn,
Was alle Menschen erlöset.
Ein Bächlein aber rauschte durch's Feld,
Von des Gießbachs reißenden Fluthen geschwellt,
Das hemmte der Wanderer Tritte,
Und beiseit' legt jener das Sakrament,
Von den Füßen zieht er die Schuhe behend,
Damit er das Bächlein durchschritte.

„Was schaffst du?" redet der Graf ihn an,
Der ihn verwundert betrachtet.
„Herr, ich walle zu einem sterbenden Mann,
Der nach der Himmelskost schmachtet.
Und da ich mich nahe des Baches Steg,
So hat ihn der strömende Gießbach hinweg
Im Strudel der Wellen gerissen.
Drum daß dem Lechzenden werde sein Heil,
So will ich das Wässerlein jetzt in Eil'
Durchwaten mit nackenden Füßen."

Da setzt ihn der Graf auf sein ritterlich Pferd
Und reicht ihm die prächtigen Zäume,
Daß er labe den Kranken, der sein begehrt,
Und die heilige Pflicht nicht versäume.
Und er selber auf seines Knappen Thier

Vergnüget noch weiter des Jagens Begier;
  Der Andre die Reise vollführet.
Und am nächsten Morgen mit dankendem Blick
Da bringt er dem Grafen sein Roß zurück,
  Bescheiden am Zügel geführet.

„Nicht wolle das Gott,“ rief mit Demuthsinn
  Der Graf, „daß zum Streiten und Jagen
Das Roß ich beschritte fürderhin,
  Das meinen Schöpfer getragen!
Und magst du's nicht haben zu eignem Gewinnst,
So bleibt es gewidmet dem göttlichen Dienst!
  Denn ich hab' es dem ja gegeben,
Von dem ich Ehre und irdisches Gut
Zu Lehen trage und Leib und Blut
  Und Seele und Athem und Leben.“

So mög' auch Gott, der allmächtige Hort,
  Der das Flehen der Schwachen erhöret,
Zu Ehren euch bringen hier und dort,
  So wie ihr jetzt ihn geehret.
Ihr seid ein mächtiger Graf, bekannt
Durch ritterlich Walten im Schweizerland,
  Euch blühn sechs liebliche Töchter.
So mögen sie, rief er begeistert aus,
Sechs Kronen euch bringen in euer Haus
  Und glänzen die spätsten Geschlechter!“

Und mit sinnendem Haupt saß der Kaiser da,
  Als dächt' er vergangener Zeiten,
Jetzt, da er dem Sänger in's Auge sah,
  Da ergreift ihn der Worte Bedeuten.
Die Züge des Priesters erkennt er schnell,
Und verbirgt der Thränen stürzenden Quell
  In des Mantels purpurnen Falten.
Und Alles blickte den Kaiser an,
Und erkannte den Grafen, der das gethan,
  Und verehrte das göttliche Walten.

Schiller.

Der getreue Eckart.

I.

Der edle Herzog groß
Von dem Burgunder Lande,
Litt manchen Feindesstoß
Wohl auf dem ebnen Sande.

Er sprach: mich schlägt der Feind,
Mein Muth ist mir entwichen,
Die Freunde sind erblichen,
Die Knecht' geflohen seind!

Ich kann mich nicht mehr regen,
Nicht Waffen führen kann:
Wo bleibt der edle Degen,
Eckart, der treue Mann?

Er war mir sonst zur Seite
In jedem harten Strauß,
Doch leider blieb er heute
Daheim bei sich zu Haus.

Es mehren sich die Haufen,
Ich muß gefangen sein.
Mag nicht wie Knecht entlaufen,
Drum will ich sterben sein! —

So klagt der von Burgund,
Will sein Schwert in sich stechen!
Da kommt zur selben Stund
Eckart, den Feind zu brechen.

Geharnischt reit't der Degen
Reck in den Feind hinein,
Ihm folgt die Schaar verwegen
Und auch der Söhne sein.

Burgund erkennt die Zeichen,
Und ruft: Gott sei gelobt!
Die Feinde mußten weichen,
Die wüthend erst getobt.

Da schlug mit treuem Muthe
Eckart in's Volk hinein,
Doch schwamm im rothen Blute
Sein zartes Söhnelein.

Als nun der Feind bezwungen,
Da sprach der Herzog laut:
Es ist dir wohl gelungen,
Doch so, daß es mir graut;

Du hast viel Mann geworben,
Zu retten Reich und Leben,
Dein Söhnlein liegt erstorben,
Kann's dir nicht wieder geben. —

Der Eckart weinet fast,
Bückt sich der starke Held,

Und nimmt die theure Last,
Den Sohn in Armen hält.

Wie starbst du, Heinz, so frühe,
Und warst noch kaum ein Mann?
Mich reut nicht meine Mühe,
Ich seh' dich gerne an,

Weil wir dich, Fürst, erlösten,
Aus deiner Feinde Hohn,
Und drum will ich mich trösten,
Ich schenke dir den Sohn.

Da ward dem Burgund trübe
Vor seiner Augen Licht,
Weil diese große Liebe
Sein edles Herze bricht.

Er weint die hellen Zähren
Und fällt ihm an die Brust,
Dich, Held, muß ich verehren.
Spricht er, in Leid und Lust,

So treu bist du geblieben,
Da alles von mir wich,
So will ich nun auch lieben
Wie meinen Bruder dich,

Und sollst in ganz Burgund
So gelten wie der Herr,
Wenn ich mehr lohnen kunnte,
Ich gäbe gern noch mehr.

Als dies das Land erfahren,
So freut sich Jedermann,
Man nennt den Held seit Jahren
Eckart den treuen Mann.

II.

Es schwang sich auf sein Pferd
Eckart, der edle Held,
Und sprach: in aller Welt
Ist mir nun nichts mehr werth.

Die Söhn' hab' ich verloren,
So find' ich nirgends Trost,
Der Fürst ist mir erbost,
Hat meinen Tod geschworen.

Da reitet er zu Wald
Und klagt aus vollem Herzen
Die übergroßen Schmerzen,
Daß weit die Stimme schallt:

Die Menschen sind mir todt,
Ich muß mir Freunde suchen
In Eichen, wilden Buchen,
Ihn'n klagen meine Noth.

Kein Kind, das mich ergötzt;
Erwürgt vom schlimmen Lenen
Blieb keiner von den dreien,
Der Liebste starb zuletzt.

Wie Eckart also klagte,
Verlor er Sinn und Muth,
Er reit't in Zorneswuth,
Als schon der Morgen tagte.

Das Roß, das treu geblieben,
Stürzt hin im wilden Lauf,
Er achtet nicht darauf
Und will nun nichts mehr lieben.

Er thut die Rüstung abe,
Wirft sich zu Boden hin,
Auf Sterben steht sein Sinn,
Sein Wunsch nur nach dem Grabe.

III.

Der Herzog sank darnieder
Im wilden dunklen Hain,
Da nahm Held Eckart bieder
Ihn auf die Schultern sein.

Er sprach: gar viel Beschwerden
Mach' ich dir, guter Mann;
Der sagte: auf der Erden
Muß man gar viel bestahn.

Doch sollst du, sprach Burgund,
Dich freun, bei meinem Worte,
Komm' ich nur erst gesund
Zu Haus und sicherm Orte.

Der Held fühlt Thränen heiß
Auf seinen alten Wangen,
Er sprach: auf keine Weis'
Trag ich nach Lohn Verlangen.

Es mehren sich die Plagen,
Sprach der Burgund in Noth;
Wohin willst du mich tragen?
Du bist wohl gar der Tod? —

Tod bin ich nicht genannt,
Sprach Eckart noch im Weinen,
Du stehst in Gottes Hand,
Sein Licht mag dich bescheinen.

Ach, wohl ist mir bewußt,
Sprach jener drauf in Reue,
Daß sündvoll meine Brust,
Drum zittr' ich, daß er dräue.

Ich hab' dem treusten Freunde
Die Kinder umgebracht,
Drum steht er mir zum Feinde
In dieser finstern Nacht.

Er war mir recht ergeben,
Als wie der treuste Knecht,
Und war im ganzen Leben
Mir niemals ungerecht.

Die Kindlein ließ ich tödten,
Das kann er nie verzeihn,
Ich fürcht', in diesen Röthen
Treff' ich ihn hier im Hain:

Das sagt mir mein Gewissen:
Mein Herze innerlich,
Die Kind' hab' ich zerrissen,
Dafür zerreißt er mich.

Der Eckart sprach: empfinden
Mußt du so schwere Last,
Weil du nicht rein von Sünden
Und schwer gefrevelt hast;

Daß du den Mann wirst schauen
Ist auch gewißlich wahr,
Doch magst du mir vertrauen,
So krümmt er dir kein Haar.

IV.

Da stand der Eckart von der Erden,
Und trat herfür an's helle Licht,
Er zeigt mit traurigen Geberden
Sein hochbekümmert Angesicht.

Da fehlt dem Burgund Kraft und
　　　　　　　　　　Muth
Den Blick des Mannes auszuhalten,
Den Adern sein entweicht das Blut,
In Ohnmacht ist er festgehalten.

Es stürzen ihm die matten Glieder
Von neuem auf den Boden nieder,
Allmächt'ger Gott! so schreit er laut,
Du bist es, den mein Auge schaut!

Wohin soll ich vor dir entfliehn?
Mußt du mich aus dem Walde ziehn?
Dem ich die Kinder hab' erschlagen,
Der muß mich in den Armen tragen?

So klagt Burgund und weint im
　　　　　　　　　　Sprechen,
Und fühlt das Herz im Busen brechen,
Er sinkt dem Eckart an die Brust,
Ist sich sein selber nicht bewußt. —

Der Eckart leise zu ihm spricht:
Der Schmach gedenk' ich fürder nicht,
Damit die Welt es sehe frei,
Der Eckart war dir stets getreu.

V.

Kommt es nicht wie Träumen
Aus den grünen Bäumen,
Zu uns wallend nieder,
Wie Verstorbner Lieder?

Spricht Eckart zu dem jungen Herrn,
Vernimmt den Zauberklang von fern.
Wie sich die Tön' herüberschwungen,
Erwachet in den frommen Jungen

Ein seltsam böser Geist,
Der sie nach unbekannter Ferne reißt.

Wir wollen in die Berge, in die Felder,
Uns rufen die Quellen, es locken die
    Wälder,
Gar heimliche Stimmen entgegen singen,
In's irdische Paradies uns zu bringen!

Der Spielmann kommt in fremder Tracht
Den Söhnen Burgunds in's Gesicht,
Und höher schwillt der Töne Macht,
Und heller glänzt der Sonne Licht,
Die Blumen scheinen trunken,
Ein Abendroth niedergesunken,
Und zwischen Korn und Gräsern schweifen
Sanft irrend blau und goldne Streifen.

Wie ein Schatten ist hinweggehoben
Was sonst den Sinn zur Erde zieht,
Gestillt ist alles irr'sche Toben,
Die Welt zu einer Blum' erblüht,
Die Felsen schwanken lichterloh,
Die Triften jauchzen und sind froh,
Es wirrt und irrt alles in die Klänge hinein
Und will der Freude heimisch sein,
Des Menschen Seele reißen die Funken,
Sie ist im holden Wahnsinn ganz ver-
    sunken.

Es wurde Eckart rege
Und wundert sich dabei,
Er hört der Töne Schläge
Und fragt sich, was es sei.

Ihm dünkt die Welt erneuet
In andern Farben blühn,

Er weiß nicht, was ihn freuet
Fühlt sich in Wonne glühn.

Ha! bringen nicht die Töne,
So fragt er sich entzückt,
Mir Weib und liebe Söhne,
Und was mich sonst beglückt?

Doch faßt ein heimlich Grauen
Den Helden plötzlich an,
Er darf nur um sich schauen
Und fühlt sich bald ein Mann.

Da sieht er schon das Wüthen
Der ihm vertrauten Kind,
Die sich der Hölle bieten
Und unbezwinglich sind.

Sie werden fortgezogen
Und kennen ihn nicht mehr,
Sie toben wie die Wogen
Im wild empörten Meer.

Was soll er da beginnen?
Ihn ruft sein Wort und Pflicht,
Ihm wanken selbst die Sinnen,
Er kennt sich selber nicht.

Da kommt die Todesstunde
Von seinem Freunde zurück,
Er höret den Burgunde
Und sieht den letzten Blick.

So schirmt er sein Gemüthe
Und steht gewappnet da,
Indem kommt im Gewüthe
Der Spielmann selbst ihm nah.

Er will ten Degen schwingen
Unt schlagen jenes Haupt:
Er hört tie Pfeife klingen,
Die Kraft ist ihm geraubt.

Es stürzen aus ten Bergen
Gestalten wunterlich,
Ein wüstes Heer von Zwergen
Sie nahen grauerlich.

Die Söhne sint gefangen
Unt toben in tem Schwarm,
Umsonst ist sein Verlangen,
Gelähmt sein tapfrer Arm.

Es stürzt ter Zug an Vesten,
An Schlössern wilt vorbei,
Sie ziehn von Ost nach Westen
Mit jauchzentem Geschrei.

Eckart ist unter ihnen,
Es reißt tie Macht ihn hin,
Er muß ter Hölle tienen,
Bezwungen ist sein Sinn

Da nahen sie tem Berge,
Aus tem Musik erschallt,
Unt alsobalt tie Zwerge
Stillstehn unt machen Halt.

Der Fels springt von einanter,
Ein bunt Gewimmel trein,
Man sieht Gestalten wantern
Im wunterlichen Schein.

Da faßt er seinen Degen,
Unt spricht: ich bleibe treu!
Unt haut mit Kraft verwegen
In alle Schaaren frei.

Die Kinter sint errungen
Sie fliehen turch tas Thal,
Der Feint noch unbezwungen
Mehrt sich zu Eckarts Qual.

Die Zwerge sinten nieter,
Sie fassen neuen Muth,
Es kommen antre wieter
Unt jeter kämpft mit Wuth.

Da sieht ter Helt schon ferne
Die Kint in Sicherheit,
Sprach: nun verlier ich gerne
Mein Leben hier im Streit.

Sein tapfres Schwert thut blinken
Im hellen Sonnenstrahl,
Die Zwerge niedersinken
Zu Haufen tort im Thal.

Die Kinter sint entschwunten
Im allerfernsten Felt,
Da fühlt er seine Wunten,
Da stirbt ter tapfre Helt.

So fant er seine Stunte,
Wilt kämpfent wie ter Leu,
Unt blieb noch tem Burgunte
Im Tote selber treu.

Als nun ter Helt erschlagen,
Regiert ter ältste Sohn,
Dankbar hört man ihn sagen:
Eckart hat meinen Thron

Erkämpft mit vielen Wunten
Unt seinem besten Blut,
Unt alle Lebensstunten
Vertrau' ich seinem Muth.

Bald hört man Wundersagen
Im ganzen Land umgehn,
Daß wer es wollte wagen
Der Venus Berg zu sehn,

Der werde dorten schauen
Des treuen Eckart Geist,
Der jeden mit Vertrauen
Zurück vom Felsen weist.

Wo er nach seinem Sterben
Noch Schutz und Wache hält.
Es preisen alle Erben
Eckart den treuen Held.

Tieck.

Die Zeichen im Walde.

O mein Sohn, wie gräßlich heulend
Klagt herauf vom Moor die Unke!
Hörst du wohl die Raben krächzen?
Die Gespenster in dem Sturme?

Vater, laßt die Sorge fahren,
Denn die Wolken ziehn herunter;
Bald wird sie der Mond bezwingen,
Der zu scheinen schon begonnte.

Durch die Thäler streift der Nebel,
Schon erglänzen fern die Burgen,

Schaut, schon leucht't das Crucifixe,
Das Kapellenbild da drunten. —

Ach, du Crucifixe gütig,
Laß vom Schatten dich verdunkeln!
O Maria-Bild, sei gnädig,
Bleib in Finsterniß verschlungen!

Laßt ihn los, den alten Sünder,
Fahren laßt den alten Wulfen,
Tod und Sünde, seine Freunde,
Und die Hölle ihm verbunden!

Wie die Nacht bald leucht't, bald dämmert,
Schauernd in dem Wolkenzuge,
Ist es wie ein tiefes Auge,
Das der Erbfeind herblickt dunkel.

Wie die Wälder sausen, schallen,
Rauschen ab die Felsenbrunnen,
Hör' ich Wald, Thal, Berg und Klüfte
Summen: Komm zu uns herunter. —

Und es spricht sein Sohn ihm tröstend,
Der ihn liebt, Sohn Sigismunde:
Ach mein Vater, wär' vorüber
Diese schreckenvolle Stunde.

Soll ich nach dem Beicht'ger laufen?
Nach dem Arzt, daß ihr gesundet?
Soll ich beten? Geht zum Heiland,
Tröstet euch an seinen Wunden.

Wollt ihr sterben, alter Vater,
Von Verzweifelns Angst bezwungen?
O wie faß' ich doch die Seele,
Die sich Gott und Heil entrungen?

O besinnt euch auf die Güte,
Auf die ew'ge, ew'ge Tugend,
Die herab uns sprang, den Sündern,
Von des Gottessohnes Blute.

Denkt den Vater, denkt Marien,
Unsrer ew'gen Liebe Mutter,
Denkt den Geist, das unergründlich
Heilig und dreifaltig Wunder.

Daß wir leben, sind wir Sünder,
In dem Tod die Lilienblume;
Reue kann uns Gott versöhnen,
Auf macht er die Heiligthume.

Unsre Angst klopft an die Pforten:
Auf, o lieber Vater, thue!
An dem Schlosse sitzt Erbarmen,
Schiebt den Riegel bald zurücke.

Ohne Schätzung ist der Himmel,
Dennoch mag er Kauf erdulden,
Unsre Thränen nimmt Sankt Peter,
Schätzet sie als Münzegulden.

Schnee und Regen gehn hernieder,
Alle Ströme gehn bergunter,
Jeder Stein, hinauf geschleudert,
Muß zur Erd' herab zur Stunde:

Also zieht den Menschen Sünde,
Niemals kann er ganz gesunden.
Daß er aufrecht schaut zum Vater,
Sind die himmlischen fünf Wunden.

Da kam Himmelreich hernieder,
Aus fünf Quellen wonnig blutend,
Da erwuchs das Paradiese,
Aus fünf Wurzeln göttlich blumend.

Da erschrak die Erde freudig,
Und zerberst in große Kluften,
Und die Herzen wurden offen,
Gottes Liebe faßte Wurzel.

Blüht hinein in seinen Himmel,
Wächst hinauf in seine Ruhe,
Rankt hinan in schön Gebeten,
Große Kraft hat Herz und Zunge.

Ihr seid selbst ein Zweig vom Baume,
Welcher steht in Gottes Grunde,
Alle Zweig' und Laub sind Engel,
All' formirt zu seinem Ruhme. —

Abwärts wandte sich der Alte,
Weil er keine Gnade wußte,
Denn sein Ohr vernahm die Worte,
Doch sein Herz war fern vom Munde.

Du, mein einzig Kind! begann er,
Niemals ward dir Schwester, Bruder;
Als sie dich gebar, da schied sie,
Deine treue fromme Mutter.

Nur auf kurze Zeit geliehen
War dem Frevler Kunigunde;
Du warst fromm, mein Sohn, und heilig,
So wie ihre Todesstunde.

Und so oft dein Blick geleuchtet,
Sah ich immer diese Stunde;
Und mein Herz zerriß die Sorge,
Schnürte fester mich im Bunde.

Darum war ein grimmer Wechsel
Stets von Haß und Lieb' im Busen.
Bei der Wiege stand ich lauernd,
Und mein Arm den Dolch erhube.

Aber dann die stillen Augen,
Die sich auseinander schlugen,
Brachten Furcht und Liebe wieder,
Und die Angst ward wieder Ruhe.

Also bist du mir erwachsen,
Immer war mir fremd dein Thun,
Liebst du mich mit ganzer Seele,
Kannst mir doch nicht stehn zum Schutze.

Innerst recht in meiner Seele
Sind die Kräfte, die da unten,
Gottlos abgewandt vom Heile,
In der Frevel Tiefe wuchern.

Nicht ist mir der Christ gestorben,
Andern Mächten mit dem Blute,
Das ich, trotzend ihm, vergossen,
Bin ich eisenfest verbunden.

Mir sind andre Paradiese,
In dem Graus sind meine Blumen;
Himmelsmächten widerstrebend,
Folg' ich meinem dunkeln Fluge. —

Weinend nimmt der Sohn die Hände,
Weinend spricht der Sigismunde:
Vater, was ihr fehltet, gebt mir,
Gebt mir, ach! die trübe Kunde!

Daß uns Gott erlösen wollte
Von dem allerschlimmsten Bunde,
Drum gab er dem Eingebornen:
Himmel ist uns so gefunden.

Jedem Sünder, der ihm traute,
Ist Vergebung noch gelungen.
Der Allmächt'ge kann vergeben,
Und er will's auch, der Allgute.

Nur nicht widerstrebt dem Geiste,
Ohne Sühnung ein Verschulden,
Diese Sünde thut ihr, Vater,
Wenn Verzweiflung abgerungen.

Leben, Blut und Herz und Glauben
Will ich auf zum Werke rufen.
Alle Kräfte sollen streiten,
Siegen ob dem schlimmsten Truge. —

Da erwacht der alte Vater
Sehnend, wie aus einem Schlummer,
Und es rinnen große Thränen
Seinem trüben Aug' hinunter.

Auf! so spricht er, was der Himmel
Für Gewalt erleid', versuche;
Ob so späte Reu' im Sterben
Wiederbring' verlorne Tugend.

Geh' hinunter nach dem Walde;
Was die Zeichen dort im Grunde
Aller Welt verbergen, hole;
Betend sind' ich dann wohl Ruhe.

Und was sind denn diese Zeichen?
Deine Reden sind mir dunkel.
Wie soll ich in Nacht sie treffen?
Wo im Walde soll ich suchen?

Kennst du nicht, fernab im Forste,
Tief ein Thal, von Tannen dunkel,
Wo ein Stein, bekreuzt mit Dolchen,
Weiß rastet auf trübem Grunde.

Oftmals hast du mich gefraget,
Wann wir jagten in der Runde,
Was der Stein bezeichnen solle;
Noch verschwieg ich dir die Kunde.

Das ist nun das erste Zeichen,
Mir ein Zeichen meines Kummers.
Den erhebe, bringe zu mir,
Was du finden wirst da drunten.

Und zwei Dolche wirst du finden
In der Erde wenig Schuhe.
Ach, damit hab' ich erstochen
Ihn, den Liebling meiner Jugend!

An dem Platze war's geschehen,
Und da setzt' ich meiner Tugend
Dieses Zeichen, die gestorben
In des liebsten Freundes Blute.

Aufgekeimt wie junge Lämmer
Spielten wir in jeder Stunde.
Er bewohnte, die du jenseits
Schimmern siehst, die alten Burgen;

Mit dem Alter wuchs die Liebe,
Und er hieß mich seinen Bruder
Und gelobte, wann er stürbe,
Mir zu geben seine Burgen.

Nahm mich freundlich in die Arme,
Und versprach mit einem Schwure,
Eine Gattin nie zu freien,
Nimmer um ein Weib zu buhlen.

Also schrieb er selber nieder,
Bald darauf erhielt ich Kunde,
Daß er oft hinüber ritte
Zu der schönen Kunigunde.

Da erwacht' es wie ein Grausen
Tief in meines Herzens Grunde.
Geister rotten sich zusammen,
Steigen aus dem finstern Schlunde.

Diese Veste nur die meine,
Sie die ärmste in der Runde,
Und die Fremde als das schönste
Weib in jedes Mannes Munde.

Sie besucht' ich, sah sie selber,
Fühlte bald die tiefe Wunde,
Die mir Sinn und Leben raubte;
Dachte sie nur jede Stunde.

Alle Freundschaft ward vergessen,
Was er that zu meinen Gunsten,
Die Gestalt, sein lieblich Wesen,
Kuß und Handdruck war verschwunden.

Der Begierde Stachel fühlend,
Der je scharf und schärfer wurde,
Mied ich ihn, wo ich ihn schaute,
Furchte mich vor seinem Gruße.

Meine Liebe ward ihm fremde,
Ihn gereute seine Jugend,
Und er freite um die Schöne,
Bei den Aeltern Kunigundens.

Lieber war ich ihr geworden,
Sie versprach mit einem Kusse,
Mein zu sein, doch war ihr Vater
Jenem hold ob seinem Gute.

Also traf ich ihn im Holze,
Haß und Brunst in meinem Muthe,
Daß ich schnell ihn ohn' Erbarmen
Mit der Lanze niederschluge.

Und die Dolche waren plötzlich
In der Hand, ob ich nicht wußte,
Wie, woher; — so eilt der Böse,
Daß in uns erstirbt das Gute.

Seine Augen baten flehend,
Zugeschlossen war mein Busen,
Und das Herz, das mir geschlagen,
Das zerstach ich, der Verfluchte;

Trennte drauf das Haupt, das liebe,
Mit dem Schwerte von dem Rumpfe,
Und verbarg es in der Erde
Weiter ab im dunkeln Grunde.

Dieses ist das zweite Zeichen.
Gehe hin, den Stein verrucke,
Bringe den geliebten Schädel
Eh' ich zu die Augen drucke.

Weiter ab, wo Wald zu Ende,
Steht bei dem Wachholderbusche,
Endlich noch das dritte Zeichen
Ach! wo find' ich davor Ruhe?

Also war mein Freund erblichen,
Also starb der edle Kunze.
Bald darauf ward ich vermählet
Mit der schönen Kunigunde.

Und die Freunde meines Freundes
Forschten nach, wie er verblutet,
Und von mir ward gleich das Schlimmste
Von den Forschenden vermuthet.

Angeklagt des schnöden Mordes
Ließen mich die Richter rufen;
Und ich fand den strengsten Richter
Schon in meinem eignen Busen.

Schwer im Wochenbett darnieder
Lag die Gattin Kunigunde,
Und es hatte sich der Kranken,
Wie sie starb, ein Sohn entwunden.

Alles Glück war abgeschlachtet,
Meine Brust die Mördergrube.
Ehre, Hoffnung, Liebe, Leben
Ausgetilgt, und jedem Buben

War mein Herz nun preisgegeben;
Um mich grinsten Höllenhunde,
Und ich riß mit wüstem Streben
Das, was mich an Gott gebunden.

Mitternacht lag auf dem Lande,
Da verließ ich dich im Schlummer
Und die Leiche meiner Gattin;
Ging hinab die hohen Stufen.

Wild zur Wildniß ging ich nieder,
Sternen und dem Himmel fluchend:
Nach der Nacht streck' ich die Arme,
Und der Mond ging trübe unter.

Daß die Klüfte wiederschallten,
Fing ich an so laut zu rufen.
Eingeweiht zu tieferm Grausen
Ward ich bald den finstern Zunften.

Und der böse Feind erschiene
Finster meinem bösen Muthe,
Und er nahm ein Schreiben von mir,
Das ich schrieb mit meinem Blute.

Ihm zu eigen mich zu geben,
Unter seinem grimmen Schutze
Sicher sein mein Leib und Leben,
Nur die Seele war verschuldet.

Diese Schrift ward eingeschlossen,
Daß ich's sah in erzner Truhe,
Unterm Steine eingegraben
Dort im dunkelgrünen Grunde.

Dieses ist das dritte Zeichen
Dorten beim Wachholderbusche.
Welche Macht kann es befreien,
Bringen mir die Eisentruhe?

Reichthum, Ehre ward verliehen
Dem, der ab sich that dem Guten,
Heute ist der Preis verfallen,
Und ich fühl' der Hölle Ruthen.

Kannst du mir die Zeichen bringen,
Ist es dir, o Sohn, gelungen,
O so möcht' es mir gerathen,
Daß ich mich hinaufgeschwungen.

Sieh', der Mond scheint hell und heller,
Ach, so liebe Sterne lugen
In den Grund hinab, und sanfte
Herrscht im Thal und Wald die Ruhe.

In sich klingt der Himmelsbogen,
Regnen nieder Segensfluthen,
Ein Erbarmen winkt von oben:
Eile denn zum Wald hinunter! —

Wie der Sohn den Vater anschaut,
Will er ihm so fremd bedünken.
Schaudernd wendet er sich von ihm,
Geht hinab die Felsenstufen.

Und er naht dem Crucifixe,
Der Kapelle dort im Grunde;
Und er wirft sich knieend nieder,
Betet da in tiefen Brunften.

Erd' und Himmel, Berg und Waldung,
Blum' und alle Kreaturen,
Er sich selber, sind wie Fremdling,
Findet nicht die vor'gen Fluren.

Taumelnd tritt er in den Wald ein,
Irrend sucht er wohl die Spuren,
Die ihn nach den Zeichen leiten,
Die er sonst im Thal gefunden.

Durch die Blätter geht ein Flüstern,
Lichter gehn ihm vor dem Fuße,
Da erblickt er mit den Dolchen
Weißen Stein auf dunklem Grunde.

Mühsam wälzt er fort den Marmor,
Und er gräbt nur wenig Schuhe,
Sieh, da sind die beiden Dolche,
Und er steckt sie in den Busen.

Weiter geht er bange sinnend,
Jenes zweite Zeichen suchend;
Fern ab jenem lenkt der Stein ihm
Seine Schritte, wohl zweihundert.

Schwerer ist der abzuwälzen,
Nach dem Zeichen wächst sein Hunger.
Sollten ihm die Sehnen reißen,
Achtet's nicht: es ist gelungen.

Aus dem Boden steigt ein Schädel,
Und er hört fernab ein dumpfes
Winseln, ob es Geister wären,
Oder ein Geheul der Unken.

Und der Wald ist schon zu Ende;
Nahend dem Wachholderbusche
Sieht er auf dem größten Steine
Eine Menschenbildung ruhen.

Fort da, Fremdling! Du mußt weichen,
Diesen Ort muß ich durchsuchen,
Denn da unten liegt ein Kleinod
Von des Vaters Eigenthume.

Wie so unhold? sagt der Fremde;
Wohlbekannt ist deine Jugend,
Sonst war mir ein Freund dein Vater,
Denn ich heiß' mit Namen Kunze.

Kunze ist dein Name, sprichst du?
Ruft erschreckend aus der Junge;
Der ist todt, so sagt mein Vater,
Und begraben längst, der Gute.

Wird noch stets sein Wahnsinn irren?
Sprach der Mann mit dumpfer Zunge;
Sollen wir uns nie versöhnen?
Nimmer ist es mir gelungen.

Zwietracht hielt uns lang entfremdet,
Und er wähnt, daß er erschluge
Seinen treusten Freund und liebsten,
Seinen besten Waffenbruder.

Freudenthränen weint der Jüngling.
Da er diese Wort' anhube.
O so komm' mit mir! Mein Vater
Ist schon nahe seiner Grube.

Zeig ihm jetzt dein Angesichte,
Daß er Wähnen von sich thun,
Daß er fröhlich möge sterben.
Und in Gottes Schooß kann ruhn.

Ach! wie soll ich dir vergelten,
Was du mir erzeigst so Gutes?
Wiederum darf ich ihn lieben,
Denn er ist ja rein vom Blute.

Nebenher gehn beide rückwärts,
Große Schatten auf den Fluren,
Und der Fremde dünkt so seltsam,
Wie er schreitet, Sigismunden.

Nachtgevögel schwärmt herüber,
Und Geschrei erfüllt die Klüften.
Sieh! da stehn sie vor dem Schlosse,
Welches golden liegt im Dufte.

Laß uns nicht den Umweg nehmen,
Vor dem Crucifix da drunten,
Sagt der fremde Mann, hier oben
Geht ein Fußpfad, den ich wußte,

Als ich sonst mit deinem Vater
Spiele trieb in diesen Schluchten.
Und der Jüngling folgt ihm gerne,
Doch nimmt dieser Steig ihn Wunder;

Denn so oft er hier gewandelt,
Hat er nie den Weg gefunden,
Um so bälder, sagt er freundlich,
Bringen wir dem Alten Ruhe.

Und sie gehn hinauf die Stiegen,
Wendeltreppen, welche dunkel.
Schon erglänzt aus dem Gemache
Licht, das bei dem Alten funkelt.

Und es öffnet sich die Thüre,
Und sie treten in die Stube,
Und der Alte fällt zurücke,
Sich entsetzend, aus dem Stuhle.

O mein Sohn, sind dies die Zeichen,
Dieses die versprochne Truhe?
Du bringst mir an deiner Hand hier
Selbst den Feind von meiner Ruhe?

Ja, der Menschen Erbfeind ist es. —
Kennst du mich? so fragt der Dunkle;
Nimm hier, was du mir geschrieben,
Deine Seel' nehm' ich hinunter.

Wieder braust der Sturm und heulet
Rasselnd her vom alten Thurme,
Und die Raben krächzen lauter,
Und es dröhnt der Ton der Unken.

Winselnd windet sich der Alte,
Und der Satan schlägt ihm Wunden,
Todt liegt er in seinem Bette,
Als der Morgen aufgedunkelt.

Aber fremd sind alle Züge,
Keine Miene kennt der Junge.
Nicht mehr weiß, ob's Traum gewesen
Oder Wahrheit, Sigismunde.

Er bestattet ihn zur Erden,
Wo die Zeichen stehn im Grunde,
Macht sich selbst zum Eremiten,
Trauernd von derselben Stunde.

Thut sich ab die Ritterkleider,
Pönitenz und schwere Bußen
Uebt er Tag und Nacht und singet
Requiem dem todten Wulfen.

Nun hört man das Glöcklein schallen
Durch der Nächte stille Ruhe,
Seine Stimme weint dazwischen,
Daß er Gottesdienste thue.

Keinen Menschen sieht er wieder,
Nähret sich von Kraut und Wurzeln,
Gott nur will er gern versühnen;
Bald verfallen seine Burgen.

Durch das Thal sieht man ihn schleichen,
Gram verzehrt die frische Jugend;
Bauern fanden seinen Leichnam,
Legten ihn in's Grab zur Ruhe.

Tied.

Fortunat.

Thauig in des Mondscheins Mantel
Liegt die stille Sommernacht,
Und ein Ritter reitet singend
Wiesenplan und Wald entlang.

Munter zu, mein gutes Pferdchen!
Sagt er, klatscht ihm sanft den Hals;
Weißt du nicht, daß wartend Vila
An dem offnen Fenster wacht?

Bist ja kein Turnier- und Streitroß,
Wie sein Reiter steif und starr,
Das, den Stachel an der Stirne,
Nur so blindlings rennen mag.

Nein, du trägst auf seinen Zügen
Den behenden Fortunat,
Schmiegst mit ihm dich still im Dunkel
Ueber Stege, glatt und schmal.

Bald zu dieser, bald zu jener
Ging die heimlich nächt'ge Bahn;
Abends hin mit raschem Sehnen,
Früh zurück mit trägem Gram.

Wann ich oft von deinem Rücken
Mich zur hohen Kammer schwang,
Standest du still, bis mich empfangen
Der Geliebten zarter Arm.

Ja ich weiß, wenn eine Spröde
Herz und Thür verschlösse gar,
Würdest du mit leisem Hufe
Klopfen, bis sie aufgethan.

Wie er noch die Worte redet,
Oeffnet sich ein heimlich Thal.
Bin ich, sprach er, irr' geritten?
Ist mir's doch so unbekannt.

Wunderlich durch Sträuch' und Bäume
Schleicht des Mondes blasser Strahl
Und ein Busch mit blüh'nden Rosen
Winkt von trüben voll und schlank.

Busch, ich grüß' in dir mein Bildniß,
Rosen trägst du ohne Zahl;
Und mir blüht im regen Herzen
So der Liebe süße Wahl.

Manche reif, und Knospen andre,
Alle doch verblühn sie bald,
Und der Saft, der jene füllte,
Wird den jüngern zugewandt.

Denn den Kelch, der sich entblättert,
Schließet keines Willens Kraft.
Lila, Lila! Diese Knospen
Droh'n dir meinen Unbestand.

Aber daß du nicht ihn ahntest,
Komm' ich mit dem Kranz im Haar,
Biet' ein schön erröthend Sträußchen
Deinem weißen Busen dar.

Rosen, Rosen! laßt euch pflücken,
So zu sterben ist kein Harm:
O wie will ich euch zerdrücken
Zwischen Brust und Brust so warm!

Und er lenkt das Roß entgegen,
Doch es scheut sich, wie es naht,
Und er kann von keiner Seite
Dicht zur Rosenlaub' hinan.

So gewohnt bei Nacht zu wandern,
Thöricht Roß, wie kommt dir das?
Fürchtest du die Licht und Schatten,
Wankend auf dem feuchten Gras?

Doch es tritt zurück und bäumt sich,
Wie er spornt und wie er mahnt;
Drauf mit seinen Vorderfüßen
Stampfet es den Grund und scharrt.

Wühlet weg den lockern Boden,
Tief und tiefer sich hinab.
Schätze, glaub' ich, willst du graben;
Eben ist's ja Mitternacht.

Unter seinem Huf nun dröhnt es,
Das sind Bretter, ist ein Sarg,
Und es traf ein Schlag gewaltig,
Daß der schwarze Deckel sprang.

Schwingen will er sich vom Sattel,
Doch er fühlt sich dran gebannt,
Und der Gaul steht jetzo ruhig
Vor dem Sarg, im Boden halb.

Und es hebt sich wie vom Schlummer
Eine weibliche Gestalt,
Deren Züge blasser Kummer,
Aber sanfte Lieb' umwallt.

Kommst du, hier mich zu besuchen,
Deine Clara, Fortunat?
Diese Linden, diese Buchen
Waren Zeugen unsrer That.

Wie du Treue mir geschworen,
Wie dein Mund so flehend bat,
Meine Ros' ich dann verloren,
Und die Scham danieder trat.

Doch die Sünde ward mir theuer,
  Mahnte nun mich früh und spat;
Für des Angedenkens Feuer
  Wußt' ich keinen andern Rath,

Als mich hier so kühl zu betten,
  Wie du siehst, daß ich gethan.
Ach! ich hofft' in Liebesketten
  Dich noch einmal hier zu sahn.

Von des stillen Thales Schooße
  Ward geschirmt die bange Scham;
Lieb' erzog hier manche Rose
  Für die eine, die sie nahm.

Sieh dies Lager, traut und enge,
  Wie ich sorgsam anbefahl,
Daß es uns zusammendränge
  Zu der süßen Wollust Qual.

Durch des Vorhangs grünen Schleier
  Bricht kein unwillkommner Strahl,
Und uns weckt aus ew'ger Feier
  Keiner Mond' und Sonnen Zahl.

In den kühlen Arm zu sinken
  Beut die heiße Brust mir dar.
Deine Seel' im Kusse trinken
  Will ich nun und immerdar.

Leise zieht sie ihn hernieder:
  Schöner Jüngling, so erstarrt?
Kaum gebrochne Augen hebend,
  Sinkt er zu ihr in den Sarg.

Lila, Lila! wollt' er lispeln,
  Doch es ward ein sterbend Ach,
Weil alsbald des Grabes Schauer
  Seinen Lebenshauch verschlang.

Mit Getöse taumeln wieder
  Fest die Bretter auf den Sarg,
Und ein Sturm verwühlt die Erde,
  Die der Gaul hat aufgescharrt.

Heftig bricht er alle Rosen,
  Säuselnd blättern sie sich ab,
Streu'n sich zu des Brautbetts Weihe
  Purpurn auf das grüne Gras.

Weit ist schon das Roß entsprungen,
  Flüchtig durch Gebirg und Wald,
Kommt erst mit des Tages Anbruch
  Vor der Hütte Lila's an.

Bleibt da stehn, gezäumt, gesattelt
  Ledig, mit gesenktem Hals,
Bis die Arme, Schlummerlose
  Seine Botschaft wohl verstand.

Und dann floh es in die Wildniß,
  Wo kein Aug' es wieder sah,
Wollte keinem Ritter dienen
  Nach dem schlanken Fortunat.

A. W. Schlegel.

Arion.

Arion war der Töne Meister,
Die Cither lebt' in seiner Hand;
Damit ergötzt er alle Geister,
Und gern empfing ihn jedes Land.
  Er schiffte goldbeladen
  Jetzt von Tarents Gestaden,
Zum schönen Hellas heimgewandt.

Zum Freunde zieht ihn sein Verlangen,
Ihn liebt der Herrscher von Korinth.
Eh in die Fremd' er ausgegangen,
Bat er ihn, brüderlich gesinnt:
  Laß dir's in meinen Hallen
  Doch ruhig wohlgefallen!
Viel kann verlieren wer gewinnt.

Arion sprach: „Ein wandernd Leben
Gefällt der freien Dichterbrust.
Die Kunst, die mir ein Gott gegeben,
Sie sei auch vieler Tausend Lust.
  An wohlerworbnen Gaben
  Wie werd' ich einst mich laben,
Des weiten Ruhmes froh bewußt!"

Er steht im Schiff am zweiten Morgen,
Die Lüfte wehen lind und warm,
„O Periander, eitle Sorgen!
Vergiß sie nun in meinem Arm!
  Wir wollen mit Geschenken
  Die Götter reich bedenken,
Und jubeln in der Gäste Schwarm."

Es bleiben Wind und See gewogen,
Auch nicht ein fernes Wölkchen graut,
Er hat nicht allzuviel den Wogen,
Den Menschen allzuviel vertraut.
　Er hört die Schiffer flüstern,
　Nach seinen Schätzen lüstern;
Doch bald umringen sie ihn laut.

„Du darfst, Arion, nicht mehr leben!
Begehrst du auf dem Land ein Grab,
So mußt du hier den Tod dir geben;
Sonst wirf dich in das Meer hinab." —
　So wollt ihr mich verderben?
　Ihr mögt mein Gold erwerben,
Ich kaufe gern mein Blut euch ab. —

„Nein, nein, wir lassen dich nicht wandern,
Du wärst ein zu gefährlich Haupt.
Wo blieben wir vor Periandern,
Verriethst du, daß wir dich beraubt?
　Uns kann dein Gold nicht frommen,
　Wenn wieder heimzukommen
Uns nimmermehr die Furcht erlaubt." —

Gewährt mir dann noch eine Bitte,
Gilt, mich zu retten, kein Vertrag;
Daß ich nach Citherspieler-Sitte,
Wie ich gelebet, sterben mag.
　Wann ich mein Lied gesungen,
　Die Saiten ausgeklungen,
Dann fahre hin des Lebens Tag.

Die Bitte kann sie nicht beschämen,
Sie denken nur an den Gewinn,
Doch solchen Sänger zu vernehmen
Das reizet ihren wilden Sinn.
　„Und wollt ihr ruhig lauschen,
　Laßt mich die Kleider tauschen:
Im Schmuck nur reißt Apoll mich hin."—

Der Jüngling hüllt die schönen Glieder
In Gold und Purpur wunderbar.
Bis auf die Sohlen wallt hernieder
Ein leichter faltiger Talar;
　Die Arme zieren Spangen,
　Um Hals und Stirn und Wangen
Fliegt duftend das bekränzte Haar.

Die Cither ruht in seiner Linken,
Die Rechte hält das Elfenbein.
Er scheint erquickt die Luft zu trinken,
Er strahlt im Morgensonnenschein,
　Es staunt der Schiffer Bande;
　Er schreitet vorn zum Rande,
Und sieht in's blaue Meer hinein.

Er sang: „Gefährtin meiner Stimme!
Komm folge mir in's Schattenreich!
Ob auch der Höllenhund ergrimme,
Die Macht der Töne zähmt ihn gleich.
　Elysiums Heroen,
　Dem dunkeln Strom entflohen,
Ihr friedlichen, schon grüß ich euch!

Doch könnt ihr mich des Grams entbinden?
Ich lasse meinen Freund zurück.
Du gingst, Euriticen zu finden;
Der Hades barg dein süßes Glück.
　Da wie ein Traum zerronnen
　Was dir dein Lied gewonnen,
Verfluchtest du der Sonne Blick.

Ich muß hinab, ich will nicht zagen!
Die Götter schauen aus der Höh.
Die ihr mich wehrlos habt erschlagen,
Erblasset, wenn ich untergeh'!
　Den Gast, zu euch gebettet,
　Ihr Nereïden, rettet!" —
So sprang er in die tiefe See.

Ihn decken alsobald die Wogen,
Die sichern Schiffer segeln fort.
Delphine waren nachgezogen,
Als lockte sie ein Zauberwort:
   Eh Fluthen ihn ersticken,
   Beut einer ihm den Rücken
Und trägt ihn sorgsam hin zum Port.

Des Meeres verworrenes Gebrause
Ward stummen Fischen nur verliehn;
Doch lockt Musik aus salz'gem Hause
Zu frohen Sprüngen den Delphin.
   Sie konnt' ihn oft bestricken,
   Mit sehnsuchtsvollen Blicken
Dem falschen Jäger nachzuziehn.

So trägt den Sänger mit Entzücken
Das menschenliebend sinn'ge Thier.
Er schwebt auf dem gewölbten Rücken,
Hält im Triumph der Leier Zier,
   Und kleine Wellen springen
   Wie nach der Saiten Klingen
Rings in dem bläulichen Revier.

Wo der Delphin sich sein entladen,
Der ihn gerettet uferwärts,
Da wird dereinst an Felsgestaden
Das Wunder aufgestellt in Erz.
   Jetzt, da sich jedes trennte
   Zu seinem Elemente,
Grüßt ihn Arions volles Herz.

„Leb' wohl und könnt' ich dich belohnen,
Du treuer, freundlicher Delphin!
Du kannst nur hier, ich dort nur wohnen:
Gemeinschaft ist uns nicht verliehn.
   Dich wird auf feuchten Spiegeln
   Noch Galatea zügeln,
Du wirst sie stolz und heilig ziehn." —

Arion eilt nun leicht von hinnen,
Wie einst er in die Fremde fuhr;
Schon glänzen ihm Korinthus Zinnen,
Er wandelt sinnend durch die Flur.
   Mit Lieb' und Lust geboren,
   Vergißt er was verloren,
Bleibt ihm der Freund, die Cither nur.

Er tritt hinein: „Vom Wanderleben
Nun ruh' ich, Freund, an deiner Brust.
Die Kunst, die mir ein Gott gegeben,
Sie ward vieler Tausend Lust.
   Zwar falsche Räuber haben
   Die wohlerworbnen Gaben;
Doch bin ich mir des Ruhms bewußt."

Dann spricht er von den Wunderdingen,
Daß Periander staunend horcht:
„Soll Jenen solch ein Raub gelingen?
Ich hätt' umsonst die Macht geborgt.
   Die Thäter zu entdecken
   Mußt du dich hier verstecken,
So nahn sie wohl sich unbesorgt." —

Und als im Hafen Schiffer kommen,
Bescheidet er sie zu sich her.
„Habt vom Arion ihr vernommen?
Mich kümmert seine Wiederkehr." —
   Wir ließen recht im Glücke
   Ihn zu Tarent zurücke. —
Da, siehe! tritt Arion her.

Gehüllt sind seine schönen Glieder
In Gold und Purpur wunderbar,
Bis auf die Sohlen wallt hernieder
Ein leichter faltiger Talar;
   Die Arme zieren Spangen,
   Um Hals und Stirn und Wangen
Fliegt duftend das bekränzte Haar.

Die Cither ruht in seiner Linken,
Die Rechte hält das Elfenbein,
Sie müssen ihm zu Füßen sinken,
Es trifft sie wie des Blitzes Schein.
  „Ihn wollten wir ermorden;
  Er ist zum Gotte worden:
O schläng' uns nur die Erd' hinein!" —

„Er lebet noch, der Töne Meister,
Der Sänger steht in heil'ger Hut.
Ich rufe nicht der Rache Geister,
Arion will nicht euer Blut.
  Fern mögt ihr zu Barbaren,
  Des Geizes Knechte, fahren;
Nie labe Schönes euren Muth!"

A. W. Schlegel.

Der heilige Lucas.

Sanct Lucas sah ein Traumgesicht:
Geh! mach dich auf und zögre nicht,
Das schönste Bild zu malen.
Von deinen Händen aufgestellt,
Soll einst der ganzen Christenwelt
Die Mutter Gottes strahlen.

Er fährt vom Morgenschlaf empor,
Noch tönt die Stimm' in seinem Ohr;
Er rafft sich aus dem Bette,

Nimmt seinen Mantel um und geht
Mit Farbenkasten und Geräth
Und Pinsel und Palette.

So wandert er mit stillem Tritt,
Nun sieht er schon Mariens Hütt'
Und klopfet an die Pforte.
Er grüßt im Namen unsers Herrn,
Sie öffnet und empfängt ihn gern
Mit manchem holden Worte.

„O Jungfrau wende deine Gunst,
Auf mein bescheidnes Theil der Kunst,
Die Gott mich üben lassen!
Wie hoch gesegnet wär' sie nicht,
Wenn ich dein heil'ges Angesicht
Im Bildniß dürfte fassen!" —

Sie sprach darauf demüthiglich:
Ja, deine Hand erquickte mich
Mit meines Sohnes Bilde.
Er lächelt mir noch immer zu,
Obschon erhöht zur Wonn' und Ruh
Der himmlischen Gefilde.

Ich aber bin in Magdgestalt,
Die Erdenhülle sinkt nun bald,
Die ich auch jung verachtet.
Das Auge, welches alles sieht,
Weiß, daß ich nie, um Schmuck bemüht,
Im Spiegel mich betrachtet. —

„Die Blüthe, die dem Herrn gefiel,
Ward nicht der flücht'gen Jahre Spiel,
Holdseligste der Frauen!
Du siehst allein der Schönheit Licht
Auf deinem reinen Antlitz nicht;
Doch laß es Andre schauen.

Bedenke nur der Gläub'gen Trost,
Wenn du der Erde lang entflohst,
Vor deinem Bild zu beten.
Einst tönt dir aller Zungen Preis,
Dir lallt das Kind, dir fleht der Greis,
Sie droben zu vertreten."

Wie ziemte mir so hoher Lohn?
Vermocht' ich doch den theuren Sohn
Vom Kreuz nicht zu entladen.
Ich beuge selber spät und früh
In brünstigem Gebet mein Knie
Dem Vater aller Gnaden. —

„O Jungfrau! weigere länger nicht,
Er sandte mir ein Traumgesicht,
Und hieß mir dich zu malen.
Von diesen Händen aufgestellt,
Soll vor der weiten Christenwelt
Die Mutter Gottes strahlen." —

Wohlan denn! sieh bereit mich hier.
Doch kannst du, so erneue mir
Die Freuden, die ich fühlte,
So rufe jene Zeit zurück,
Als einst das Kind, mein süßes Glück,
Im Schooß der Mutter spielte. —

Sanct Lucas legt an's Werk die Hand;
Vor seiner Tafel unverwandt,
Lauscht er nach allen Zügen.
Die Kammer füllt ein klarer Schein,
Da gaukeln Engel aus und ein,
In wunderbaren Flügen.

Ihm dient die junge Himmelsschaar,
Der reicht' ihm sorgsam Pinsel dar,
Der rieb die zarten Farben.
Marien lieh zum zweiten Mal
Ein Jesuskind des Malers Wahl,
Um die sie alle warben.

Er hatte den Entwurf vollbracht,
Nun hemmte seinen Fleiß die Nacht,
Er legt den Pinsel nieder.
„Zu der Vollendung brauch' ich Frist,
Bis alles wohl getrocknet ist,
Dann, spricht er, kehr ich wieder."

Nur wenig Tage sind entflohn;
Da klopft von neuem Lucas schon
An ihre Hüttenpforte;
Doch statt der Stimme, die so süß
Ihn jüngst noch dort willkommen hieß,
Vernimmt er fremde Worte.

Entschlummert war die Gottesbraut
Wie Blumen, wann der Abend thaut;
Sie wollten sie begraben,
Da ward sie in verklärtem Licht
Vor der Apostel Angesicht
Gen Himmel aufgehoben.

Erstaunt und froh schaut er umher,
Die Blick' erreichen sie nicht mehr,
Die er nach droben sendet.
Obschon im Geist von ihr erfüllt,
Wagt er die Hand nicht an ihr Bild:
So blieb es unvollendet.

Und war auch so der Frommen Lust,
Und regt' auch so in jeder Brust
Ein heiliges Beginnen.
Es kamen Pilger fern und nah,
Und wer die Demuthsvolle sah,
Ward hoher Segnung innen.

Vieltausendfältig conterfeit
Erschien sie aller Christenheit
Mit eben diesen Zügen.
Es mußte manch Jahrhundert lang
Der Andacht und dem Liebesdrang
Ein schwacher Umriß gnügen.

Doch endlich kam Sanct Raphael,
In seinen Augen glänzten hell
Die himmlischen Gestalten.
Herabgesandt von sel'gen Höhn,
Hatt' er die Hehre selbst gesehn
An Gottes Throne walten.

Der stellt' ihr Bildniß, groß und klar,
Mit seinem keuschen Pinsel dar,
Vollendet, ohne Mängel.
Zufrieden, als er das gethan,
Schwang er sich wieder himmelan,
Ein jugendlicher Engel.

Schlegel.

Die letzten Worte
des Pfarrers zu Drottning auf Seeland.

Die müden Glieder neigen sich zur Erde,
  Und bald kann ich das Schweigen nicht mehr brechen;
  Es sieht mich an mit flehender Geberde
Das stumme Bild, und dringt mich noch zu sprechen:
  Warum, o Erde, hatt'st du keinen Mund,
  Und warst so träg die Frevelthat zu rächen?
Ihr ew'gen Lichter, die des Himmels Rund,
  So weit es reicht, mit stummen Glanz erfüllen,
  Ist das Verbrechen auch mit euch im Bund?

Kann nur der Mensch was er gesehn enthüllen,
  Warum denn konnten mir die Zunge binden
  Ein falscher Eidschwur und ein feiger Willen?

Laß mich nicht sterben, Gott, in meinen Sünden,
    Nimm diese Last von der gedrückten Seele,
    Und laß dies Blatt den rechten Leser finden,
Daß es der Zeit, die kommen wird, erzähle,
    Was ich gesehn, und nicht in ew'ger Nacht
    Ein Grab mit mir die Greuelthat verhehle.

Es war in tiefer dunkler Mitternacht,
    Wann kräft'ger der Gedanke sich entzündet;
    Als einsam ich beim Wort des Herrn gewacht,
Auf daß am nächsten Morgen ich verkündet',
    Daß unversehns zwo tränende Gestalten
    (Wie es geschehn, hab' ich noch nie ergründet)
Indem ich sinnend sitze, vor mir halten,
    Schwarz wie die Nacht und ihre dunkeln Mächte —
    Wo war't ihr da, ihr schirmenden Gewalten?

War abgewendet eure heil'ge Rechte,
    Dem Frommen eine feste Burg und Mauer
    Vor bösem Anlauf und Gefahr der Nächte?
Schon sank ich in des sichern Todes Trauer;
    Die Seele wandte sich zum ew'gen Lichte,
    Die Glieder aber löste kalter Schauer,
Doch während so das Härtste ich erdichte,
    Das Aeußerste zu dulden schon mich rüste,
    Geschah es mir, wie ich wahrhaft berichte.

Es ist ein Ort nicht fern der Meeresküste,
    Verwittert steht der Kirche alt Gemäuer,
    In des Gefildes dürrer sand'ger Wüste,
Seit Gottes Hand an eines Sonntags Feier,
    Das alte Dorf durch Sturm und Meeresbraus
    Bedeckte mit des Sandes dichtem Schleier.
Dahin zu kommen in dem nächt'gen Graus
    Befahl der Eine. „Willst die Glieder laben,
    So folge mir zu spätem Hochzeitsschmaus.

Du kannst das wohl nicht alle Tage haben."
Der Andre sprach: „Nimm dieses Gold und eile;
Wo nicht, so bist du morgen schon begraben."
Indem ich mich bedenkend noch verweile,
Werd' mit Gewalt und Drän ich fortgezogen;
Der Weg ist wohl von einer halben Meile.
Die Sterne standen an des Himmels Bogen,
Sonst war die Nacht von keinem Lichte heiter,
Und fernher tosten dumpf die Meereswogen.

Doch unsres Weges einz'ger sichrer Leiter
War ferner Laut, wie ich ihn nie vernommen;
Denn schnell durchs Dunkel gingen die Begleiter.
Und als wir endlich näher nun gekommen
Dem Ziel der Reise, hielten die Gefährten,
Und mehr und mehr ward mir das Herz beklommen.
Sie sprachen mit einander durch Geberden,
Drauf gaben sie den Augen eine Hülle,
Wodurch sie nur die innre Nacht vermehrten.

Ich wurde nun in meiner Seele stille,
Und wiederholte gläubig stets die Worte
Voll Trost und Kraft: Herr, es geschah dein Wille!
Und bald gelangt' ich zu dem stillen Orte,
Wohin so oft voll Andacht ich gegangen,
Und auf ein Zeichen öffnet sich die Pforte.
Von andern Händen werd' ich da empfangen;
Obwohl geblendet, kenn' ich alle Schritte
Und weiß, daß zum Altare wir gelangen.

Ich hört' Geräusch als wären's Menschentritte,
Und leise Laute durch die Stille schweben,
Doch hatt' ich Muth zur Drohung nicht, noch Bitte.
Jetzt aber schien die Ruhe aufzuleben.
Schon war ich meiner Sinne nicht mehr Meister,
Und dachte: nun wird sich's zum Ende geben.

So machte Furcht und Schrecken selbst mich dreister,
Daß ich die Stimme herzhaft so erhoben:
„Seid abgeschieden ihr, doch gute Geister,

Die Gott den Herrn und Jesum Christum loben,
So sprecht, was treibt euch noch zurückzukehren
In diese Welt, von jener Welt dort oben?
Doch seid ihr nicht aus jenen sel'gen Sphären,
Wer gab euch Macht, euch also zu erfrechen,
Die heil'ge Ruhe dieses Orts zu stören?"
Doch hört ich, kaum war dies vergönnt zu sprechen,
Ein schrecklich Wort mir an das Ohr getragen,
Und stark wie Felsen durch das Herz mir brechen.

Es galt nicht weder Fragen mehr noch Klagen,
Ich konnte meinen Willen nicht mehr regen,
Denn selbst die Kraft des Wollens war zerschlagen.
Die Hülle fällt, und schon steht mir entgegen
Das junge Brautpaar, harrend am Altare,
Und wartend auf den priesterlichen Segen;
Das Mädchen mit dem frischen Kranz im Haare
Zwar schön, doch bleich als käm sie aus dem Grab,
Der Jüngling in der ersten Blüth' der Jahre.

Und hinter ihnen weiter noch hinab
Sah ich beim hellen Schimmerglanz der Lichter
Im mittlern Gang ein frisch geöffnet Grab,
Und nah und fern ein Volk, das dicht und dichter
Sich wölkte, als es jemals sonst gewesen.
Es waren eigne seltsame Gesichter,
Worin man glaubt ein fernes Land zu lesen;
Doch ihre Herkunft war nicht auszuwittern,
So fremd und unbekannt war Tracht und Wesen.

Und alsbald hör' ich durch die Kirche zittern
So Orgelton als sonderbare Klänge,
Dergleichen auch den stärksten Sinn erschüttern.

Und als verstummten Orgel und Gesänge,
  An Sprach' und Weise keinen zu vergleichen,
  Sah ich zum Altar drängen sich die Menge,
Das Mädchen gegen mich sich freundlich neigen,
  Mit einem Blick — ich werd' ihn immer schauen —
  Und dieser Blick schien mir ein willig Zeichen.

Darob ergriff ich ohne Furcht und Grauen
  Des Mädchens kalte totenblasse Hand,
  Um sie dem schönen Jüngling anzutrauen.
Wie war's, daß ich das Zittern nicht verstand,
  Als ihre Hand zu seiner sich gewendet?
  Und warum knüpft' ich solch unselig Band?
Kaum war der letzte Segensspruch vollendet,
  In griech'scher Zunge, wie man mir befohlen,
  So wurden mir die Augen neu verblendet,

Woraus sich Thränen nicht umsonst gestohlen;
  So schied mein Blick von der vermählten Braut.
  Dann ließen sie ein Crucifix sich holen,
Auf das ich mußt', mit heller Stimm' und laut,
  Ein ewig Schweigen dieser Nacht geloben,
  Mit einem Schwur, ob dem mir jetzt noch graut.
Dies war mir noch die härteste der Proben,
  Und als auch diesen Zwang ich überstanden, ·
  Ward ich zur Kirche still hinausgeschoben.

Nun frei, löst' ich sogleich mich von den Banden,
  So mir die Augen starr und fest umzogen,
  Die sich alsbald empor zum Himmel wandten.
Die Sterne standen noch am Himmelsbogen,
  Sie sahen auf des alten Dorfes Trümmer,
  Und näher brausten laut die Meereswogen;
Und in der Kirche war noch schwacher Flimmer,
  Doch bald drauf sah ich's dunkel drinnen werden,
  Und es erstarb des Lichtes letzter Schimmer.

So legt', ermüdet von der Nacht Beschwerden,
  Kraftlos und schwach, um weiter noch zu wallen,
  Ich eine Weile nieder mich zur Erden.
Noch eine Weile, und ich hör' ein Schallen:
  Es trug der Wind es von der Kirch' herüber,
  Es däuchte mir, als wär ein Schuß gefallen.
Darob ergriff mich Schau'r und kaltes Fieber,
  In allen Gliedern schien es mich zu packen,
  Ich sah noch einmal in die Nacht hinüber,

Dann wandt' ich eilig ihr die flücht'gen Hacken,
  Und fliehend schnell durch Dornen, Schilf und Meer,
  Als säße Tod und Hölle mir im Nacken,
Kam ich vor meines Hauses offnes Thor.
  Dort warf der Schrecken mich gewaltsam nieder,
  Doch früh am Morgen riß es mich empor.
Nicht Ruh noch Rast für die zerschlagnen Glieder:
  Noch eh die Sonn' emporstieg an dem Himmel,
  Stand ich schon vor der alten Kirche wieder.

Verschwunden war der dunkeln Nacht Gewimmel,
  Die Kirche färbte sich mit goldnem Saume.
  Es legte sich der Sinne wild Getümmel,
Mir war's, als wacht' ich auf aus einem Traume.
  War es des heitern Morgens frische Kühle,
  Die alte Still in diesem heil'gen Raume,
War es der Trost der himmlischen Gefühle,
  Die dieser Ort so oft auf mich ergossen
  In mancher Zeiten schwerer banger Schwüle?

Mir war die Nacht wie ein Gesicht zerflossen,
  Auf's Neue war das Herz dem Glauben offen,
  Und schon hatt' ich die Kirche aufgeschlossen.
Der erste Punkt, auf den das Aug' getroffen,
  Ist jener Ort, wo ich das Grab erblickt:
  Ich gehe hin und öffn' es stark im Hoffen,

So tief ist mir das Zutrann eingedrückt.
  Ich öffn' und finde — o ihr ew'gen Wunden!
  Ihr ew'gen Dolche, die auf mich gezückt! —

Die bleiche Braut, so ich dem Tod verbunden. —
  Warum hat euch, ihr allzutreuen Augen,
  Nicht schwarze Nacht auf immer gleich gebunden?
O Herz, woran so viele Qualen saugen,
  Was hinderte dich damals abzusterben?
  Ihr Lippen, die noch Lebensathem hauchen,
Was hielt euch ab, euch damals zu entfärben?
  O Kräfte, die allmählich mich zerstören,
  Was wehrt' euch, damals gleich mich zu verderben?

Und so viel Jahre mußt' ich in mir nähren
  Das traurige Geheimniß, das mich quälet,
  Und so mir selbst den Weg zu Gott verwehren!
Indeß der Tod schon meine Stunden zählet,
  Und vor mich stellt in jedem Schreckensbilde
  Die Braut der Nacht, die ich ihm einst vermählet.
O selig Jeder, welchem sanft und milde
  Aus reinem Sinn und fröhlichem Gewissen,
  In innrer Brust der Friede Gottes quillt!

Und diesen Frieden mußt' ich lange missen,
  O Quell des Heiles, unerschöpfter Born,
  Von dem der Gnade reiche Ströme fließen!
Wend' ab von mir den lang getragnen Zorn,
  Laß schlafen endlich, laß sich endlich brechen
  Die Herzensnoth und des Gewissens Dorn.
Dir ziemt es, das Verborgene zu rächen,
  Und neigst dich auch des Sünders frommen Bitten.
  Laß diese Schrift zur fernern Zukunft sprechen,
Und nimm mich auf in deine ew'gen Hütten.

                                  Bonaventura.

Die Eroberung von Norwegen.

1.

Des Königs Begehr.

Harald, der junge Königssohn,
Hochschlank beim Fürstenmahle
Saß freudig auf ererbtem Thron,
Und trank aus goldner Schale.
Und nach allguter Nordlandsart
Stand rings mit Harfen dichtgeschaart
Ein Heer von Sangeshelden,
Viel reicher Weisen kund;
Die thäten Sagen melden
Aus mannichfachem Mund.

Und Einer sang ein Liedlein gut,
Ein Lied von solchen Dingen,
Wie Jugendherz und Jugendmuth
Am liebsten hört erklingen.
Er sang wohl von der schönsten Maid
In allen Marken nah und weit:
„Ein König ist ihr Vater,
Hält Hof, Gericht und Bann,
Ihr Pfleger und Berather
Ein schlichter Bauersmann.

Da wohnt sie auf der gras'gen Flur,
Und liebt's, wie andre Hirten
Zu gehn auf Morgens thau'ger Spur,
Mit Blumen sich zu gürten;
Doch wenn zuletzt die ernste Nacht
Mit tausend Augen ist erwacht,
Hört Gyda Worte sprühen
Aus ihres Pflegers Mund,
Drin tiefe Kräfte glühen,
Und manch ein Zauberbund.

Dann brennt in Furcht und doch in Lust
Der süßen Augen Bläue,
Dann schmiegt sich um die zarte Brust
Das Goldhaar, wie voll Scheue;
Halb Anmuth ist sie und halb Graus"
Da bricht entflammt der König aus:
"Du sollst nicht länger weilen
Im dunkeln Zauberreich!
Du sollst mein Bette theilen,
O schöner Lilienzweig!

Fort Boten, über's Salzmeer hin,
Mir Gyda zu erwerben."
"Herr, künd' uns deutlich deinen Sinn,
Wie soll'n um sie wir werben?"
"Was werben! Bin ich König nicht?
Der König will's, der König spricht,
Und aller Märchen bestes
Als Buhlin kommt in's Haus." —
Das war der Schluß des Festes;
Die Boten zogen aus.

II.

Der Jungfrau Antwort.

"Oede Haide! finstre Nacht!
Fremde Küste! —
Niemand hier der gastlich wacht,
Der uns treu zu sagen wüßte,
Wo des Heerdes Flamme lacht?"

"Fremde Boten, nächt'ge Schaar,
Ihr Verirrten!
Tretet ein, des Zagens bar.
Moos'ges Hüttendach des Hirten
Nahmt ihr nicht im Dunkel wahr." –

Und die an der Pforte stand
In der Hütte,
Gold von Haar, und Schnee von Hand,
Schlank an Leib und hold an Sitte,
Strahlte Licht durch's nächt'ge Land.

„Wohnt so heller Kerze Schein
Bei den Hirten?
Unterm Moos der Edelstein?
Du, die mild uns will bewirthen,
Wahrlich, du mußt Gyda sein."

„Gyda bin ich, Gyda heißt
Euch willkommen.
Ruht euch! Ihr seid weit gereist.
Morgen sei von mir vernommen,
Wer euch her an Gyda weis't." —

„Königsminne zögert nicht,
Froh erbangend
Hör' uns gleich, du schönes Licht.
Juble, weil zu dir verlangend
König Harald's Minne spricht."

„König Harald? König der?
Kleiner Marken
Wen'ge Bauern, schwach an Wehr,
Enger Ströme schmaler Barken
Sind ihm Hofhalt, Flott' und Heer.

König? Nein! Ein König heißt,
Wem ergeben
Sich ein ganzes Land erweist,
Und vor dem die Völker beben,
Wenn er grimm die Lippe beißt.

Norweg's weitgestreckten Gau'n
Muß befehl'gen
Ganz allein durch Berg und Au'n,
Wer sich will als überfel'gen
Herrn von Gyda's Reizen schaun;

Dann erst schließen Gleich und Gleich
Eh'verbindung." —
Und die Boten, zornesbleich,
Schauten nach des Köchers Mündung,
Faßten nach den Schwertern gleich;

Wollten dies zu stolze Reis
Keck entführen.
Da begann ein zorn'ger Greis
Hoch am Moosdach sich zu rühren,
Schwang 'nen Feuerbrand im Kreis.

Und alsbald der ganze Strand
Lebt von Flammen,
Hirten kommen rings gerannt,
Strömen zahllos wild zusammen,
Hallebart' und Speer zur Hand.

Spöttisch warnend spricht die Maid:
„Auf, ihr schnellen
Boten! Hier gilts Hurtigkeit!"
Dunkel fort auf dunkeln Wellen
Schiffen die in Zorn und Leid.

III.
Das Gelübde.

„Und hat die Maid also gesprochen,
Wie jetzt euch's von den Lippen tönt?"
„Ja, Herr, mit übermüth'gem Pochen
Hat sie dich und dein Reich verhöhnt.
O send' uns wieder an den Strand
Mit einer Schaar von muth'gen Recken,
So thun in ihrer Schmach der Kecken
Wir strafend deine Macht bekannt."

„Was Schmach? Was Strafe? Ruhmeskronen,
Und jede Zier, und Fest und Schmaus,
Das soll den Spruch der Maid belohnen."
So rief der junge König aus.
„O du Walküre mir gesandt,
Mich winkend zu der Ehre Pforten,
Du sprachst es aus mit wenig Worten,
Was längst mir hat im Sinn gebrannt.

So leer' es dann mit Glutenwogen
Ein weitbestaunter Hekla vor;
Frisch auf, in's Kampfesfeld gezogen,
Und werft mein Banner frisch empor!
Mein Banner, daß mein eignes Blut
Ihm purpurroth die Farbe gebe,
Wenn ich's nicht bald so hoch erhebe,
Daß Norweg dient dem Haraldsmuth.

Und du, mein kraujes Haar, sollst wallen
In wilder Freiheit stürm'gem Spiel,
Und sollst von keiner Scheere fallen,
Bis ich erreicht das stolze Ziel.
In deinem furchtbar finstern Dunkel
Schreit' ich, ein Wolkengeist, durch's Feld;
Man schaut nicht ihn, nur das Gefunkel
Vom Schwerterblitz, der Heere fällt."

IV.

Die Schlachten.

Das Vier rollt 'nen blutigen Teppich auf;
Sind Haralds Siege gewoben drauf.
Zuerst war die Schlacht in Orkadal,
Da hielten die Geier ein reiches Mahl,
Und weil der Harald den Sieg gewann,
Ward König Gryting ein Haraldsmann. —
Dann ward in Drontheim rüstig gestritten,
Achtmal ist Harald in's Feld geritten,
Und streckte der Könige acht' in den Sand;
Da ward ihm Drontheim sein eigenes Land. —
Es herrschten zwei Brüder in Naumadal,
Die hielten allzwei verschiedne Wahl,
Denn als der Harald anzog mit Macht,

Und ihn die Beiden zu stark geacht't,
Da ging der Ein' in des Hügels Grund,
Ließ hinter sich schließen ihn zur Stund';
Als König schritt er in's erdige Haus,
Und kam fortan da nimmer heraus.
Der Andre hat sich dem Harald ergeben,
Dafür ließ der Harald ihm Gut und Leben.
So wählten die Brüder in Raumadal;
Verschiedener Sinn, verschiedene Wahl. —
Bei Solskel dann ward gefochten frei,
Da fielen der wackern Könige zwei;
Des einen Sohn war Sölfi genannt,
Der ist aus der blutigen Schlacht gerannt,
Nicht um des ärmlichen Lebens Lust,
Nein, Rache tragend in heißer Brust.
Wohl rief er zum neuen fährlichen Lauf
Die Fürsten Audbiörn und Arnvid auf;
Was half's? Es stand zu des Haralds Seiten
Fest einmal der Sieg in allem Streiten,
Die Götter hatten geworfen das Loos;
Da sanken vor seinem gewaltigen Stoß
Die Tapfern blutig in Well' und Sand,
Die Blöden unmuthig in's eherne Band. —
Der König Wemund saß Nachts beim Feste,
Um ihn wohl neunzig der tapfern Gäste;
Da traten die Haraldskämpfer an's Thor,
Und leckten die zehrende Flamme hervor,
Und zwischen der Flamme feindlicher Pracht
Verging der König in blut'ger Nacht. —
Was half's euch Gothen, daß Pfahlesreihn
Ihr dicht gerammt in das Flußbett ein?
Der Harald stieg von den Schiffen aus,
Trug über das Feld hin Mord und Graus;
Da mußtet ihr doch mit den Klingen kommen,
Ward Sieg und Freiheit von euch genommen,
Denn Rani fiel, euer bester Degen;
Wo die Wurzel kracht, ist der Stamm erlegen.

O Gyda, Gyda, du schönes Weib,
Vor deinen Worten fällt mancher Leib! —
Zuletzt in Hafurs salziger Bucht
Ha'n sie's noch 'mal zu Schiffe versucht,
Ha'n muthig gestritten viel Herren und Knechte,
Mit Schwerten gefragt nach dem alten Rechte.
Doch es blieb der Sieg seinem Schooßkind treu;
Ueber Norweg schritt der Herrscher neu,
Saß hoch und fest auf dem ehrnen Throne,
Ob wolkigen Locken die güldne Krone,
Doch stets im Herzen das süße Leid
Um die stolze, schlachtenheischende Maid.

V.

Der Verein.

Die Schöne pflückt sich Blüthen
Am Meeresstrand,
Flicht sie zu Schattenhütten
Mit zarter Hand.
Da kommt auf grünen Wogen,
Vom Wind geschwellt
Die Segel, hergezogen
Harald der Held.

An Hüttendaches Spitzen
Erscheint ein Greis,
Läßt keine Bränne blitzen,
Doch Flaggen weiß.
Und Hirten ziehn in Heeren
Entlängst die Flur,
Doch diesmal nicht mit Speeren,
Mit Blumen nur.

Sie sangen: „Sei willkommen,
Du Kronenhaupt!
Hast dir den Preis genommen,
Wo's blutig staubt,
Hast dir den Sieg errungen,
Wo schäumt die Fluth;
Nun weile, liebumschlungen,
Da weilt sich's gut."

Süß Reden statt des herben
Tönt Gyda's Mund:
„Dir ist das Minnewerben,
Das rechte, kund.
Es sind die tapfern Waffen,
Es ist der Streit,
So Rittern Gunst verschaffen
Von zarter Maid."

Tief neigt der stolze Freier
Sich ihrem Wort;
Da wünscht den Lockenschleier
Von ihm sie fort.
Und bringt die scharfe Scheere,
Und faßt sein Haar;
Doch spricht der Fürst der Heere:
"'S geht nicht, fürwahr!

Das muß ein Held entscheiden,
Und keine Maid,
Ob es, mein Haar zu schneiden,
Ist an der Zeit.

Mir allen Kummer wenden,
Kannst du, mein Licht;
Doch mein Gelübd' beenden,
Das kannst du nicht.

'Nen Thron thät ich erbauen
Um deine Huld;
Schafft dir mein Anblick Grauen,
Hab' nun Geduld.
Mußt frein mich hinterm Schilde
Von diesem Haar."
Treu bot dem finstern Bilde
Die Hand sie dar.

VI.

Des Gelübdes Lösung.

"Reginwald, du alter Held,
Sieh, vor deiner hohen Veste
Haben Zwei sich hingestellt,
Zwei verwunderliche Gäste.
Ein' ist himmlisch zartes Weib,
Und ein Ritter ihr Geselle;
Doch der Locken wild Gefälle
Birgt sein Haupt und schier den Leib."

"Auf! ihr Pforten allzumal!
Becher her vom reinsten Golde!
Heut in meinem alten Saal
Führt der Harald seine Holde!" —
Und der Wirth geht hocherfreut
Seinem Königsgast entgegen:
"Hier ist dein, du edler Degen,
Was dein hoher Mund gebeut."

"Held, du weißt wohl, jungen Frau'n
Ist man gerne zu Gefallen;
Meiner hier erweckt ein Grau'n
Der Gelübdeslocken Wallen.
Denkst du nun, daß meine Hand
That nach meines Mundes Eiden,
Gut, so wollst die Locken schneiden,
Drum ich Grimmhaar bin genannt."

"Grimmhaar? Nein, da sprach man schlecht.
Schönhaar sollst du künftig heißen,
Das ist wohl des Haares Recht,
Drob so viel der Kronen gleißen.
König Schönhaar, neige dich,
Daß ich dir die siegbelaubte
Bürde löse von dem Haupte,
Dir gehorchend, ehrend mich."

Und wie Lock' auf Locke fällt,
Strahlt der König, wie aus Fluthen
Eine junge Frühlingswelt;
Sternenfunkeln, Rosengluthen,
Hulden blühn den Hulden zu,
Bis vor süßer Lieb' Erbarmen
Gyda ruft in seinen Armen:
„O mein Held, wie schön bist du!"

Reginwald, der Alte, lacht:
„Ja, die Frauen mögen's ahnen,
Daß die Schönheit in der Schlacht
Blüht, und unter blut'gen Fahnen.
Männer, Weiber, schließt den Bund,
Und die Welt gedeiht zum Rechten:
Kühner Degen soll erfechten,
Was gesprochen holder Mund."

Fouqué.

Der König von Burgund.

Es ritt mit stolzem Prangen
Der König von Burgund,
Da kömmt ein Knab' gegangen
Und grüßt mit süßem Munde,

Und spricht: „Gott grüß dich, König!
Du Schöner von Burgund!
Mach deine Feinde wenig!
Dich stark zu jeder Stund!"

Und spricht: „Gott lenk' dir, König,
Zu mir den lieben Sinn!
Der ich an Thaten wenig,
Doch groß an Treue bin."

Der König sprach zum Knaben:
„Was willst du in dem Krieg,
Wo Adler nur und Raben
Erfreut der blut'ge Sieg?

„Was wagst du, holder Knabe,
An Jahren jung und zart?
Das Feld wird dir zum Grabe,
Der Weg ist dir zu hart.

„Geh mit den feinen Füßen
Zurück in's Blumenthal,
Und horche dort dem süßen
Gesang der Nachtigall.

„Pfleg' mit den feinen Händen
Den blüh'nden Rebenstock,
Und netz' des Leines Enden
Für einen Schäferrock.“

„O König! zart von Leibe
Ist meine Jugend wohl;
Doch sie nicht von dir treibe,
Sie fühlt sich Muthes voll.

„Wohl Hunderttausend sitzen
So stolz um dich zu Roß,
Viel tausend Schwerter blitzen
Und Köcher voll Geschoß:

„Doch von den Allen keiner
Ist mehr dir zugethan,
Als ich hinfort, dein kleiner
Dir dienender Kumpan;

„Doch von den Allen keinen
Bekümmert so dein Streit,
Als deinen zarten Kleinen,
Der dir den Gruß entbeut.“

„O Knabe, deine Rede
Klingt wohl an Tugend reich,
Doch wiss', die harte Fehde
Macht rothe Wangen bleich.

„Die schönen blauen Augen
Versöhnen keinen Feind,
Denn die, so Schwerter brauchen,
Sind feindlich auch gemeint.“

„O Herr, klingt meine Rede
An Muth und Tugend reich,
So wiss', in deiner Fehde
Thut mir's kein Knappe gleich.

„Laß sich den Schein entfärben,
Der diese Wangen schmückt;
Ja laß mich für dich sterben,
So dünk' ich mich beglückt.“

„O Knab', soll ich dich nehmen,
So melde, ob du kannst,
Womit zur Zeit der Schemen
Du mir die Sorgen bannst;

„Womit im Brand der Sonne
Du mir die Schläfe kühlst,
Und für der Träume Wonne
Mich sanft in Schlummer spielst.“

„Herr König, zwar geringe
Ist meiner Gaben Loos;
Doch macht zu allem Dinge
Die fromme Liebe groß.

„Ich kann die Laute schlagen,
Ich kann das Harfenspiel,
Womit seit manchen Tagen
Ich Vielen wohl gefiel;

„Auch kann ich lustig singen
Und zwitschern muthig drein,
Wie auf den leichten Schwingen
Die Frühlingsvögelein.

„Auch kann ich künstlich tanzen
Auf meinen Füßen flink
Durch Schwerter und durch Lanzen
Und in dem Reigenring.

„Auch weiß ich Wundermähren
Aus alter, grauer Zeit,
Die Sorgen zu bethören
Stracks durch Geschwätzigkeit;

Auch richt ich schnelle Falken
Zum Vogelfange zu,
Und von den Mareschalken
Hast keinen flinkern du."

Der König nimmt den Knaben,
Und kleidet ihn in Stahl,
Und läßt ihn bei sich traben
In Nacht und Sonnenstrahl.

Sein Schwert muß er ihm tragen,
Ihm zäumen früh sein Roß;
Ist ihm in wenig Tagen
Der liebst' im ganzen Troß.

Beim Mahl muß er ihm singen
Zum goldnen Harfenspiel,
Und oft von alten Dingen
Erzählen lang' und viel.

Und wann von seinen Braven
Ein Jeder heimwärts geht,
So muß der Knabe schlafen
Zunächst an seinem Bett.

So zieht er als Begleiter
Des Zuges lustig mit.
Einst warnt das Horn die Streiter
Vor nahem Feindestritt;

Im Glanz der Waffen sprengen
Die Reisigen voran
Und Heldenherzen drängen
Sich frisch zum Kampf hinan.

Und König Rudolfs Rechte
Stößt manches tapfre Herz
Hinab zur Nacht der Nächte
Im kühnen Lanzenscherz;

Und Mütter müssen weinen
Und Bräute, jung und hold,
Den Tag, der zu bescheinen
Die Todten aufwärts rollt.

Da faßt ein starker Reiter
Den König mit dem Speer,
Zersprengt den Schild in Scheiter,
Zersplittert seine Wehr;

Trifft ihn mit stolzem Grimme —
Das Feld ist Königsgrab —
Und ohne Hauch und Stimme
Er fällt vom Roß herab.

Erbleichend hält der Knabe
Und spannet sein Geschoß —
„Nimm letzte Liebesgabe!"
Er schießt den Mann vom Roß;

Wirft dann in heißen Thränen
Sich auf des Königs Leib,
Und offenbart in Tönen
Des Jammers laut das Weib;

Reißt von den goldnen Locken
Des Helmes Decke schnell,
Damit das Blut zu stocken,
Das rinnt vom Panzer hell;

Reißt mit den blut'gen Händen
Des Hemdes weißen Lein,
Die Treue zu vollenden,
Von seines Busens Schrein.

Und sieh! des Königs Wangen
Färbt neues Lebensroth —
Sein Athem lag gefangen,
Die Kraft war nimmer todt!

Und sieh! mit frohem Leben
Sieht er des Weibes Trug,
Das Lieb in Tod und Leben
Für ihn in Schlachten trug;

Und faßt sie gar behende
Und drückt sie an sein Herz,
Und ruft: "Hier, Treue, ende
Dein langer süßer Schmerz!

"Und wärst in Bettlerhütten
Die kleinste Magd im Land,
Du bist durch Muth und Sitten
Mit Königsglanz verwandt."

"Mein König!" stammelt leise
Das holde verschämte Weib,
"Vergieb mir meine Weise!
Mir hinfort gnädig bleib!

"Nicht in der Bettlerhütte
Wuchs deine Magd heran;
Wohl aus der Fürsten Mitte
Erköre sie ein Mann.

Mein Vater heißt Graf Walther,
Wohnt im Ardennerwald;
Doch zog mein junges Alter
Der Liebe Allgewalt.

Du weißt, wie ich gedienet,
Wozu bei Tag und Nacht
Sich Liebesmuth erkühnet
In wilder Knabentracht."

"Ich weiß es, es soll wissen
Das ganze Männerheer.
Du schläfst auf deinem Kissen
Hinfort nicht einsam mehr.

"In deinen süßen Armen,
Du süße Königin,
Laß ewig mich erwarmen
Im frommen Liebessinn.

"Die oft mein Roß gezäumet,
Mich oft in Schlummer sang,
Nun bei mir schläft und träumet
All, all ihr Leben lang."

Arndt.

Des Norfalls Thurm.

Was jagt euch, Wandrer, aus wirthlichem Dach?
War weich nicht Euer Bettlein, und warm das Gemach?
Zwölf Uhr hat's geschlagen auf Norfalls Thurm.
Wie gießt's mit Regen! wie sauset der Sturm!

„Und graust dich nicht, Wächter, die heulende Wuth?
Und hörst du des Regens unendliche Fluth?
Wohl ehe der Morgen die Nacht durchbricht
Stürzt über uns krachend Norfalls Gewicht!"

Des kehrt nur, Wandrer, geruhig nach Haus,
Wißt, das ist Wolkenkönigs Gebraus!
Wolkenkönigs, der nimmer der Rache vergißt,
Alljährlich kehrt er zur selbigen Frist.

Denn also begab sich's: als Abends er fuhr
Auf Sturmwindsflügeln um Thule's Flur,
Gewahrt' er, sausend um Norfalls Burg,
Ein Fräulein die hellen Fenster hindurch.

In Blick und Geberde thut Stolz sich kund,
Und zornige Rede schwellt höhnisch den Mund;
Doch ihr zu Füßen, bewegt und bemüht,
Ein Edelknabe süßblickend kniet.

„O neigst du mir nimmer dein Auge voll Huld?
Und fehlt' ich vermessen, wer strafte die Schuld?
Wer sieht dich, und fühlt nicht des Zaubers Gewicht?
Wer ist, der ein Herz hat, und giebt es dir nicht?

„Wohl bet ich dich an, ich bekenn es, und sag's,
Dich, Traumbild der Nacht! dich, Gedanke des Tags!
Doch nimmer, o Hohe, mein frommer Sinn
Begehrt der irdischen Liebe Gewinn!"

„Der Pilger, er wallt zur Marien-Kapell,
Und küßt voll Demuth die heilige Schwell';
Er rührt von fern an das himmlische Kleid;
So, Hohe, so hab ich mein Herz dir geweiht."

Doch stolz und hoch sich die Schöne vermißt:
„Was wagst du, Knabe, mit keckem Gelüst?
Wohl mancher König aus nordischem Land
Hat sonder Erhörung mir Liebe bekannt."

„Verbirg dich, Verwegner! Der athme den Tod,
Deß Lippe die schöne Hand mir bedroht,
Die schöne, so nimmer den sterblichen Mann
Mit Wonnen des Staubes beseligen kann."

„Der Sylphen der Luft, der Elfen im Thal
Ein mächtiger König sei mein Gemahl!
Und lös't er nicht zween Gebote mir gleich,
Hält doch mich nimmer sein machtlos Reich!"

Und wie das Wort von der Lippe geflohn,
Bebt Norfalls Burg, und mit Scepter und Kron
Steht Wolkenkönig, von Brausen umwallt,
In Donner und Blitz vor der bleichen Gestalt.

„Du Hochgesinnt', es ist dir gewährt,
Was dir hochherrschend dein Herz begehrt.
Was bietet von Staub dir der zitternde Wurm?
Ich bringe zum Brautschatz Donner und Sturm!"

„Und wie du kühnlich auf Hohes gebaut,
Führt Wolkenkönig dich heim als Braut,
Und löf't er dir zween Gebote nicht gleich,
So halte dich nimmer sein machtles Reich!"

Und spricht's, und packt sie im Wirbelwind
Und flieht mit der sträubenden Beute geschwind,
Bis hoch in Lüften ihr bebendes Ohr
Des treuen Knaben Klage verlor.

Jetzt mit ihr ruhend in seinem Palast
Der Geist sie streichelt und lieblich faßt.
„Muß jetzt, Feinlieb, den Herren im Reich
Mein' Hochzeit melden, daß sie kommen zugleich!

Flugs dreimal im Wirbel sich reißt er und rauft
Drei Haar' aus dem Barte von Nebel betrauft,
Und sprützet hervor drei Tröpflein Blut
Und zündet's zusammen bei Blitzes Gluth.

Sieh! plötzlich daher auf feuchtem Roß
Ein weißer Reiter die Luft durchfloß;
Die Mutter hinten, die alte Fey,
Eine Perlenschale trägt sie herbei.

„Heil Wolkenkönig! ich bringe zum Mahl
Spricht Wasserkönig, eine frische Schal',
Der schönen Müllerin purpurnes Blut;
Ich zerrt' sie herunter in meine Fluth."

Und wieder ein Wagen ansauset weich,
Erlkönig mit seinen Töchtern zugleich.
Thalelfen umreiten auf Heimchen, gebäumt,
Und geiseln den Alp, der huckend säumt.

„Heil, Wolkenkönig! ich bringe zum Mahl
(Spricht Erlkönig) eine frische Schal',
Ein's Knäblein Herz, noch zappelnd und warm;
Ich kneip' und würg' es in Vaters Arm."

Und wieder sanft es und prasselt heran,
Gluthrother Drachen schnaubend Gespann,
Und Salamander, umschlängelnd im Reif
Der gelben Lohe Purpurschweif.

„Heil, Wolkenkönig! dein Tisch ist besetzt,
(Spricht Feuerkönig) so komm' ich zuletzt.
Drum frisch die Dirn, und lustig zum Mahl!
Es ist die Nahrung dem Feuer schmal."

Laut auf Romhilde vor Schrecken schreit,
Allein in der gräßlichen Einsamkeit.
„Die hast du, so kühnlich den Geistern geglaubt,
Zum Mahl der Larven der Wüste geraubt?"

„Ringst, Lieb, umsonst die Händlein wund,
Es ist der Dämonen alter Bund,
Die willig in Geister=Umarmung geruht,
Man schmanst sie behaglich, und saugt ihr Blut."

„Nie, Scheusal! erfüllst du den schrecklichen Bund,
Bis du mir den meinen erfüllet zur Stund.
Denn löst du nicht zween Gebote mir gleich,
So hält mich nimmer dein machtlos Reich!"

„Ei, Lieb, das mach' uns die Suppe nicht kalt;
Nur frisch gefordert, ich bring's alsbald!"
Sie sinnt und besinnt sich, das zitternde Kind,
Und prüft und wählt, und erwählet geschwind:

„Der Liebenden Treusten verlangt mich zu sehn!" —
Und vor ihr sieht sie den Knaben stehn,
Sein Herz voll Liebe, ihr Herz voll Lust,
Und drückt ihn innig an ihre Brust.

„Der Liebenden Treusten zeigt'st du mir; doch
Flugs einen Treuern zeige mir noch!" —
Ein heulend Kreischen zerreißt die Luft
Und Spuk und Zauber zerrinnt in Duft.

Die Morgensonne bricht hell hindurch;
Romhilde ruhet auf Rorfalls Burg,
Und ihr im Arme der holde Knab,
Dem treu sie Hand und Leben ergab.

Doch wenn die Gleiche der Herbst' erscheint,
Spukt um die Fenster der alte Feind.
Drum laßt ihn sausen, so kraus er will;
Wenn Morgen anbricht, wird alles still.

Trinius.

Die Teichnixe.

Im Nachtthau, am sternigen Teich
Da starrte mit ringendem Herzen
Anselmo, der Sohn der Schmerzen,
Hinab in das magische Reich.
Es ruhten in sammtener Nacht
Der tiefhin prangenden Ferne
Der Mond und die silbernen Sterne
Versammelt in himmlischer Pracht.

Schön ruhte das liebliche Grab.
Es glitt der buhlende Sylphe
Vom leis erschauernden Schilfe
Zur Najas, der trauten, hinab.
Es rann durch hangendes Moos
Von Wimpern der sehnenden Erle
Hinab die blinkende Perle,
Hinab in den heimlichen Schooß.

Und drüben, mit wirthlicher Kluft
Umwölbten, beschattet von Sträuchen,
Die Felsen in heiligem Schweigen
Die Ruhe der kühligen Gruft.
Still bückte, mit schwimmendem Haar,
Dem seligen Ruhegefilde
Voll winkender Schwestergebilde
Die hangende Weide sich dar.

Es spielte mit magischem Schein
Auf leis entringelnden Wogen,
Die Nixe mit hüpfenden Bogen
Am hochbemoosten Gestein.
Und ihm aus der Tiefe der Kluft
Ward lind, wie Echo von Klagen,
Dies Wort herüber getragen
Auf weichem Flügel der Luft:

„Hier unten, im Arme der Ruh,
Umstrickt von der weißen Ranunkel,
Schließt friedlich ein purpurnes Dunkel
Hoch über dem Schläfer sich zu.
Ob schäumend die Welle sich bricht,
Es fährt auf zerrissenem Spiegel
Der Stürme sausender Flügel
Und weckt hier unten uns nicht."

Ihm klopfte die schwellende Brust.
Er horcht in die schweigende Tiefe
Hinunter, ob's abermal riefe,
Hinab mit unendlicher Lust.
Da faßt ihn ein üppiger Muth,
Da zerrt ihn am tauchenden Kleide
Die Nix' — und über sie beide
Verschloß sich die schäumende Fluth.

Trinius.

Die Bergmanns-Leiche.

Wißt ihr von des Bergmanns Leiche
Aus dem Schachte zu Falun,
Dem einst Gott im Schattenreiche
Unverletzt vergönnt zu ruhn?
Nicht der Nachwelt Thränen weckte
Dieser Jüngling grauer Zeit;
Doch den treugeliebten deckte
Erde, nicht Vergessenheit.

Bei des Grubenlämpchens Schimmern
Mußte sich das junge Herz
Selber seine Ruhstatt zimmern,
Einen Sarg aus blankem Erz.

Bis nach mehr denn sechzig Jahren
Viele hundert Klafter tief
Man hinab zur Stell gefahren
Wo der arme Bergmann schlief.

Doch, wie rein und aufgehoben
Ruht im Erdenschooß das Gold,
Das befleckt im Licht hier oben
Durch der Menschen Hände rollt;
So im Schooß metallner Klüfte
Schloß das ewige Gestein
In ambrosisch reine Düfte
Unversehrt den Schläfer ein.

Wie er nun an's Licht gezogen,
Blühend wie ein Maientag,

Dem der Sonne Glanz entflogen
Vor des Volkes Augen lag;
Fragen staunend alle Blicke:
Wer der Wunderjüngling sei?
Und es zittert an der Krücke
Auch ein Mütterchen herbei.

Flehend drängt die Tiefbetrübte
Durch die Menge sich, und schaut —
Ja, er ist's, der Heißgeliebte!
Und sie ist des Jünglings Braut!
„Nur der Tod kann dich mir geben
Aber ich war ewig Dein!"
Sprach's, und schlief zum beffern Leben
An des Jünglings Busen ein.

Trinius.

Hofer.

Als der Sandwirth von Passeyer
Innsbruck hat mit Sturm genommen,
Die Studenten ihm zur Feier
Mit den Geigen Mittags kommen,
Laufen alle aus der Lehre
Ihm ein Lebehoch zu bringen,
Wollen ihm zu seiner Ehre
Seine Heldenthaten singen.

Doch der Held gebietet Stille,
Spricht dann ernst: „Legt hin die Geigen,
„Ernst ist Gottes Krieges-Wille,
„Wir sind all' dem Tode eigen.
„Ich ließ nicht um eitle Spiele
„Weib und Kind in Thränen liegen,
„Weil ich nach dem Himmel ziele,
„Kann ich ird'schen Feind besiegen.

„Kniet bei euren Rosenkränzen,
„Dies sind mir die liebsten Geigen;
„Wenn die Augen betend glänzen,
„Wird sich Gott der Herr drinn zeigen,
„Betet leise für mich Armen,
„Betet laut für euren Kaiser,
„Dies ist mir das liebste Carmen:
„Gott schütz' edle Fürstenhäuser!

„Ich hab' keine Zeit zum Beten,
„Sagt dem Herrn der Welt, wie's stehe,
„Wie viel Leichen wir hier sä'ten
„In dem Thal und auf der Höhe,
„Wie wir hungern, wie wir wachen,
„Und wie viele brave Schützen
„Nicht mehr schießen, nicht mehr lachen —
„Gott allein mag uns beschützen."

Schenkendorf.

Arnold Struthan von Winkelried.

Im Harst von Unterwalden, da ragt ein Heldenkind
Hochhäuptig über Alle, die selbst gewaltig sind;
Schön steht er, wie der Engel des Herrn vor Edens Auen;
Finster und verschlossen, fast grausig anzuschauen.

Er lehnt an seiner Lanze, als gelt' ihm nicht der Streit;
Er schaut wohl nach den Bergen, schaut in die alte Zeit,
Wo Kuhrein und Rugguser, nie Schlachttrommete scholl,
Gar still die Väter wohnten, bis fremder Hochmuth schwoll!

Es blickt wohl seine Seele nach seiner Väter Saal,
Wo in dem Kreis der Kleinen sein züchtiglich Gemahl
In Thränen für ihn betend Schmerzensgedanken sinnt,
Ihn mit betrübtem Herzen in Gott vor Allem minnt;

Er schaut wohl durch der Feldschlacht Funken und Wolkendunst,
Wo nackte Tapferkeit erliegt gepanzerter Fechterkunst;
Nun waren seine Blicke mit Düsterniß erfüllt:
Wie wann sich gegen Abend ein Berg in Wolken hüllt.

Bewegt in tiefstem Herzen war dieser Schweizermann;
Doch was im Schmerz der Liebe die große Seele sann,
Das ward noch nie gesonnen, das singt kein irdisch Lied;
Denn dieser Mann ist Arnold Struthan von Winkelried!

— Das war sein Ahn, der Struthan', der laut gepries'nen Sagen,
Des Landes Angst und Plagen, den Lindwurm hat erschlagen;
Er that, was Keiner mochte, im ächten Rittermuth
Das ist dem armen Hirten, dem Bauersmann zugut.

Ein andrer seiner Väter mit auf dem Rütli schwur,
Dort wo am tiefen Wasser auf heiliger Wiesenflur
Im Mondschein ist erwachsen, im engelreinen Reiz
Das edel unvergänglich Vergißmeinnicht der Schweiz. —

Herr Arnold löst den Panzer, der seine Brust umspannt;
Er stund vom Haupt zur Sohle in lichtem Stahlgewand;
Es fällt die schwere Brünne klirrend in's Gefild,
Und über die Schultern wirft der Held den großen Drachenschild.

So wendet sich Herr Struthan zu seinem treuen Volke,
Und schmolz aus seinem Auge des Harms und Zweifels Wolke,
Und schmolz aus seiner Seele, wie Oel im Flammenkuß,
Der alte Wahn der Sünde, zerschmolz das Will und Muß.

Ihm ist, als schaut er sausend verschwinden Evens Baum,
Den Kreuzesbaum des Lebens durchbrechen Zeit und Raum;
Sieg thront auf seiner Stirne! das Heldenauge glüht,
Wie an dem ersten Morgen die Sonne Gluth gesprüht.

So aber hat der Arnold sein großes Herz erschlossen:
„Gestrengen und biderben, lieben Eidgenossen!
Sorgt mir um Weib und Kinder: will euch 'ne Gasse machen!"
Und an die Feinde springt er, wie der Ahnherr an den Drachen!

Da scheint der Held zu wachsen, breit, übermenschlich lang,
Im schauerlichen Funkeln; mit einem Satze sprang
Gen Feind des Drachentödters Kind in gräßlicher Geberde
Und unter dem Helden bebend erjauchzt die Schweizer-Erde!

Da hing am hohen Manne das Augenpaar der Schlacht;
Da waren seine Blicke zu Blitzen angefacht;
So funkelten die Flammen, die Gott vom Wolkenschloß
Auf Sodom und Gomorra im Zorn herunterschoß.

Und seiner langen Arme simsonhafte Kräfte
Umklammern, weitausgreifend, Ritterlanzenschäfte:
So drückt er seinen Arm voll Tod, o lieb in Todeslust!
Drückt all die blanken Messer in seine große Brust.

Er stürzt, ein riesiger Alpenblock, wuchtend in die Glieder,
Und rings die Kampfes-Bäume zermalmend wirft er nieder.
Dein Arnold stürzt, du bebst und stöhnst in Mutterschmerz, o Haide:
Doch wilder bebt dir, Oestreich, das Herz im Eisenkleide!

Wie wann in schwüle Mitternacht Berg und Thal sich mummt,
In tiefen Odemzügen des Lebens Mund verstummt:
Denn plötzlich durch die Finster fähret der Wetterschein,
So brennt mit einem Schlage der ganze Tannenhain;

Also zerfleucht, wie Höhnrauch, Zweifel, Angst und Wahn
Und jede Schweizerseele ist wieder aufgethan;
Und was da schlief im Herzen in wundertiefer Nacht,
Bricht aus in tausend Kerzen, ist Licht zum Licht erwacht! —

Ein Augenblick Erstaunen; Schlachtendonner schwieg;
Da schrein aus einem Munde die Schweizerharste: „Sieg!"
Und ab den Höhen wälzt sich heißwogende Waffenmasse:
„Auf! an die Arnolds-Brücke, auf, durch die Struthans Gasse!"

Und über Arnolds Nacken, fährt in den weiten Spalt,
Wie Wirbel wühlend Stoß auf Stoß, Schweizersturmgewalt;
Und über Arnolds Leiche bricht durch ein wilder Harst,
Und Oestreichs Eisenmauer aus Band und Fuge barst!

Es lag der große Todte, wie ob Geklüft und Wogen
Sich regt die Staubende-Brücke; wohl schwankt und dröhnt der Bogen;
Wohl donnerts aus der Tiefe; Dampfwolken heben sich;
Doch sicher trägt die Brücke zum schönen Wälschland dich.

Weh, daß der Regenbogen, der Wetterfrieden macht,
Bevor des Himmels Klarheit aus mildem Auge lacht,
Kaum, daß er uns verkündet den süßen Friedegruß,
Mit all den holden Farben alsbalde sterben muß.

Follen.

Die
Begrüßung auf dem Kynast.

Sie sprach: Ich will nicht sitzen im
          stillen Kämmerlein,
Das Fräulein Kunigunde von Kynast!
Ich will zur Jagd ausreiten, zu Rosse
          sitzt sich's fein.
Das Fräulein Kunigunde!

Sie sprach: Wer mich will freien, der
          soll ein Ritter sein,
Das Fräulein Kunigunde von Kynast!
Der um den Kynast reitet, und bricht
          nicht Hals und Bein.

Es ritt ein edler Reiter wohl um den
          Mauerrand;
Das Fräulein Kunigunde von Kynast!
Das Fräulein sah ihn stürzen, und
          zuckte nicht die Hand.

Und wieder ritt ein Ritter wohl um die Zinnen her;
Das Fräulein Kunigunde,
Das Fräulein sah ihn stürzen, ihr Herz ward ihr nicht schwer.

Und aber ritt ein Ritter, und noch ein Ritter ritt;
Das Fräulein Kunigunde,
Sie sah es ohne Grausen, wie er zum Abgrund glitt.

Das währte lange Zeiten, es kam kein Ritter mehr;
Das Fräulein Kunigunde,
Man wollt' um sie nicht reiten, der Brautritt war zu schwer.

Sie stand auf hohen Zinnen und sah in's Land hinaus,
Das Fräulein Kunigunde von Kynast!
Will Niemand mich gewinnen? ich bin allein zu Haus.

Ist Niemand, der will reiten, erreiten seine Braut?
Das Fräulein Kunigunde von Kynast!
O weh der feigen Ritter, die vor dem Brautritt graut!

Es sprach vom Thüringlande der Landgraf Adelbert:
Das Fräulein Kunigunde von Kynast!
Es ist das stolze Fräulein wohl eines Rittes werth.

Sein Rößlein lehrt' er gehen auf schmalem Felsgestein:
Das Fräulein Kunigunde von Kynast!
Das Fräulein soll nicht sehen uns brechen Hals und Bein.

Sieh her, o edles Fräulein, ich bin's, der reiten will!
Das Fräulein Kunigunde,
Sie sah zu Roß ihn halten, und ward so ernst und still.

Sie sah ihn sich bereiten zum Ritt, und bebte sehr,
Das Fräulein Kunigunde:
O weh, daß ich den Brautritt gemacht hab' also schwer!

Da ritt er um den Kynast, den Blick sie wendet' ab,
Das Fräulein Kunigunde!
O weh mir um den Ritter, er reitet in sein Grab!

Da ritt er um den Kynast, wohl um den Mauerrand;
Das Fräulein Kunigunde!
Sie wagte nicht zu zucken mit ihrer weißen Hand.

Da ritt er um den Kynast, rings um die Zinnen gar;
Das Fräulein Kunigunde!
Sie wagte nicht zu athmen, als brächt' es ihm Gefahr.

Da ritt er um den Kynast, und ritt zu ihr herab.
Das Fräulein Kunigunde von Kynast:
Gelobt sei Gott vom Himmel, der dir das Leben gab!

Gelobt sei Gott vom Himmel, daß du nicht rittst in's Grab!
Das Fräulein Kunigunde:
Nun steig vom Roß, o Ritter, zu deiner Braut herab!

Da sprach der edle Ritter, er grüßt' herab vom Pferd,
Das Fräulein Kunigunde!
Daß reiten kann ein Ritter, das hab' ich dich gelehrt.

Nun warte bis ein andrer kommt wieder, der es kann!
Das Fräulein Kunigunde von Kynast!
Ich habe schon Weib und Kinder, und werde nicht dein Mann.

Der Ritter ritt von dannen, dem Roß gab er die Sporn;
Das Fräulein Kunigunde!
Das Fräulein sah ihn reiten, verging vor Scham und Zorn.

Jungfräulein ist sie blieben zur Buße für ihren Stolz,
Das Fräulein Kunigunde!
Zuletzt hat sie verwandelt sich in ein Bild von Holz.

Ein Bild, anstatt der Haare bedeckt mit Igelhaut,
Das Fräulein Kunigunde von Kynast!
Das muß ein Fremder küssen, wenn er den Kynast schaut.

Wir bringen's ihm zum Küssen; und wenn davor ihm graut,
Das Fräulein Kunigunde von Kynast!
Muß er mit Geld sich lösen, wenn er nicht küßt die Braut,
Das Fräulein Kunigunde!

Rückert.

Die beiden Fuhrleute.

An dem Hohlwege droben,
Wo die zwei Steine stehn,
Nicht ohne Gott zu leben
Sollt ihr vorübergehn.

Nicht ohne Gott zu leben
Und zu danken dafür,
Daß ohne Zornes Toben
Ihr wandelt in Gebühr;

Auf daß ihr nicht noch heute
So fahret in der Nacht,
Wie die beiden Fuhrleute,
Die dort sich umgebracht.

Jeder der beiden Brüder
Hat seinen eignen Lauf;
Der eine fährt hernieder,
Der andre fährt hinauf.

Der eine fuhr hernieder,
Der andre fuhr hinauf;
In der Mitte die Brüder
Hemmten einander im Lauf.

Sie konnten sich aus nicht weichen,
Der Hohlweg war zu eng;
Sie wollten es aus nicht gleichen
Als nur durch Handgemeng.

Erst mengte jeder das Futter
Vor'm Karren seinem Roß,
Eh' er dem Sohn seiner Mutter
Begegnet als Kampfgenoß.

Gegen den andern schwenkte
Jeder zugleich den Karst,
Und das Unglück es senkte,
Das jedem das Haupt zerbarst.

Sie lagen todt und vergaßen
Zusammen Groll und Fracht,
Und ihre Rosse fraßen
Verträglich die ganze Nacht.

Nie war ihnen beschieden
So lange Ruh in der Nacht,
Als da den blutigen Frieden
Ihre Treiber gemacht.

Rückert.

Der vermauerte Schatz

Im Wald ist voll bemooster
Zertrümmerter Stein ein Platz;
Dort stand das alte Kloster,
Dort liegt der vermauerte Schatz.

Auszog nach Morgenlanden
Ein Ritter wohlgemuth,
Und zu des Abtes Handen
Stellt' er sein Geld und Gut.

Bewahre meine Habe,
Vermaure meinen Schatz;
Und kehr' ich heim vom Grabe,
So zeige mir den Platz.

Der Abt war wohl ein schlauer,
Er nahm das Gut in Empfang,
Und baut davon die Mauer
Um's Kloster hoch und lang.

Und als es lang gedauert,
Nach Haus der Ritter kehrt.
Wo ist mein Schatz? — Vermauert,
Wie du es hast begehrt.

Nicht schlecht hab' ich gehandelt,
Dem Kloster zum Gedeihn,
Jedes Goldstück ist verwandelt
In einen Quaderstein. —

Der fromme Ritter fluchet,
Die Mauer reißt er um,
Sein klingendes Gold er suchet,
Und findet die Steine stumm.

Er glaubt nicht an den Wandel,
Er reißt das Kloster ein;
Da sah den guten Handel
Der Abt doch schlecht gedeihn.

Wie Käuzlein aus den Trümmern
Flogen die Mönchlein fort,
Aber zu Tode kümmern
Mußte der Abt sich dort.

O Ritter vom heiligen Grabe,
Was nun beginnest du?
Er zog am Bettelstabe
Wieder dem Grabe zu.

Er ist nicht wiedergekommen
Bis auf den heutigen Tag;
Und Niemand hat vernommen,
Wo einst sein Schlößlein lag.

Aber vom Kloster blieben
Die Kunden wohl im Land,
In alter Schrift geschrieben,
Die man nicht recht verstand.

Nun gehn Schatzgräber graben
Am alten Klosterplatz,
Doch nie gehoben haben
Sie den vermauerten Schatz.

Es spielt im Abendschimmer
Durch's Moos ein röthlicher Schein;
Aber verwandelt nimmer
Wird in Gold das Gestein.

In seiner Nebelkutte
Sitzt um die Mitternacht
Der Abt auf dem Klosterschutte,
Wo er den Schatz bewacht;

Bis vom heiligen Grabe
Der Ritter wiederkehrt,
Die anvertraute Habe
Vom falschen Hüter begehrt;

Wenn mit dem Pilgerstabe,
Der das Grab hat berührt,
Er wiederkehrt vom Grabe,
Und fordert was ihm gebührt;

Wenn mit dem heiligen Stabe
Er berührt das Gestein,
Dann wird es, so krächzt ein Rabe,
In Gold verwandelt sein.

Rückert.

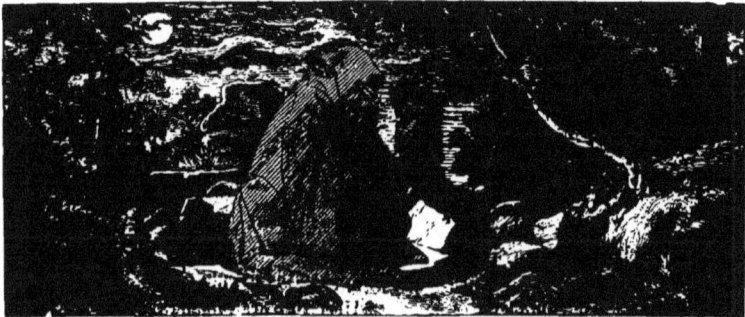

Barbaroſſa im Kyffhäuſer.

Der alte Barbaroſſa
Der Kaiſer Friederich,
Im unterirdſchen Schloſſe
Verzaubert hält er ſich.

Er iſt niemals geſtorben,
Er lebt darin noch jetzt;
Er hat im Schloß verborgen
Zum Schlaf ſich hingeſetzt.

Er hat hinab genommen
Des Reiches Herrlichkeit,
Und wird einſt wiederkommen
Mit ihr zu ſeiner Zeit.

Der Thron iſt elfenbeinern,
Auf dem der Kaiſer ſitzt,
Der Tiſch iſt marmelſteinern,
Auf den ſein Kinn er ſtützt.

Sein Bart ist nicht von Flachsen,
Ist lichte Feuersgluth,
Ist durch den Tisch gewachsen,
Auf dem sein Haupt ausruht.

Er nickt als wie im Traume,
Sein Aug' halboffen zwinkt,
Und je nach langem Raume
Er einem Knaben winkt.

Er spricht im Traum zum Knaben:
„Geh' vor das Schloß, o Zwerg!
Und schau', ob noch die Raben
Herfliegen um den Berg.

Und wenn die alten Raben
Noch fliegen immerdar:
So muß ich auch noch schlafen,
Verzaubert, hundert Jahr." —

Rückert.

Die Waldfrauen.

Und wo noch kein Wandrer gegangen,
Hoch über Jäger und Roß
Die Felsen im Abendroth hangen
Als wie ein Wolkenschloß.

Dort zwischen den Zinnen und Spitzen
Von wilden Nelken umblüht,
Die schönen Waldfrauen sitzen
Und singen im Wind ihr Lied.

Der Jäger schaut nach dem Schlosse:
Die droben das ist meine Lieb! —
Er sprang vom scheuenden Rosse,
Weiß Keiner, wo er blieb.

Eichendorff.

Die stille Gemeinde.

Von Bretagne's Hügeln, die das Meer
Blühend hell umsäumen,
Schaute ein Kirchlein trostreich her
Zwischen uralten Bäumen.

Das Kornfeld und die Wälder weit
Rauschten im Sonntagsglanze,
Doch keine Glocken klangen heut
Vom grünen Felsenkranze.

Denn auf des Kirchhof's schatt'gem Grund
Die Jacobiner saßen,
Ihre Pferde alle Blumen bunt
Von den Grabeshügeln fraßen.

Sie hatten am Kreuz auf stiller Höh'
Feldflasch' und Säbel hangen,
Derweil sie, statt des Kyrie,
Die Marseillaise sangen.

Ihr Hauptmann aber lehnt' am Baum,
Todmüde von schweren Wunden,
Und schaute wie im Fiebertraum
Nach dem tiefschwülen Grunde.

Er sprach verwirrt: „Da drüben stand
Des Vaters Schloß am Weiher,
Ich selbst steckt's an; das war ein Brand,
Der Freiheit Freudenfeuer."

„Ich seh' ihn noch: wie durch den Sturm
Zwischen den feur'gen Zungen
Mein stolzer Vater da vom Thurm
Sein Banner hat geschwungen."

„Und als es war entlaubt vom Brand,
Die Fahn' im Wind zerflogen:
Den Schaft als Kreuz nun in der Hand
Theilt' er die Flammenwogen."

„Er sah so wunderbar auf mich,
Ich konnt' ihn nicht ermorden —
Da sank die Burg, er wandte sich
Und ist ein Pfaff geworden."

„Seitdem hör' ich in Träumen schwer
Von ferne Glocken gehen
Und seh' in rothem Feuermeer
Ein Kreuz allnächtlich stehen."

„Es sollen keine Glocken gehn,
Die Nächte zu verstören,
Kein Kreuz soll mehr auf Erden stehn,
Um Narren zu bethören!"

„Und dieses Kirchlein hier bewacht,
Sie sollen nicht Messe singen,
Wir reißen's nieder über Nacht,
Licht sei, wohin wir bringen!" —

Und als die Nacht schritt leis daher,
Der Hauptmann stand am Strande,
So still im Wald, so still das Meer,
Nur die Wachen riefen im Lande.

Im Wind die Glock' von selbst anschlug,
Da wollt' ein Hauch sich heben,
Wie unsichtbarer Engel Flug,
Die über's Wasser schweben.

Nun sieht er auch im Meere fern
Ein Lichtlein hell entglommen;
Er dacht', wie ist der schöne Stern
Dort in die Fluth gekommen?

Am Ufer aber durch die Nacht
In allen Felsenspalten
Regt sich's und schlüpft es leis und sacht,
Viel dunkle, schwanke Gestalten.

Nur manchmal von den Buchten her
Schallt Ruderschlag von Weitem,
Auf Barken lautlos in das Meer
Sie nach dem Stern hin gleiten.

Der wächst und breitet sich im Nah'n
Und streift mit Glanz die Wellen,
Es ist ein kleiner Fischerkahn,
Den Fackeln mild erhellen.

Und einsam auf des Schiffleins Rand
Ein Greis kommt hergezogen
In wunderbarem Meßgewand
Als wie der Hirt der Wogen.

Die Barken eine weite Rund'
Dort um den Hirten machen,
Der laut nun über'm Meeresgrund
Den Segen spricht im Nachen.

Da schwieg der Wind und rauscht' das
            Meer
So wunderbare Weise,
Und auf den Knieen lag ringsher
Die stille Gemeinde im Kreise.

Und als er das Kreuz hob in die Luft,
Hoch zwischen die Fackeln trat er —
Den Hauptmann schauert's im Herzens=
            grund,
Es war sein alter Vater.

Da taumelt' er und sank in's Gras,
Betend im stillen Grunde,
Und wie Felsenquellen im Frühling
            brach
Sein Herzblut aus allen Wunden.

Und als die Gesellen kommen zum
            Strand,
Einen todten Mann sie finden —
Voll Gram sie sprengen fort durch's Land,
Als jagt' sie der Tod in den Winden.

Die stürzten sich in den Krieg so weit,
Sie sind verweht und zerstoben,
Das Kirchlein aber steht noch heut'
Unter den Linden droben.

                  Eichendorff.

Der alte Müller.

Es wüthet der Sturm mit entsetzlicher Macht,
Die Windmühl' schwankt, das Gebälk' erkracht.
　　Hilf, Himmel, erbarme dich unser!

Der Meister ist nicht, der alte, zur Hand,
Er steht an der Felswand schwindlichem Rand.
　　Hilf, Himmel, erbarme dich unser!

Da steht er allein, mit dem Winde vertraut,
Und spricht mit den Lüften vernehmlich und laut.
　　Hilf, Himmel, erbarme dich unser!

Er schüttelt im Sturme sein weißes Haar,
Und was er da spricht, klingt sonderbar.
　　Hilf, Himmel, erbarme dich unser!

Willkommen, willkommen, großmächtiger Wind!
Was bringst du mir Neues, verkünd' es geschwind.
　　Hilf, Himmel, erbarme dich unser!

Du hast mich gewiegt, du hast mich genährt,
Du hast mich geliebt, du hast mich gelehrt, —
　　Hilf, Himmel, erbarme dich unser!

Du hast mir die Worte wohl hinterbracht,
Die Worte der Weisheit, von Thoren verlacht.
　　Hilf, Himmel, erbarme dich unser!

Ihr Thoren, ihr Thoren, die faßtet ihr nicht,
Die faßte der Wind auf, der gab mir Bericht.
　　Hilf, Himmel, erbarme dich unser!

Das Wort wird That, das Kind wird Mann,
Der Wind wird Sturm, wer zweifelt daran?
　　Hilf, Himmel, erbarme dich unser!

Willkommen, willkommen, großmächtiger Wind!
Und was du auch bringest, vollend' es geschwind.
　　Hilf, Himmel, erbarme dich unser!

Das Maaß ist voll, die Zeit ist aus;
Jetzt kommt das Gericht in Zerstörung und Graus.
　　Hilf, Himmel, erbarme dich unser!

Ein Wirbelwind faßt den Alten zumal
Und schleudert zerschmettert ihn tief in das Thal.
　　Hilf, Himmel, erbarme dich unser!

Zerschellt ist der Mühle zerbrechlicher Bau,
Und Wogen von Sand bedecken die Au'.
　　Hilf, Himmel, erbarme dich unser!

　　　　　　　　　　Chamisso.

Die Löwenbraut

Mit der Myrte geschmückt und dem Brautgeschmeid,
Des Wärters Tochter, die rosige Maid,
Tritt ein in den Zwinger des Löwen; er liegt
Der Herrin zu Füßen, vor der er sich schmiegt.

Der Gewaltige, wild und unbändig zuvor,
Schaut fromm und verständig zur Herrin empor;
Die Jungfrau zart und wonnereich,
Liebstreichelt ihn sanft und weinet zugleich:

„Wir waren in Tagen, die nicht mehr sind,
Gar treue Gespielen wie Kind und Kind,
Und hatten uns lieb, und hatten uns gern;
Die Tage der Kindheit, sie liegen uns fern.

Du schütteltest machtvoll, eh' wir's geglaubt,
Dein mähnen=umwogtes, königlich Haupt;
Ich wuchs heran, du siehst es, ich bin
Das Kind nicht mehr mit kindischem Sinn.

O wär' ich das Kind noch und bliebe bei dir,
Mein starkes, getreues, mein redliches Thier;
Ich aber muß folgen, sie thaten's mir an,
Hinaus in die Fremde dem fremden Mann.

Es fiel ihm ein, daß schön ich sei,
Ich wurde gefreiet, es ist nun vorbei; —
Der Kranz im Haare, mein guter Gesell,
Und nicht vor Thränen die Blicke mehr hell.

Verstehst du mich ganz? schau'st grimmig dazu;
Ich bin ja gefaßt, sei ruhig auch du;
Dort seh' ich ihn kommen, dem folgen ich muß.
So geb' ich denn, Freund, dir den letzten Kuß!"

Und wie ihn die Lippe des Mädchens berührt,
Da hat man den Zwinger erzittern gespürt;
Und wie er am Gitter den Jüngling erschaut,
Erfaßt Entsetzen die bangende Braut.

Er stellt an die Thür sich des Zwingers zur Wacht,
Er schwinget den Schweif, er brüllet mit Macht;
Sie flehend, gebietend und drohend begehrt
Hinaus; er im Zorn den Ausgang wehrt.

Und draußen erhebt sich verworren Geschrei,
Der Jüngling ruft: „bringt Waffen herbei;
Ich schieß' ihn nieder, ich treff' ihn gut!"
Auf brüllt der Gereizte, schäumend vor Wuth.

Die Unselige wagt's, sich der Thüre zu nah'n,
Da fällt er verwandelt die Herrin an;
Die schöne Gestalt, ein gräßlicher Raub,
Liegt blutig, zerrissen, entstellt in dem Staub.

Und wie er vergossen das theure Blut,
Er legt sich zur Leiche mit finsterem Muth,
Er liegt so versunken in Trauer und Schmerz,
Bis tödtlich die Kugel ihn trifft in das Herz.

Chamisso.

Treue Liebe.

Es schallten munt're Lieder
　Hell durch den Fichtenwald.
Es kam ein munt'rer Reiter
　Zum Försterhause bald.

Frau Muhme, guten Morgen,
　Wo bleibt die Liebste mein? —
Sie lieget, krank zum Sterben,
　Im obern Kämmerlein.

Er stieg in bittern Thränen
　Die Treppe wohl hinauf,
Er hemmte, vor der Thüre
　Der Liebsten, seinen Lauf.

Herein, herein, Geliebter,
　Zu schmerzlichem Besuch!
Die heim du holen wolltest,
　Deckt bald das Leichentuch.

Sie schläft in engem Sarge,
　D'rauf liegt der Myrtenkranz;
Du wirst nicht heim sie führen,
　Nicht bei Gesang und Tanz.

Sie werden fort mich tragen
　Und ließ mich scharren ein,
Du wirst mir Thränen weinen
　Und eine and're frei'n. --

Die du mich nie betrübet,
  Du meine Zier und Lust,
Wie hast du jetzt geschnitten
  Mir scharf in meine Brust!

D'rauf sahen zu einander
  Die Beiden ernst und mild,
Verschlungen ihre Hände,
  Ein schönes, bleiches Bild.

Da schied sie sanft hinüber,
  Er aber zog zur Stund'
Das Ringlein sich vom Finger
  Und steckt's in ihren Mund.

Ob er geweinet habe,
  Als solches ist gescheh'n? —
Ich selber floß in Thränen,
  Ich hab' es nicht geseh'n.

Es gräbt der Todtengräber
  Ein Grab, und noch ein Grab:
Er kommt an ihre Seite,
  Der ihr das Ringlein gab.

                      Chamisso.

Das Riesen-Spielzeug.

Burg Niedeck ist im Elſaß der Sage wohl bekannt,
Die Höhe, wo vor Zeiten die Burg der Rieſen ſtand;
Sie ſelbſt iſt nun verfallen, die Stätte wüſt und leer,
Du frageſt nach den Rieſen, du findeſt ſie nicht mehr.

Einſt kam das Rieſen-Fräulein aus jener Burg hervor,
Erging ſich ſonder Wartung und ſpielend vor dem Thor,
Und ſtieg hinab den Abhang bis in das Thal hinein,
Neugierig zu erkunden, wie's unten möchte ſein.

Mit wen'gen raschen Schritten durchkreuzte sie den Wald,
Erreichte gegen Haslach das Land der Menschen bald,
Und Städte dort und Dörfer und das bestellte Feld
Erschienen ihren Augen gar eine fremde Welt.

Wie jetzt zu ihren Füßen sie spähend niederschaut,
Bemerkt sie einen Bauer, der seinen Acker baut;
Es kriecht das kleine Wesen einher so sonderbar,
Es glitzert in der Sonne der Pflug so blank und klar.

Ei! artig Spielding! ruft sie, das nehm' ich mit nach Haus
Sie knieet nieder, spreitet behend ihr Tüchlein aus,
Und feget mit den Händen, was da sich alles regt,
Zu Haufen in das Tüchlein, das sie zusammen schlägt;

Und eilt mit freud'gen Sprüngen, man weiß, wie Kinder sind,
Zur Burg hinan und suchet den Vater auf geschwind:
Ei Vater, lieber Vater, ein Spielding wunderschön!
So Allerliebstes sah ich noch nie auf unsern Höh'n.

Der Alte saß am Tische und trank den kühlen Wein,
Er schaut sie an behaglich, er fragt das Töchterlein:
Was Zappeliches bringst du in deinem Tuch herbei?
Du hüpfest ja vor Freuden; laß sehen, was es sei.

Sie spreitet aus das Tüchlein und fängt behutsam an,
Den Bauer aufzustellen, den Pflug und das Gespann;
Wie alles auf dem Tische sie zierlich aufgebaut,
So klatscht sie in die Hände und springt und jubelt laut.

Der Alte wird gar ernsthaft und wiegt sein Haupt und spricht:
Was hast du angerichtet? das ist kein Spielzeug nicht!
Wo du es hergenommen, da trag' es wieder hin,
Der Bauer ist kein Spielzeug, was kommt dir in den Sinn!

Sollst gleich und ohne Murren erfüllen mein Gebot;
Denn, wäre nicht der Bauer, so hättest du kein Brot;
Es sprießt der Stamm der Riesen aus Bauernmark hervor,
Der Bauer ist kein Spielzeug, da sei uns Gott davor!

Burg Niedeck ist im Elsaß der Sage wohl bekannt,
Die Höhe, wo vor Zeiten die Burg der Riesen stand,
Sie selbst ist nun verfallen, die Stätte wüst und leer,
Und fragst du nach den Riesen, du findest sie nicht mehr.

Chamisso.

Der Waldmann.

Der Wand'rer eilt das Thal hinauf,
Er steigert fast den Schritt zum Lauf,
Der Pfad ist steil, die Nacht bricht
ein,
Die Sonne sinkt in blut'gem Schein,
Die Nebel zieh'n um den Drachenstein.

Und wie er bald das Dorf erreicht,
Ein seltsam Bild vorüber schleicht,
Gespenstisch fast, unheimlicher Gast;
Drückt ihn annoch des Lebens Last?
Gewährt das Grab ihm keine Rast?

„Ihr friedlichen Leute, was zaget ihr,
Und kreuziget euch, und zittert schier?" —
Ob mir das Haar zu Berge steigt,
Ich sag's dir an, wenn Alles schweigt:
Es hat der Waldmann sich gezeigt.

„Der Waldmann?" — Ja. Du wirst
nicht bleich,
Du bist hier fremd, ich dacht' es gleich;
Ich bin ein achtzigjähr'ger Mann,
Und war ein Kind als sich's entspann,
Ich bin's, der Kunde geben kann.

Die Drachenburg stand dazumal
Stolz funkelnd noch im Sonnenstrahl;
Da lebte der Graf in Herrlichkeit,
Bei ihm, bewundert weit und breit,
Das junge Fräulein Adelheid.

Der Schreiber Waldmann, höflicher Art,
Trübsinnig, blaß und hochgelahrt,
Erfreute sich der Gunst des Herrn;
Er sah das Fräulein nur zu gern,
Und der Versucher blieb nicht fern.

Zu reden wie er, kein Andrer verstund;
Er webte fein mit falschem Mund
Das Netz, womit er sie umschlang;
Er sprach von Lieb', er sprach von Rang,
Von freier Wahl und hartem Zwang;

Von Gott und Christo nebenbei,
Und Sündenhaftes allerlei;
So hat er sie bestürmt, geplagt,
Gequält, umgarnt, sei's Gott geklagt,
Bis sie ihm Liebe zugesagt.

Spät ward's dem Vater hinterbracht,
Sein Zorn, sein Mitleid sind erwacht;
Sein Kind Erbarmen bei ihm fand,
Der falsche Schreiber ward verbannt
Bei Leibesstrafe von Burg und Land.

Schön Adelheid in Thränen zerfloß,
Der Waldmann aber irrt' um das Schloß;
Er kannt' nicht Ruh', er wußt' nicht Rath,
Er wüthete, brütete früh und spät,
Und sann auf schauerliche That.

Er sandt' ihr heimlich einen Brief,
Wovor es kalt sie überlief:

Zusammen sterben! hieß es darin,
Getrennt zu leben, bringt keinen Ge-
                              winn,
Nach einem Dolchstoß steht mein Sinn.

Du schleichst zu Nacht aus des Schlosses
                              Raum
Und stellst dich ein bei'm Kästenbaum;
Bestellt das Brautbett findest du,
Das Bett zur langen, langen Ruh',
Am Morgen deckt dein Vater uns zu.

Und wie in schwerem Fiebertraum
Zog's sie zu Nacht nach dem Kästen-
                              baum.
Ob da sie selbst den Tod begehrt,
Ob widerstrebt, ob sich gewehrt,
Die Nacht verbirgt's, kein Mensch es
                              erfährt.

Der Tag, wie er in Osten ergraut,
Hat erst das blut'ge Werk geschaut:
Er hat in der Geliebten Brust,
Die Liebe nur athmet und süße Lust,
Den Dolchstoß sicher zu führen gewußt.

Wie aber sie sank in seinen Arm,
Ihr Blut versprützte so roth und warm,
Da merkt' er erst, wie das Sterben
                              thut,
Da ward er feig, da sank sein Muth,
Da dünkt' es ihn zu leben gut.

Er hat die Leiche hingestreckt,
Und ist entfloh'n, und hat sich versteckt.
Es ward das Schreckniß offenbar,
Wie kaum die Arme verblichen war;
Der Vater zerraufte sein greises Haar.

Er hat dem Mörder grausig geflucht:
Dem Tod zu entkommen, der drohend
    ihn sucht;
Er hat das Grab der Tochter bestellt,
Er hat sich bald zu derselben gesellt;
Sein Stamm verdorrt, die Burg zer-
    fällt.

Der Waldmann dort bei den Gräbern
    haust,
Beim Kastenbaum, wann der Sturm
    erbraust,
Gespenstisch fast, unheimlicher Gast; —
Drückt ihn annoch des Lebens Last?
Gewährt das Grab ihm keine Rast?

Man weiß es nicht, doch wann er steigt
Hinab zu Thal, im Dorfe sich zeigt,
So folgt ihm Unheil auf dem Fuß;
Verderben bringt sein ferner Gruß,
Und wen er anhaucht, sterben muß.

Chamisso.

———•◆•———

KLEIN ROLAND

Klein Roland.

Frau Berta saß in der Felsenkluft,
Sie klagt ihr bittres Loos.
Klein Roland spielt' in freier Luft,
Deß Klage war nicht groß.

„O König Karl, mein Bruder hehr!
O, daß ich floh von dir!
Um Liebe ließ ich Pracht und Ehr',
Nun zürnst du schrecklich mir.

O Milon! mein Gemahl so süß!
Die Fluth verschlang mir dich.
Die ich um Liebe Alles ließ,
Nun läßt die Liebe mich.

Klein Roland, du mein theures Kind!
Nun Ehr' und Liebe mir!
Klein Roland, komm herein geschwind!
Mein Trost kommt all von dir.

Klein Roland, geh' zur Stadt hinab,
Zu bitten um Speis' und Trank,
Und wer dir giebt eine kleine Gab',
Dem wünsche Gottes Dank!"

Der König Karl zu Tafel saß
Im goldnen Rittersaal.
Die Diener liefen ohn' Unterlaß
Mit Schüssel und Pokal.

Von Flöten, Saitenspiel, Gesang
Ward jedes Herz erfreut,
Doch reichte nicht der helle Klang
Zu Berta's Einsamkeit.

Und draußen in des Hofes Kreis,
Da saßen der Bettler viel,
Die labten sich an Trank und Speis'
Mehr, als am Saitenspiel.

Der König schaut in ihr Geträng
Wohl durch die offne Thür,
Da drückt sich durch die dichte Meng'
Ein feiner Knab' herfür.

Des Knaben Kleid ist wunderbar,
Vierfarb zusammengestückt;
Doch weilt er nicht bei der Bettelschaar,
Herauf zum Saal er blickt.

Herein zum Saal klein Roland tritt,
Als wär's sein eigen Haus.
Er hebt eine Schüssel von Tisches Mitt'
Und trägt sie stumm hinaus.

Der König denkt: "was muß ich seh'n?
Das ist ein sondrer Brauch."
Doch weil er's ruhig läßt geschehn,
So lassen's die Andern auch.

Es stand nun an eine kleine Weil',
Klein Roland kehrt in den Saal.
Er tritt zum König hin mit Eil'
Und faßt seinen Goldpokal.

"Heida! halt an, du lecker Wicht!"
Der König ruft es laut.
Klein Roland läßt den Becher nicht
Zum König auf er schaut.

Der König erst gar finster sah,
Doch lachen mußt' er bald.
"Du trittst in die goldne Halle da
Wie in den grünen Wald.

Du nimmst die Schüssel von Königs Tisch
Wie man Aepfel bricht vom Baum;
Du holst wie aus dem Brunnen frisch
Meines rothen Weines Schaum."

"Die Bäurin schöpft aus dem Brunnen frisch,
Die bricht die Aepfel vom Baum;
Meiner Mutter ziemet Wildbrät und Fisch,
Ihr rothen Weines Schaum."

"Ist deine Mutter so edle Dam',
Wie du berühmst, mein Kind!
So hat sie wohl ein Schloß lustsam
Und stattlich Hofgesind?

Sag an! wer ist denn ihr Truchseß?
Sag an! wer ist ihr Schenk?"
"Meine rechte Hand ist ihr Truchseß,
Meine linke, die ist ihr Schenk."

"Sag an! wer ist ihr Wächter treu?"
"Mein' Augen blau allstund."
"Sag an! wer ist ihr Sänger frei?"
"Der ist mein rother Mund."

„Die Dam' hat wackre Diener, traun!
Doch liebt sie sondre Livrei,
Wie Regenbogen anzuschauen,
Mit Farben mancherlei."

„Ich hab' bezwungen der Knaben acht
Von jedem Viertel der Stadt,
Die haben mir als Zins gebracht
Vierfältig Tuch zur Wat."

„Die Dame hat, nach meinem Sinn,
Den besten Diener der Welt.
Sie ist wohl Bettlerkönigin,
Die offne Tafel hält.

So edle Dame darf nicht fern
Von meinem Hofe sein.
Wohl auf, drei Damen! auf, drei Herrn!
Führt sie zu mir herein!"

Klein Roland trägt den Becher flink
Hinaus zum Prunkgemach;
Drei Damen, auf des Königs Wink,
Drei Ritter folgen nach.

Es stund nur an eine kleine Weil',
Der König schaut in die Fern'.
Da kehren schon zurück mit Eil'
Die Damen und die Herrn.

Der König ruft mit einem Mal:
„Hilf, Himmel! seh' ich recht?
Ich hab' verspottet im offnen Saal
Mein eigenes Geschlecht.

Hilf, Himmel! Schwester Berta, bleich,
Im grauen Pilgergewand!
Hilf, Himmel! in meinem Prunksaal reich
Den Bettelstab in der Hand!"

Frau Berta fällt zu Füßen ihm,
Das bleiche Frauenbild.
Da regt sich plötzlich der alte Grimm,
Er blickt sie an so wild.

Frau Berta senkt die Augen schnell,
Kein Wort zu reden sich traut.
Klein Roland hebt die Augen hell,
Den Oehm begrüßt er laut.

Da spricht der König mit mildem Ton:
„Steh auf, du Schwester mein!
Um diesen deinen lieben Sohn
Soll dir verziehen sein."

Frau Berta hebt sich freudevoll:
„Lieb Bruder mein, wohlan!
Klein Roland dir vergelten soll,
Was du mir Guts gethan.

Soll werden seinem König gleich,
Ein hohes Heldenbild;
Soll führen die Farb' von manchem Reich
In seinem Banner und Schild.

Soll greifen in manches Königs Tisch
Mit seiner freien Hand;
Soll bringen zu Heil und Ehre frisch
Sein seufzend Mutterland."

Uhland.

Graf Eberstein.

Zu Speier im Saale, da hebt sich ein Klingen,
Mit Fackeln und Kerzen ein Tanzen und Springen.
    Graf Eberstein
    Führet den Reihn
Mit des Kaisers holdseligem Töchterlein.

Und als er sie schwingt nun im lustigen Reigen,
Da flüstert sie leise, sie kann's nicht verschweigen:
    „Graf Eberstein,
    Hüte dich fein!
Heut Nacht wird dein Schlößlein gefährdet sein."

Ei! denket der Graf, Euer kaiserlich Gnaden,
So habt ihr mich darum zum Tanze geladen!
    Er sucht sein Roß,
    Läßt seinen Troß
Und jagt nach seinem gefährdeten Schloß.

Um Ebersteins Veste da wimmelt's von Streitern,
Sie schleichen im Nebel mit Haken und Leitern.
    Graf Eberstein,
    Grüßet sie fein,
Er wirft sie vom Wall in die Gräben hinein.

Als nun der Herr Kaiser am Morgen gekommen,
Da meint er, es seie die Burg schon genommen,
    Doch auf dem Wall
    Da tanzen mit Schall
Der Graf und seine Gewappneten all.

„Herr Kaiser! beschleicht Ihr ein andermal Schlösser,
Thut's Noth, Ihr verstehet auf's Tanzen Euch besser,
    Euer Töchterlein
    Tanzet so fein,
Dem soll meine Veste geöffnet sein."

Im Schlosse des Grafen, da hebt sich ein Klingen,
Mit Fackeln und Kerzen ein Tanzen und Springen
    Graf Eberstein
    Führet den Reihn
Mit des Kaisers holdseligem Töchterlein.

Und als er sie schwingt nun im bräutlichen Reigen,
Da flüstert er leise, nicht kann er's verschweigen:
    „Schön Jungfräulein,
    Hüte dich fein,
Heut Nacht wird ein Schlößlein gefährdet sein."

Uhland.

Das Glück von Edenhall.

Von Edenhall der junge Lord
Läßt schmettern Festtrommetenschall,
Er hebt sich an des Tisches Bord
Und ruft in trunkner Gäste Schwall:
„Nun her mit dem Glücke von Edenhall!"

Der Schenk vernimmt ungern den Spruch,
Des Hauses ältester Vasall,
Nimmt zögernd aus dem seidnen Tuch
Das hohe Trinkglas von Krystall,
Sie nennen's: Das Glück von Edenhall.

Darauf der Lord: „Dem Glas zum Preis
Schenk' Rothen ein aus Portugal!"
Mit Händezittern gießt der Greis,
Und purpurn Licht wird überall,
Es strahlt aus dem Glücke von Edenhall.

Da spricht der Lord und schwingt's dabei:
„Dies Glas von leuchtendem Krystall
Gab meinem Ahn am Quell die Fey,
Drein schrieb sie: kommt dies Glas zu Fall,
Fahr wohl dann, o Glück von Edenhall.

Ein Kelchglas ward zum Loos mit Fug
Dem freud'gen Stamm von Edenhall;
Wir schlürfen gern in vollem Zug,
Wir läuten gern mit lautem Schall;
Stoßt an mit dem Glücke von Edenhall!"

Erst klingt es milde, tief und voll,
Gleich dem Gesang der Nachtigall,
Dann wie des Waldstroms laut Geroll,
Zuletzt ertönt wie Donnerhall
Das herrliche Glück von Edenhall.

„Zum Horte nimmt ein kühn Geschlecht
Sich den zerbrechlichen Krystall;
Es dauert länger schon, als recht,
Stoßt an! mit diesem kräft'gen Prall
Versuch' ich das Glück von Edenhall."

Und als das Trinkglas gellend springt,
Springt das Gewölb mit jähem Knall,
Und aus dem Riß die Flamme dringt;
Die Gäste sind zerstoben all
Mit dem brechenden Glück von Edenhall.

Einstürmt der Feind mit Brand und Mord,
Der in der Nacht erstieg den Wall,
Vom Schwerte fällt der junge Lord,
Hält in der Hand noch den Krystall,
Das zersprungene Glück von Edenhall.

Am Morgen irrt der Schenk allein,
Der Greis, in der zerstörten Hall',
Er sucht des Herrn verbrannt Gebein,
Er sucht im grausen Trümmerfall
Die Scherben des Glücks von Edenhall.

„Die Steinwand — spricht er — springt zu Stück,
Die hohe Säule muß zu Fall,
Glas ist der Erde Stolz und Glück,
In Splitter fällt der Erdenball
Einst gleich dem Glücke von Edenhall."

Uhland.

Junker Rechberger.

Rechberger war ein Junker keck,
Der Kaufleut' und der Wandrer Schreck;
In einer Kirche verlassen,
Da thät er die Nacht verpassen.

Und als es war nach Mitternacht,
Da hat er sich auf den Fang gemacht.
Ein Kaufzug, hat er vernommen,
Wird frühe vorüber kommen.

Sie waren geritten ein kleines Stück,
Da sprach er: „Reitknecht, reite zurück!
Die Handschuh· hab' ich vergessen
Auf der Bahre, da ich gesessen."

Der Reitknecht kam zurück so bleich:
„Die Handschuh hole der Teufel Euch!
Es sitzt ein Geist auf der Bahre;
Es starren mir noch die Haare.

Er hat die Handschuh angethan
Und schaut sie mit feurigen Augen an,
Er streicht sie wohl auf und nieder;
Es beben mir noch die Glieder."

Da ritt der Junker zurück im Flug,
Er mit dem Geiste sich tapfer schlug,
Er hat den Geist bezwungen,
Seine Handschuh wieder errungen.

Da sprach der Geist mit wilder Gier:
„Und läßt du sie nicht zu eigen mir,
So leihe mir auf ein Jährlein
Das schmucke, schmeidige Pärlein!"

„Ein Jährlein ich sie dir gerne leih',
So kann ich erproben des Teufels Treu.
Sie werden wohl nicht zerplatzen
An deinen dürren Tatzen."

Rechberger sprengte von dannen stolz,
Er streifte mit seinem Knecht im Holz.
Der Hahn hat ferne gerufen,
Da hören sie Pferdehufen.

Dem Junker hoch das Herze schlug,
Des Weges kam ein schwarzer Zug
Vermummter Rittersleute;
Der Junker wich auf die Seite.

Und hinten trabt noch einer daher,
Ein ledig Räpplein führet er,
Mit Sattel und Zeug staffiret,
Mit schwarzer Decke gezieret.

Rechberger ritt heran und frug:
„Sag an! wer sind die Herren vom Zug?
Sag an, traut lieber Knappe!
Wem gehört der ledige Rappe?"

„Dem treuesten Diener meines Herrn,
Rechberger nennt man ihn nah und fern.
Ein Jährlein, so ist er erschlagen,
Dann wird das Räpplein ihn tragen."

Der Schwarze ritt den andern nach,
Der Junker zu seinem Knechte sprach:
„Weh mir, vom Roß ich steige,
Es geht mit mir zur Neige.

Ist dir mein Rößlein nicht zu wild,
Und nicht zu schwer mein Degen und
                            Schild:
Nimm's hin dir zum Gewinnste,
Und brauch' es in Gottes Dienste!"

Rechberger in ein Kloster ging:
„Herr Abt, ich bin zum Mönch zu gering,
Doch möcht' ich in tiefer Reue
Dem Kloster dienen als Laie."

„Du bist gewesen ein Reitersmann,
Ich seh' es dir an den Sporen an,
So magst du der Pferde walten,
Die im Klosterstalle wir halten."

Am Tag, da selbiges Jahr sich schloß,
Da kaufte der Abt ein schwarz wild Roß,
Rechberger sollt' es zäumen,
Doch es that sich stellen und bäumen.

Es schlug den Junker mitten auf's Herz,
Daß er sank in bitterem Todesschmerz.
Es ist im Walde verschwunden,
Man hat's nicht wieder gefunden.

Um Mitternacht, an Junkers Grab,
Da stieg ein schwarzer Reitknecht ab,
Einem Rappen hält er die Stangen,
Reithandschuh am Sattel hangen.

Rechberger stieg aus dem Grab herauf,
Er nahm die Handschuh vom Sattelknauf,
Er schwang sich in Sattels Mitte,
Der Grabstein diente zum Tritte.

Dies Lied ist Junkern zur Lehr' gemacht:
Daß sie geben auf ihre Handschuh Acht,
Und daß sie fein bleiben lassen,
In der Nacht am Wege zu passen.

                              Uhland.

Abschied.

Was klinget und singet die Straß' herauf?
Ihr Jungfern, machet die Fenster auf!
Es ziehet der Bursch in die Weite,
Sie geben ihm das Geleite.

Wohl jauchzen die Andern und schwingen die Hüt',
Viel Bänder darauf und viel edle Blüth'.
Doch dem Burschen gefällt nicht die Sitte,
Geht still und bleich in der Mitte.

Wohl klingen die Kannen, wohl funkelt der Wein:
„Trink aus und trink wieder, lieb Bruder mein!" –
„Mit dem Abschiedsweine nur fliehet,
„Der da innen mir brennet und glühet!"

Und draußen am allerletzten Haus,
Da gucket ein Mägdlein zum Fenster heraus,
Sie möcht' ihre Thränen verdecken
Mit Gelbveiglein und Rosenstöcken.

Und draußen am allerletzten Haus,
Da schlägt der Bursche die Augen auf,
Und schlägt sie nieder mit Schmerze
Und leget die Hand auf's Herze.

„Herr Bruder! und hast du noch keinen Strauß,
Dort winken und wanken viel Blumen heraus.
Wohlauf, du Schönste von Allen,
Laß ein Sträußlein herunter fallen!"

„Ihr Brüder, was sollte das Sträußlein mir?
Ich hab' ja kein liebes Liebchen, wie ihr.
An der Sonne würd' es vergehen,
Der Wind, der würd' es verwehen."

Und weiter, ja weiter mit Sang und Klang;
Und das Mägdlein lauschet und horchet noch lang.
„O weh! er ziehet, der Knabe,
Den ich stille geliebet habe.

Da steh' ich, ach! mit der Liebe mein,
Mit Rosen und mit Gelbveigelein!
Dem ich alles gäbe so gerne,
Der ist nun in der Ferne."

Uhland.

Das Schloß am Meere.

Hast du das Schloß gesehen,
Das hohe Schloß am Meer?
Golden und rosig wehen
Die Wolken drüber her.

Es möchte sich niederneigen
In die spiegelklare Fluth:
Es möchte streben und steigen
In der Abendwolken Gluth.

„Wohl hab' ich es gesehen,
Das hohe Schloß am Meer,
Und den Mond darüber stehen,
Und Nebel weit umher.".

Der Wind und des Meeres Wallen,
Gaben sie frischen Klang?
Vernahmst du aus den Hallen
Saiten und Festgesang?

„Die Winde, die Wogen alle
Lagen in tiefer Ruh,
Einem Klaglied aus der Halle
Hört' ich mit Thränen zu.“

Sahest du oben gehen
Den König und sein Gemahl?
Der rothen Mäntel Wehen,
Der goldnen Kronen Strahl?

Führten sie nicht mit Wonne
Eine schöne Jungfrau dar,
Herrlich wie eine Sonne,
Strahlend im goldnen Haar?

„Wohl sah ich die Eltern beide,
Ohne der Kronen Licht,
Im schwarzen Trauerkleide;
Die Jungfrau sah ich nicht.“

Uhland.

versunken und vergessen das ist

Des Sängers Fluch.

Des Sängers Fluch.

Es stand in alten Zeiten ein
Schloß, so hoch und hehr,
Weit glänzt es über die Lande
bis an das blaue Meer,
Und rings von duft'gen Gärten
ein blüthenreicher Kranz,
Drin sprangen frische Brunnen
im Regenbogenglanz.

Dort saß ein stolzer König, an Land und Siegen reich,
Er saß auf seinem Throne so finster und so bleich;
Denn was er sinnt, ist Schrecken, und was er blickt, ist Wuth,
Und was er spricht, ist Geißel, und was er schreibt, ist Blut.

Einst zog nach diesem Schlosse ein edles Sängerpaar,
Der Ein' in goldnen Locken, der Andre grau von Haar;
Der Alte mit der Harfe, er saß auf schmuckem Roß,
Es schritt ihm frisch zur Seite der blühende Genoß.

Der Alte sprach zum Jungen: „Nun sei bereit, mein Sohn!
Denk' unsrer tiefsten Lieder, stimm' an den vollsten Ton,
Nimm alle Kraft zusammen, die Lust und auch den Schmerz!
Es gilt uns heut, zu rühren des Königs steinern Herz."

Schon stehn die beiden Sänger im hohen Säulensaal,
Und auf dem Throne sitzen der König und sein Gemahl;
Der König, furchtbar prächtig, wie blut'ger Nordlichtschein,
Die Königin, süß und milde, als blickte Vollmond drein.

Da schlug der Greis die Saiten, er schlug sie wundervoll,
Daß reicher, immer reicher der Klang zum Ohre schwoll.
Dann strömte himmlisch helle des Jünglings Stimme vor,
Des Alten Sang dazwischen, wie dumpfer Geisterchor.

Sie singen von Lenz und Liebe, von sel'ger goldner Zeit,
Von Freiheit, Männerwürde, von Treu und Heiligkeit.
Sie singen von allem Süßen, was Menschenbrust durchbebt,
Sie singen von allem Hohen, was Menschenherz erhebt.

Die Höflingsschaar im Kreise verlernet jeden Spott,
Des Königs trotz'ge Krieger, sie beugen sich vor Gott.
Die Königin, zerflossen in Wehmuth und in Lust,
Sie wirft den Sängern nieder die Rose von ihrer Brust.

„Ihr habt mein Volk verführet, verlockt ihr nun mein Weib?"
Der König schreit es wüthend, er bebt am ganzen Leib,
Er wirft sein Schwert, das blitzend des Jünglings Brust durchdringt,
Draus, statt der goldnen Lieder, ein Blutstrahl hochauf springt.

Und wie vom Sturm zerstoben ist all der Hörer Schwarm,
Der Jüngling hat verröchelt in seines Meisters Arm,
Der schlägt um ihn den Mantel und setzt ihn auf das Roß,
Er bindet ihn aufrecht feste, verläßt mit ihm das Schloß.

Doch vor dem hohen Thore, da hält der Sängergreis,
Da faßt er seine Harfe, sie, aller Harfen Preis,
An einer Marmorsäule, da hat er sie zerschellt,
Dann ruft er, daß es schaurig durch Schloß und Garten gellt:

„Weh euch, ihr stolzen Hallen! nie töne süßer Klang
Durch eure Räume wieder, nie Saite noch Gesang,
Nein! Seufzer nur und Stöhnen und scheuer Sklavenschritt,
Bis euch zu Schutt und Moder der Rachegeist zertritt!

Weh euch, ihr duft'gen Gärten im holden Maienlicht!
Euch zeig' ich dieses Todten entstelltes Angesicht,
Daß ihr darob verdorret, daß jeder Quell versiegt,
Daß ihr in künft'gen Tagen versteint, verödet liegt.

Weh dir, verruchter Mörder! du Fluch des Sängerthums!
Umsonst sei all dein Ringen nach Kränzen blut'gen Ruhms,
Dein Name sei vergessen, in ew'ge Nacht getaucht,
Sei, wie ein letztes Röcheln, in leere Luft verhaucht!"

Der Alte hat's gerufen, der Himmel hat's gehört,
Die Mauern liegen nieder, die Hallen sind zerstört,
Noch Eine hohe Säule zeugt von verschwundner Pracht,
Auch diese, schon geborsten, kann stürzen über Nacht.

Und rings, statt duft'ger Gärten, ein ödes Haideland,
Kein Baum verstreuet Schatten, kein Quell durchdringt den Sand,
Des Königs Namen meldet kein Lied, kein Heldenbuch;
Versunken und vergessen! das ist des Sängers Fluch.

Uhland.

Der Rosenkranz.

In des Maies hellen Tagen,
In der Aue Blumenglanz,
Edle Knappen fechten, jagen
Um den werthen Rosenkranz.
Wollen nicht mit leichtem Finger
Blumen pflücken auf dem Plan,
Wollen sie, als wackre Ringer,
Aus der Jungfrau Hand empfahn.

In der Laube sitzt die Stille,
Die mit Staunen jeder sieht,
Die in solcher Jugendfülle
Heut zum Erstenmale blüht.

Volle Rosenzweig' umwanken,
Als ein Schattenhut, ihr Haupt;
Reben mit den Blüthenranken
Halten ihren Leib umlaubt.

Sieh! im Eisenkleid ein Reiter
Zieht auf krankem Roß daher,
Senkt die Lanz', als müder Streiter,
Neigt das Haupt, wie schlummerschwer.
Dürre Wangen, graue Locken;
Seiner Hand entfiel der Zaum.
Plötzlich fährt er auf, erschrocken,
Wie erwacht aus einem Traum.

„Seid gegrüßt auf diesen Auen,
Schönste Jungfrau, edle Herrn!
Dürfet nicht ob mir ergrauen,
Eure Spiele schau' ich gern.
Gerne möcht' ich für mein Leben
Mit euch brechen einen Speer,
Aber meine Arme beben,
Meine Kniee wanken sehr.

Kenne solche Zeitvertreibe,
Bin bei Lanz' und Schwert ergraut,
Panzer liegt mir noch am Leibe,
Wie dem Drachen seine Haut.
Auf dem Lande Kampf und Wunden,
Auf dem Meere Wog' und Sturm,
Ruhe hab' ich nie gefunden,
Als ein Jahr im finstern Thurm.

Weh! verlorne Tag' und Nächte!
Minne hat mich nie beglückt;
Nie hat dich, du rauhe Rechte!
Weiche Frauenhand gedrückt.
Denn noch war dem Erdenthale
Jene Blumenjungfrau fern,
Die mir heut zum Erstenmale
Aufgeht, als ein neuer Stern.

Wehe! könnt ich mich verjüngen!
Lernen wollt' ich Saitenkunst,
Minnelieder wollt' ich singen,
Werbend um der Süßen Gunst.
In des Maies holden Tagen,
In der Aue Blumenglanz,
Wollt' ich freudig fechten, jagen
Um den werthen Rosenkranz.

Weh! zu früh bin ich geboren!
Erst beginnt die goldne Zeit.
Zorn und Neid hat sich verloren,
Frühling ewig ist erneut.
Sie, in ihrer Rosenlaube,
Wird des Reiches Herrin sein.
Ich muß hin zu Nacht und Staube,
Auf mich fällt der Leichenstein!"

Als der Alte dies gesprochen,
Er die bleichen Lippen schloß.
Seine Augen sind gebrochen,
Sinken will er von dem Roß.
Doch die edeln Knappen eilen,
Legen ihn in's Grüne hin;
Ach! kein Balsam kann ihn heilen,
Keine Stimme wecket ihn.

Und die Jungfrau niedersteiget
Aus der Blumenlaube Glanz;
Traurig sich zum Greise neiget,
Setzt ihm auf den Rosenkranz!
„Sei des Maienfestes König!
Keiner hat, was du, gethan.
Ob es gleich dir frommet wenig,
Blumenkranz dem todten Mann."

Uhland.

Der schwarze Ritter

Pfingsten war, das Fest der Freude,
Das da feiern Wald und Haide.
Hub der König an zu sprechen:
„Auch aus den Hallen
Der alten Hofburg allen
Soll ein reicher Frühling brechen!"

Trommeln und Trompeten schallen,
Rothe Fahnen festlich wallen.
Sah der König vom Balkone;
In Lanzenspielen
Die Ritter alle fielen
Vor des Königs starkem Sohne.

Aber vor des Kampfes Gitter
Ritt zuletzt ein schwarzer Ritter.
„Herr! wie ist Eu'r Nam' und Zeichen?"—
„Würd' ich es sagen,
Ihr möchtet zittern und zagen:
Bin ein Fürst von großen Reichen."

Als er in die Bahn gezogen,
Dunkel ward des Himmels Bogen
Und das Schloß begann zu beben.
Bei'm ersten Stoße
Der Jüngling sant vom Rosse,
Konnte kaum sich wieder heben.

Pfeif' und Geige ruft zu Tänzen,
Fackeln durch die Säle glänzen;
Wankt ein großer Schatten drinnen.
Er thät mit Sitten
Des Königs Tochter bitten,
Thät den Tanz mit ihr beginnen.

Tanzt im schwarzen Kleid von Eisen,
Tanzet schauerliche Weisen,
Schlingt sich kalt um ihre Glieder.
Von Brust und Haaren
Entfallen ihr die klaren
Blümlein welk zur Erde nieder.

Und zur reichen Tafel kamen
Alle Ritter, alle Damen.
Zwischen Sohn und Tochter innen
Mit bangem Muthe
Der alte König ruhte,
Sah sie an mit stillem Sinnen.

Bleich die Kinder beide schienen,
Bot der Gast den Becher ihnen:
„Goldner Wein macht euch genesen."
Die Kinder tranken,
Sie thäten höflich danken:
„Kühl ist dieser Trank gewesen."

An des Vaters Brust sich schlangen
Sohn und Tochter; ihre Wangen
Thäten völlig sich entfärben;
Wohin der graue,
Erschrockne Vater schaue,
Sieht er eins der Kinder sterben.

„Weh! die holden Kinder beide
Nahmst du hin in Jugendfreude:
Nimm auch mich, den Freudelosen!"
Da sprach der Grimme
Mit hohler, dumpfer Stimme:
„Greis! im Frühling brech' ich Rosen."

Uhland.

Der Waller.

Auf Galliziens Felsenstrande
Ragt ein heil'ger Gnadenort,
Wo die reine Gottesmutter
Spendet ihres Segens Hort.
Dem Verirrten in der Wildniß
Glänzt ein goldner Leitstern dort,
Dem Verstürmten auf dem Meere
Oeffnet sich ein stiller Port.

Rührt sich dort die Abendglocke,
Hallt es weit die Gegend nach;
In den Städten, in den Klöstern
Werden alle Glocken wach.
Und es schweigt die Meereswoge,
Die noch kaum sich tobend brach,
Und der Schiffer kniet am Ruder,
Bis er leis sein Ave sprach.

An dem Tage, da man feiert
Der Gepriesnen Himmelfahrt,
Wo der Sohn, den sie geboren,
Sich als Gott ihr offenbart,
Da, in ihrem Heiligthume,
Wirkt sie Wunder mancher Art;
Wo sie sonst im Bilde nur wohnet
Fühlt man ihre Gegenwart.

Bunte Kreuzesfahnen ziehen
Durch die Felder ihre Bahn,
Mit bemalten Wimpeln grüßet
Jedes Schiff und jeder Kahn.
Auf dem Felsenpfade klimmen
Waller, festlich angethan;
Eine volle Himmelsleiter,
Steigt der schroffe Berg hinan.

Doch den heitern Pilgern folgen
Andre, baarfuß und bestaubt,
Angethan mit härnen Hemden,
Asche tragend auf dem Haupt;
Solche sind's, die der Gemeinschaft
Frommer Christen sind beraubt,
Denen nur am Thor der Kirche
Hinzuknieen ist erlaubt.

Und nach Allen keuchet Einer,
Dessen Auge trostlos irrt,
Den die Haare wild umflattern,
Dem ein langer Bart sich wirrt;
Einen Reif von rost'gem Eisen
Trägt er um den Leib geschirrt,
Ketten auch um Arm und Beine,
Daß ihm jeder Tritt erklirrt.

Weil erschlagen er den Bruder
Einst in seines Zornes Hast,
Ließ er aus dem Schwerte schmieden
Jenen Ring, der ihn umfaßt.
Fern vom Herde, fern vom Hofe,
Wandert er und will nicht Rast,
Bis ein himmlisch Gnadenwunder
Sprenget seine Kettenlast.

Trüg' er Sohlen auch von Eisen,
Wie er wallet ohne Schuh,
Lange hätt' er sie zertreten,
Und noch ward ihm nirgend Ruh.
Nimmer findet er den Heil'gen,
Der an ihm ein Wunder thu';
Alle Gnadenbilder sucht er,
Keines winkt ihm Frieden zu.

Als nun der den Fels erstiegen,
Und sich an der Pforte neigt,
Tönet schon das Abendläuten,
Dem die Menge betend schweigt.
Nicht betritt sein Fuß die Hallen,
Drin der Jungfrau Bild sich zeigt.
Farbenhell im Strahl der Sonne,
Die zum Meere niedersteigt.

Welche Gluth ist ausgegossen
Ueber Wolken, Meer und Flur;
Blieb der goldne Himmel offen,
Als empor die Heil'ge fuhr?
Blüht noch auf den Rosenwolken
Ihres Fußes lichte Spur?
Schaut die Reine selbst hernieder
Aus dem glänzenten Azur?

Alle Pilger gehn getröstet,
Nur der Eine rührt sich nicht,
Liegt noch immer an der Schwelle
Mit dem bleichen Angesicht.
Fest noch schlingt um Leib und Glieder
Sich der Fesseln schwer Gewicht;
Aber frei ist schon die Seele,
Schwebet in dem Meer von Licht.

Uhland.

Merlin der Wilde.

Du senkest, Freund, mir dieter   Ob einem alten Buche
Voll frischer Waldeslust.   Bring' ich die Stunden hin,
Du regtest gerne wieder   Doch fürchte nicht, ich suche
Auch mir die Dichterbrust.   Mir trockne Blüthen drin!
Du zeigst in schatt'ger Halde   Durch seine Zeilen windet
Mir den beschilften See,   Ein grüner Pfad sich weit
Du lockest aus dem Walde   In's Feld hinaus und schwindet
Zum Bad ein scheues Reh.   In Waldeseinsamkeit.

Da sitzt Merlin der Wilde
Am See, auf moos'gem Stein,
Und starrt nach seinem Bilde
Im dunkeln Widerschein.
Er sieht, wie er gealtet
Im trüben Weltgewühl;
Hier, in der Wildniß, waltet
Ihm neuer Kraft Gefühl.

Vom Grün, das um ihn thauet,
Ist ihm der Blick gestärkt,
Daß er Vergangnes schauet
Und Künftiges ermerkt.
Der Wald, in nächt'ger Stunde,
Hat um sein Ohr gerauscht,
Daß es in seinem Grunde
Den Geist der Welt erlauscht.

Das Wild, das um ihn weilet,
Dem stillen Gaste zahm,
Es schrickt empor, enteilet,
Weil es ein Horn vernahm.
Vom raschen Jägertrosse
Wird er hinweggeführt,
Fern zu des Königs Schlosse,
Der längst nach ihm gespürt.

„Gesegnet sei der Morgen,
Der dich in's Haus mir bringt,
Den Mann, der, uns verborgen,
Den Thieren Weisheit singt!
Wohl möchten wir erfahren,
Was jene Sprüche werth,
Die dich seit manchen Jahren
Der Waldesschatten lehrt.

Nicht um den Lauf der Sterne
Heb' ich zu fragen an,
Am Kleinen prüf' ich gerne,
Wie es um dich gethan.
Du kommst in dieser Frühe
Mir ein Gerufner her,
Du lösest ohne Mühe,
Wovon das Haupt mir schwer.

Dort, wo die Linden düstern,
Vernahm ich diese Nacht
Ein Plaudern und ein Flüstern,
Wie wenn die Liebe wacht.
Die Stimmen zu erkunden,
Lauscht' ich herab vom Wall,
Doch wähnt' ich sie gefunden,
So schlug die Nachtigall.

Nun frag' ich dich, o Meister,
Wer bei den Linden war?
Dir machen ja die Geister
Geheimes offenbar,
Dir singt's der Vögel Kehle,
Die Blätter säuseln's dir;
Sprich ohne Scheu, verhehle
Nichts, was du schauest, mir."

Der König steht umgeben
Von seinem Hofgesind,
Zu Morgen grüßt ihn eben
Sein rosenblühend Kind.
Merlin, der unerschrocken
Den Kreis gemustert hat,
Nimmt aus der Jungfrau Locken
Ein zartes Lindenblatt.

„Laß mich dies Blatt dir reichen,
Lies, Herr, was es dir sagt!
Wem nicht an solchem Zeichen
Genug, der sei befragt:
Ob er in Königshallen
Je Blätter regnen sah?
Wo Lindenblätter fallen,
Da ist die Linde nah.

Du hast, o Herr, am Kleinen
Mein Wissen heut erprobt,
Mög' es dir so erscheinen,
Daß man es billig lobt!
Löst' ich aus e i n e m Laube
Dein Räthsel dir so bald,
Viel größre löst, das glaube!
Der dichtbelaubte Wald."

Der König steht und schweiget,
Die Tochter glüht vor Scham.
Der stolze Seher steiget
Hinab, von wo er kam.
Ein Hirsch, den wohl er kennet,
Harrt vor der Brücke sein,
Und nimmt ihn auf und rennet
Durch Feld und Strom waldein.

Versunken lag im Moose
Merlin, doch tönte lang
Aus einer Waldkluft Schooße
Noch seiner Stimme Klang.
Auch dort ist längst nun Friede;
Ich aber zweifle nicht,
Daß, Freund, aus deinem Liede
Merlin der Wilde spricht.

Uhland.

Siegfrieds Schwert.

Jung Siegfried war ein stolzer Knab',
Ging von des Vaters Burg herab.

Wollt' rasten nicht in Vaters Haus,
Wollt' wandern in alle Welt hinaus.

Begegnet' ihm manch Ritter werth
Mit festem Schild und breitem Schwert.

Siegfried nur einen Stecken trug,
Das war ihm bitter und leid genug.

Und als er ging im finstern Wald,
Kam er zu einer Schmiede bald.

Da sah er Eisen und Stahl genug,
Ein lustig Feuer Flammen schlug.

„O Meister, liebster Meister mein!
Laß du mich deinen Gesellen sein!

Und lehr' du mich mit Fleiß und Acht,
Wie man die guten Schwerter macht!"

Siegfried den Hammer wohl schwingen kunnt,
Er schlug den Amboß in den Grund.

Er schlug, daß weit der Wald erklang
Und alles Eisen in Stücken sprang.

Und von der letzten Eisenstang'
Macht' er ein Schwert, so breit und lang.

„Nun hab' ich geschmiedet ein gutes Schwert,
Nun bin ich wie andre Ritter werth.

Nun schlag' ich wie ein andrer Held
Die Riesen und Drachen in Wald und Feld."

                                        Uhland.

Der junge König und die Schäferin.

I.

In dieser Maienwonne,
Hier auf dem grünen Plan,
Hier unter der goldnen Sonne
Was heb' ich zu singen an?

Wohl blaue Wellen gleiten,
Wohl goldne Wolken ziehn,
Wohl schmucke Reiter reiten
Das Wiesenthal dahin.

Wohl lichte Bäume wehen,
Wohl klare Blumen blühn,
Wohl Schäferinnen stehen
Umher in Thalesgrün.

Herr Goldmar ritt mit Freuden
Vor seinem stolzen Zug,
Einen rothen Mantel seiden,
Eine goldne Kron' er trug.

Da sprang vom Roß geschwinde
Der König wohlgethan,
Er band es an eine Linde,
Ließ ziehn die Schaar voran.

Es war ein frischer Bronne
Dort in den Büschen kühl;
Da sangen die Böglein mit Wonne,
Der Blümlein glänzten viel.

Warum sie sangen so helle?
Warum sie glänzten so baß?
Weil an dem kühlen Quelle
Die schönste Schäferin saß.

Herr Goldmar geht durch Hecken,
Er rauschet durch das Grün;
Die Lämmer drob erschrecken,
Zur Schäferin sie fliehn.

"Willkommen, Gottwillkommen!
Du wunderschöne Maid!
Wärst du zu Schrecken gekommen,
Mir wär' es herzlich leid."

"Bin wahrlich nicht erblichen,
Als ich dir schwören mag;
Ich meint', es hab' durchstrichen
Ein loser Vogel den Hag."

"Ach! wolltest du mich erquicken
Aus deiner Flasche hier,
Ich würd' es in's Herz mir drücken
Als die größte Huld von dir."

"Meine Flasche magst du haben,
Doch Keinem mach' ich's schwer,
Will Jeden daraus laben,
Und wenn es ein König wär'."

Zu schöpfen sie sich bücket,
Aus der Flasch' ihn trinken läßt,
Gar zärtlich er sie anblicket,
Doch hält sie die Flasche fest.

Er spricht, von Lieb' bezwungen:
"Wie bist du so holder Art!
Als wärst du erst entsprungen
Mit den andern Blumen zart.

Und bist doch mit Würd' umfangen,
Und strahlest doch Adel aus,
Als wärest hervorgegangen,
Aus eines Königs Haus."

"Frag meinen Vater, den Schäfer:
Ob er ein König was,
Frag meine Mutter, die Schäfrin!
Ob sie auf dem Throne saß."

Seinen Mantel legt er der Holden
Um ihren Nacken klar,
Er setzet die Krone golden
In ihr nußbraunes Haar.

Gar stolz die Schäferin blicket,
Sie ruft mit hohem Schall:
"Ihr Blumen und Bäume, bücket,
Ihr Lämmer neigt euch all!"

Und als den Schmuck sie wieder
Ihm beut mit lachendem Mund,
Da wirft er die Krone nieder
In des Bronnens klaren Grund.

"Die Kron' ich dir vertraue,
Ein herzlich Liebespfand,
Bis ich dich wiederschaue
Nach manchem harten Stand.

Ein König liegt gebunden
Schon sechzehn lange Jahr',
Sein Land ist überwunden
Von böser Feinde Schaar.

Ich will sein Land erretten
Mit meinen Rittern traut,
Ich will ihm brechen die Ketten,
Daß er den Frühling schaut.

Ich ziehe zum ersten Kriege,
Mir werden die Tage schwül.

Sprich! laßt du mich nach dem Siege
Hier aus dem Bronnen kühl?"

„Ich will dir schöpfen und langen
Soviel der Bronnen vermag.
Auch sollst du die Kron' empfangen,
So blank, wie an diesem Tag."

Der erste Sang ist gesungen,
So folget gleich der letzt';
Ein Vogel hat sich geschwungen,
Laßt sehen, wo er sich setzt!

II.

Nun soll ich sagen und singen
Von Trommeten und Schwertertlang,
Und hör' doch Schalmeien klingen,
Und höre der Lerchen Gesang.

Nun soll ich singen und sagen
Von Leichen und von Tod,
Und seh' doch die Bäum' ausschlagen
Und sprießen die Blümlein roth.

Nur von Goldmar will ich melden,
Ihr hättet es nicht gedacht:
Er war der erste der Helden,
Wie bei Frauen, so in der Schlacht.

Er gewann die Burg im Sturme,
Steckt auf sein Siegspanier;
Da stieg aus tiefem Thurme
Der alte König herfür.

„O Sonn'! o ihr Berge drüben!
O Feld und o grüner Wald!
Wie seid ihr so jung geblieben,
Und ich bin worden so alt!"

Mit reichem Glanz und Schalle
Das Siegesfest begann;
Doch wer nicht saß in der Halle,
Das nicht beschreiben kann.

Und wär' ich auch gesessen
Dort in der Gäste Reih'n,
Doch hätt' ich das Andre vergessen,
Ob all dem edeln Wein.

Da thät zu Goldmar sprechen
Der königliche Greis:
„Ich geb' ein Lanzenbrechen,
Was setz' ich euch zum Preis?"

„Herr König, hochgeboren,
So setzet uns zum Preis,
Statt goldner Helm' und Sporen,
Einen Stab und ein Lämmlein weiß!"

Um was sonst Schäfer laufen
In die Wett' im Blumengefild,
Drum sah man die Ritterhaufen
Sich tummeln mit Lanz' und Schild.

Da warf die Ritter alle
Herr Goldmar in den Kreis;
Er empfing bei Trommetenschalle
Einen Stab und ein Lämmlein weiß.

Und wieder begann zu sprechen
Der königliche Greis:
„Ich geb' ein neues Stechen
Und setz' einen höhern Preis.

Wohl setz' ich euch zum Lohne
Nicht eitel Spiel und Tand,
Ich setz' euch meine Krone
Aus der schönsten Königin Hand."

Wie glühten da die Gäste
Beim hohen Trommetenschall,
Wollt' Jeder thun das Beste,
Herr Goldmar warf sie all.

Der König stand im Garten
Mit Frauen und mit Herrn,
Er ließ Herrn Goldmar laden,
Der Ritter Blum' und Stern!

Da kam der Held im Streite,
Den Schäferstab in der Hand,
Das Lämmlein weiß zur Seite,
An rosenrothem Band.

Der König sprach: „Ich lohne
Dir nicht mit Spiel und Tand,
Ich gebe dir meine Krone
Aus der schönsten Königin Hand."

Er sprach's und schlug zurücke
Den Schleier der Königin.
Herr Goldmar mit keinem Blicke
Wollt' sehen nach ihr hin.

„Keine Königin soll mich gewinnen
Und keiner Krone Strahl,
Ich trachte mit allen Sinnen
Nach der Schäferin im Thal.

Ich will zum Gruß ihr bieten
Das Lämmlein und den Stab.
So mög' euch Gott behüten!
Ich zieh' in's Thal hinab."

Da rief eine Stimme so helle,
Und ihm ward mit einem Mal,
Als sängen die Vögel am Quelle,
Als glänzten die Blumen im Thal.

Die Augen thät er heben,
Die Schäferin vor ihm stand,
Mit reichem Geschmeid' umgeben,
Die blanke Kron' in der Hand.

„Willkommen, du viel Schlimmer,
In meines Vaters Haus!
Sprich! willst du ziehn noch immer
In's grüne Thal hinaus?

So nimm doch zuvor die Krone,
Die du mir ließest zum Pfand!
Mit Wucher ich dir lohne,
Sie herrscht nun über zwei Land'."

Nicht länger blieben sie stehen
Das Eine vom Andern fern.
Was weiter nun geschehen,
Das wüßtet ihr wohl gern?

Und wollt' es ein Märchen wissen,
Dem thät' ich's plötzlich kund,
Dürft' ich sie umfahn und küssen
Auf den rosenrothen Mund.

Uhland.

Sanct Elsbeth

Zu Wartburg unterm Lindenbaum
Der junge Landgraf lag im Traum,
Es sangen Nachtigallen,
Der Mond zog durch den Himmel blau,
Der Landgraf sah die zärtste Frau
Ueber ferne Berge wallen.

Die Sonne kam, der Graf erwacht,
Ein Wanderer, zog er Tag und Nacht,
Den treuen Leu zur Seite.
Zu Ungarn unter einer Lind'
Sankt Elsbeth schlief, das fromme Kind,
Der Leue wollt' nicht weiter.

Geflohen aus dem Königssaal
War sie, ein Kind, in's stille Thal,
Mit Blumen aufgeblühet.

Der König sandte weit umher,
Sein Kind, das fand er nimmermehr,
So sehr er sich bemühet.

Der Mond zog durch den Himmel blau,
Der Graf erkannt' die zart' Jungfrau,
Es sangen Nachtigallen;
Der Leue auf den Rücken zahm
Gar gern die heil'ge Jungfrau nahm,
Sie zogen über Berg' und Thale.

Sie zogen in das deutsche Land,
Die Jungfrau trug ein weiß Gewand,
Trug Blümlein weiß im Haare;
Sie schlief nur unter grüner Lind',
Sie liebte recht als wie ein Kind
Blumen und Steinlein klare.

Der Landgraf ritt nie auf die Jagd,
Bevor er sie, die süße Magd,
Gütlich in Arm geschlossen;
Der Landgraf kehrte nie nach Haus
Bevor er einen seltnen Strauß
Dem seltnen Kind gebrochen.

Doch nie von ihrem Stand er sagt,
Er hieß sie nur: „die stille Magd,
Das Kind im weißen Kleide."
Er ließ sie unter der Linde grün
Bei andern schlichten Blumen blühn,
Eine Lilie auf der Haide.

Bald sie, die Magd im weißen Kleid,
Erregte der Hoffrauen Neid,
Die stolz einhergeschritten.
Herr Walther, Schenk von Varila,
Sprach, als er einst dem Grafen nah
Im stillen Wald geritten:

„Traut lieber Herr! so Ihr nicht grollt,
Bescheidentlich ich fragen wollt':
Ob Elsbeth hier verbleibe?
Still trägt die Magd manch herbes Leid,
Schwer drückt sie Eurer Schwester Neid,
Sie hassen all die Weiber."

Der Landgraf trank in hohem Muth
Sprach: „Siehst du in der Abendgluth
Golden die Burgen ragen?
Und bleiben Gold sie, bis in Grund,
Ich laß' sie stehen all zur Stund,
Eh' ich der Magd entsage."

Da glänzt es auf der Wartburg fern
Wie durch die Luft der Abendstern,
Sie sahen's purpurn wallen.

Die Wolken zogen freudig schnell,
Die Burgen standen wunderhell,
Trommeten hört' man schallen.

Sie sprengten durch den dunkeln Wald,
Auf Wartburg kamen sie gar bald,
Wohl unter die grüne Linde.
Licht stand in Kron' und Purpurgewand
Bei Rittern aus dem Ungarland
Elsbeth, das Königskinde.

Der König jüngst gestorben war,
Zwölf Edle von der Ritterschaar,
Die zogen in die Weite.
Zu Wartburg unter grüner Lind',
Da fanden sie ihr Königskind,
Den goldnen Leu zur Seite.

Sie hatten ihr in's gelbe Haar
Gesetzt zu Blumen die Krone klar,
Die Jungfrau ließ sich's gefallen.
Die Krone warf einen lichten Strahl
Zum Himmel, über Berg und Thal,
Es sangen Nachtigallen.

Der Mond auch trat aus blauer Fern',
Des Leuen Aug' war als ein Stern,
Gluthroth die Haar ihm schienen.
Der Landgraf zog sein glänzend Schwert,
Er schwur bei Sonne, Mond und Erd',
Ewig der Frau zu dienen.

Dann einen Spiegel, treu und rein,
Anzog er aus dem Busen sein:
„Er kömmt vom heil'gen Lande.
Gegraben ist in's Elfenbein
Die Marter des Erlösers mein,
Nimm ihn zum ew'gen Pfande!"

                    Just. Kerner.

Romanze vom Feuerreiter.

Sehet ihr am Fensterlein
Dort die rothe Mütze wieder?
Nicht geheuer muß es sein,
Denn er geht schon auf und nieder.
Und was für ein toll Gewühle
Plötzlich in den Gassen schwillt!
Horch! das Feuerglöcklein gellt:
   Hinter'm Berg,
   Hinter'm Berg
Brennt es in der Mühle!

Schaut! da sprengt er wüthend schier
Durch das Thor, der Feuerreiter,
Auf dem rippendürren Thier,
Als auf einer Feuerleiter!
Durch den Qualm und durch die Schwüle
Rennt er schon wie Windesbraut!
Aus der Stadt da ruft es laut:
   Hinter'm Berg,
   Hinter'm Berg
Brennt es in der Mühle!

Der so oft den rothen Hahn
Meilenweit von fern gerochen,
Mit des heil'gen Kreuzes Spahn
Freventlich die Gluth besprochen, —
Weh! dir grinst vom Dachgestühle
Dort der Feind im Höllenschein!
Gnade Gott der Seele dein —
  Hinter'm Berg,
  Hinter'm Berg
Rast er in der Mühle!

Keine Stunde hielt es an,
Bis die Mühle barst in Trümmer,
Doch den wilden Reitersmann
Sah man von der Stunde nimmer.
Volk und Wagen im Gewühle
Kehren heim von all' dem Graus;
Auch das Glöcklein klinget aus:
  Hinter'm Berg,
  Hinter'm Berg
Brennt's! —

Nach der Zeit ein Müller fand
Ein Gerippe sammt der Mützen
Aufrecht an der Kellerwand
Auf der beinern' Mähre sitzen:
Feuerreiter, wie so kühle
Reitest du in deinem Grab!
Husch! da fällt's in Asche ab.
  Seele, du
  Bist zur Ruh!
Droben rauscht die Mühle.

Mörike.

Des
Schloßküpers Geister
zu
Tübingen.

Beim Weine zu singen.

In's alten Schloßwirths Garten
Da klingt schon viele Jahr' kein Glas,
Kein Kegel fällt, keine Karten,
Wächst aber schön lang Gras.

Ich mutterseelalleine
Setzt' mich an einen langen Tisch;
Der Schloßwirth regt die Beine,
Vom rothen bringt er frisch.

Und läßt sich zu mir nieder;
Von alten Zeiten red't man viel,
Man seufzet hin und wieder;
Der Schöpplein wird kein Ziel.

Da nun der Tag gegangen,
Der Schloßwirth sagt kein Wörtlein mehr;
Neun Lichter thät er langen,
Neun Stühle setzt er her.

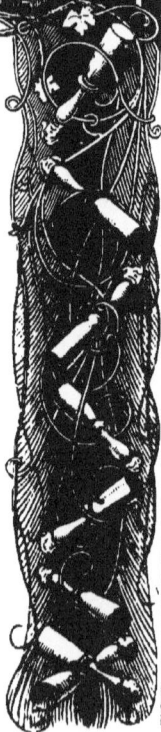

Als wie zum größten Feste
Auftischt er, daß die Tafel kracht:
Was kämen noch für Gäste?
Ist doch schier Mitternacht!

Der Narr, was kann er wollen?
Er macht sich an die Kugelbahn,
Läßt eine Kugel rollen,
Ein Höllenlärm geht an.

Es fahren gar behende
Acht Kegel hinter'm Brett herauf,
Schrei'n: Hagel und kein Ende!
Wer Teufel weckt uns auf?

Und waren acht Studiosen,
Wohl aus der Zopf- und Pudorzeit:
Rothe Röcklein, kurze Hosen,
Und ganz charmante Leut'.

Die sehen mit Ergötzen
Den edlen Karfunkelwein,
Gleich thäten sie sich setzen
Und zechen und juchhei'n.

Den Wirth erbaut das wenig;
Er sprach: Ihr Herren, wollt verzeihn:
Wo ist der Schoppenkönig?
Wann seid ihr denn zu Neun?

Ach Küper, lieber Küper!
Wie machest uns das Herze schwer!
Wohl fünfzig Jahr und drüber
Begraben lieget er.

Gott hab' den Herren selig,
Mit seiner rothen Habichtsnas'!
Regierete so fröhlich,
Kam Tags auf sieben Maß.

Einst that er uns bescheiden,
Sprach: Männiglich kennt mein Gebot:
Den Gerstensaft zu meiden;
Man büßet's mit dem Tod.

Mit ein paar lausigen Dichtern
Traf man beim sauren Bier euch an,
Versteht sich, nurelnüchtern,
Wohl auf der Kugelbahn.

Kommt also her, ihr Lümmel!
— Er zog sein' Zauberstab herfür —
Wir stürzten wie vom Himmel —
Acht Kegel waren wir!

Jetzt ging es an ein Hudeln,
Einen hölzern' König man uns gab,
Doch schoß man nichts wie Pudel,
Da schafften sie uns ab.

Nun dauert es nicht lange,
So zieht das Burschenvolk einmal
Auf's Schloß mit wildem Sange,
Zum König in den Saal:

Wir woll'n dich Lands verweisen,
So du nicht schwörest ab den Wein;
Viertönig sollt du heißen!
— Er aber saget: Nein;

Da habt ihr meine Krone!
An mir ist Hopfen und Malz verlor'n. —
So stieg er von dem Throne
In seinem edlen Zorn.

Für Kummer und für Grämen
Der Herre wurde krank und alt,
Zerfiele wie ein Schemen
Und holt der Tod ihn bald.

Mit Purpur ward gezieret
Sein Leichnam als ein König groß;
Ein tief Gewölb' man führet
Zu Tübingen im Schloß.

Vier schwarze Edelknaben
Sein' Becher trugen vor der Bahr';
Der ist mit ihm begraben,
War doch von Golde gar.

Damal ward prophezeihet,
Wenn nur erst hundert Jahr herum
Da würd' der Thron erneuet
Vom alten Königthum.

So müssen wir halt warten,
Bis daß die Zeit erfüllet was;
Und in des Schloßwirths Garten
Derweil wächst langes Gras.

Ach Küper, lieber Küper!
Jetzt geige du uns wieder heim!
Die Nacht ist schier vorüber:
Acht Kegel müssen wir sein.

Der Schloßwirth nimmt die Geigen
Und streicht ein Deo gloria,
Sie tanzen einen Reigen —
Und Keiner ist mehr da.

Mörike.

Schön-Rohtraut.

Wie heißt König Ringangs Töchterlein?
  Rohtraut, Schön-Rohtraut.
Was thut sie denn den ganzen Tag,
Da sie wohl nicht spinnen und nähen mag?
  Thut fischen und jagen.
O, daß ich doch ihr Jäger wär'!
Fischen und Jagen freute mich sehr.
  — Schweig' stille, mein Herze!

Und über eine kleine Weil',
   Rohtraut, Schön-Rohtraut,
So dient der Knab' auf Ringangs Schloß
In Jägertracht und hat ein Roß,
   Mit Rohtraut zu jagen.
O, daß ich doch ein Königssohn wär'!
Rohtraut, Schön-Rohtraut lieb' ich so sehr.
   — Schweig' stille, mein Herze!

Einstmal sie ruhten am Eichenbaum,
   Da lacht Schön-Rohtraut:
Was siehst mich an so wunniglich?
Wenn du das Herz hast, küsse mich!
   Ach! erschrak der Knabe!
Doch denket er: mir ist's vergunnt,
Und küsset Schön-Rohtraut auf den Mund.
   — Schweig' stille, mein Herze!

Darauf sie ritten schweigend heim,
   Rohtraut, Schön-Rohtraut;
Es jauchz't der Knab' in seinem Sinn:
Und würd'st du heute Kaiserin,
   Mich sollt's nicht kränken:
Ihr tausend Blätter im Walde wißt,
Ich hab' Schön-Rohtrauts Mund geküßt!
   — Schweig' stille, mein Herze!

                       Mörike.

Ida von Toggenburg.

I.

Lebt wo mit Lust und Einigkeit
Ein fromm und fröhlich Paar,
Das ist dem bösen Feinde leid
Und seiner höll'schen Schaar.

Sie schleichen um das heitre Haus,
Sie suchen sich einen Ort,
Und streuen ihren Samen aus,
Hier Sünd' und Jammer dort.

Des Toggenburgers Schloß steht hoch
Auf einem Felsen steil ---
Was will der schwarze Rabe doch?
Er bringt dem Haus kein Heil.

Er kreist und krächzet in der Luft:
Da wandelt aus dem Thor,
Zu athmen kühlen Morgenduft,
Des Schlosses Frau hervor.

Es ist des Grafen Ehegemahl
Frau Ida, fromm und rein;
Sie folgt der Sonne frühstem Strahl
Zum Brünnlein im Gestein.

Das Haar, das ihr die Stirn umflicht,
Ist golden wie das Korn,
Ihr Antlitz Schnee, ihr Auge Licht,
So tritt sie zu dem Born.

Sie löst des Haares Flechten auf,
Und badet sie im Quell;
Der schwarze Vogel hemmt den Lauf
Und schaut herunter hell.

Den Trauring sie vom Finger zog,
Sie wusch die zarte Hand;
Der Rabe sacht hernieder flog,
Er stahl das heil'ge Pfand.

Und schnell er in den Lüften war,
Eh' sie ihn noch geschaut.
Sie bindet auf das gelbe Haar,
Und sucht ihr Ringlein traut.

Im hohen Fels, im Moose dicht,
Sie sucht's im grünen Gras.
Sie tröstet sich: „Ich trug es nicht!
Wo ich es wohl vergaß?"

Der Rabe flog auf dunkler Schwing'
Hinein in's tiefe Holz;
Er saß, im Schnabel den goldnen Ring,
Auf einer Tanne stolz.

So späht der Dieb den Weg entlang,
Da schlendert durch den Wald
Mit jungem hellem Jagdgesang
Des Grafen Jäger bald.

Der Knab' ist so ein frisches Blut,
Ihm ist der Herr so hold;
Jetzt däucht's dem schwarzen Vogel gut,
Jetzt läßt er fallen das Gold.

Da sprüht es vor des Jägers Fuß,
Ein Funke Sonnenlicht;
Er hascht's, er hört des Krächzers Gruß
Vom hohen Wipfel nicht.

O Ringlein süß, o Glanz von Huld!
Es däucht ihm so bekannt;
Doch darf er's tragen ohne Schuld,
Er steckt es an die Hand.

„Das wird im Schloß ein Flüstern sein!"
Er fröhlich bei sich denkt,
„Der Jäger trägt einen Ring so fein,
Wer hat ihm den geschenkt?"

Der eitle Knabe kehret um,
Bethört vom goldnen Fund,
Da regt sich bei den Knappen stumm
Der Neid im Herzensgrund.

Und einer sinnt und einer späht,
Bis er zum Grafen spricht:
„Den Ring, den er am Finger dreht,
O Herr, seht ihr ihn nicht?

„Wenn nicht der eur' am Finger blitzt,
Ich meint', es wäre der!
Doch wahrlich, unsrer Herrin sitzt
Kein Ring am Finger mehr!"

Vor seines Schlosses Thor der Graf
Trat wild hinaus im Zorn;
Bald er den jungen Jäger traf,
Der saß am kühlen Born.

Mit seinem Ring er träumend lag,
Wo sonst die Herrin saß,
Dort wo der Rab' am frühen Tag
Ihn stahl im grünen Gras.

Der Graf rief auf den Jäger bald:
„Wie kamst zum Ringe du?"
Der sprach mit Schrecken: „Herr, im Wald
Warf ihn ein Rab' mir zu!"

„Wie dumm du leugst, du arger Knecht!
Vom Raben sagst du mir!
Die Raben sollen dir thun dein Recht,
Sie sollen zehren von dir!"

Drauf sendet einen von dem Troß
Er auf den Anger aus:
„Ein junges ungezähmtes Roß,
Das führet mir vor's Haus!"

Mit einem rabenschwarzen Pferd
Der Knappe kam heran,
Sein dunkler Schweif wallt bis zur Erd',
Er band den Jäger dran.

Nicht Flehen hört, noch Schwur sein
Zorn,
Er jagt das Roß hinab,
Das riß durch Felsenstein und Dorn
Den Knaben in's tiefe Grab.

Die Gräfin bleich am Fenster stand,
Schaut alles an entsetzt;
An des geschleiften Dieners Hand
Den Ring erblickt sie jetzt.

Auf schrie sie laut, da stand der Graf
Vor ihr, im Auge Mord;
„Geh," rief er, „schlafe den ew'gen Schlaf
Bei deinem Buhlen dort!

„Und treibst du mit der Treu' nicht Spott,
Und gabst ihm nicht den Ring:
Laß sehen, ob dich schützet Gott!
Das Pfand mir wiederbring!"

Er nahm sie um den Leib mit Macht,
Sein Blick so finster war,
Nicht sah er durch die dunkle Nacht
Ihr Aug' unschuldig klar.

Und wo im Zinken vor dem Schloß
Sich thürmt das Felsgestein,
Wo in den Abgrund fuhr das Roß,
Dort stürzt' er sie hinein.

II.

Und vor dem Grafen zitternd wich
Der bleichen Diener Schaar,
Es ließ kein Diener blicken sich;
Einöde ringsum war.

Da starrt' er nieder in die Gruft,
Wo Weib und Diener schlief,
Da schaut er wild empor zur Luft,
Wo heiser ein Rabe rief.

„Hinab, Gesell!" der Ritter spricht,
„Fort, halte deinen Schmauß!"
Doch schwebt der Vogel und weichet nicht
Von seinem Haupt und Haus.

„Hinaus zur Jagd, zum Zeitvertreib!"
So murret er bei sich;
„Den Buhlen und das falsche Weib
Verträum' ich sicherlich!

„Auf, Jäger, sattle mir mein Roß —
O weh, du Jäger mein!
Du kannst nicht kommen herauf in's
            Schloß,
Du liegst ja im Gestein!"

Er sucht sich selbst ein Roß im Stall:
Was stört da seinen Muth?
Sie dünken rabenschwarz ihm all
An jedem Schweif klebt Blut.

Jetzt weicht der Zorn von seiner Stirn,
Sein Auge senkt sich scheu,
Die Zweifel steigen auf im Hirn,
Im Herzen nagt ihm Reu.

Er trat hinaus zum Felsenstein,
Wo hell das Brünnlein floß,
Wo sanft die Frau ihr Antlitz rein,
Taucht in des Wassers Schooß.

Er warf sich vor dem Becken auf's
            Knie,
Er schaute sehnlich hinein,
Als müßte im klaren Spiegel sie
Voll Huld zu schauen sein.

Wohl sah er den Himmel tief und mild,
Blau wie ihr Augenlicht:
Doch trüber nur sein eigen Bild,
Sein gramvoll Angesicht.

Und weh', was sieht er Schwarzes fern,
Im Wasser tief, im Blauen?
Der Rabe läßt, ein dunkler Stern
Ob seinem Haupt sich schauen!

Er wächst und breitet über ihn
Die schwarzen Flügel aus;
Umsonst im Born die Sonne schien,
Aus löschet sie der Graus.

Da warf zu Boden ihn der Harm
Und deckt ihn lang' mit Nacht,
Bis er in seiner Diener Arm
Beweint, gepflegt, erwacht.

Denn als sie so ihn liegen sahn,
Und zehren an ihm die Qual,
Da kam das Mitleid erst sie an,
Sie trugen ihn in den Saal.

Und wie er auf die Augen schlug,
Däucht milder ihm sein Schmerz!
Vergessen ist des Raben Flug,
Zu hoffen wagt sein Herz.

Er hat geträumt von Waldeslust,
Vom Felsthal dicht umlaubt;
Als fänd' er — ist's ihm in der Brust —
Was er sich selbst geraubt.

Er rafft sich auf, genesen schier,
Ein Roß verlangt sein Muth;
Wohl ihm, daß schneeweiß ist das Thier,
Das Zeichen däucht ihm gut!

Er reitet aus im Morgenlicht;
Schaut bang zum Himmel empor;
Sein Auge sieht den Raben nicht,
Kein Krächzen hört sein Ohr.

Im dichten Walde hüpfet nur,
Das lust'ge Wild um ihn;
Doch ist der Graf auf andrer Spur;
Läßt Hirsch und Eber fliehn.

Wo keine Wohnung weit und breit,
Wo wandelt sonst kein Schritt,
Gedrückt in diese Einsamkeit
Ist doch ein Menschentritt.

Von zartem Frauenfuß gedrückt
In Blumen und grünes Kraut:
Die Hunde spüren ihm nach gebückt,
Sie schnuppern, sie bellen laut.

Und enger wird der Berge Schlund,
Und dichter wird der Wald,
In einen tiefen Felsengrund
Verirren sie sich bald.

Das Reh durchkreuzt mit schnellem Lauf
Den Weg mit seinem Kind,
Es flattern scheue Vögel auf,
Die Quellen stürzen geschwind.

Und tiefer steigen sie hinab,
Es denkt der Graf mit Schmerz:
„Fürwahr hier wär' ein friedlich Grab
Für ein gequältes Herz!"

Doch drunten in der schmalen Kluft
Aus schwarzem Felsenthor,
Umhaucht von feuchter Blumen Duft,
Was leuchtet dort hervor?

Es ist ein fromm, ein knieend Weib,
Sanct Magdalenen gleich;
Doch ohne Sünde strahlt ihr Leib,
Wie Engel im Himmelreich.

Sie weiß nicht, daß ein Mensch es hört,
Sie fleht zu Gottes Sohn:
„Bring', Herr, den Kelch, er ist geleert,
Vor deines Vaters Thron!

„Dein Arm, er trug mich durch's Gestein,
Führt hierher mich voll Huld;
Du sprachst: Hier lerne dem Feind ver-
		zeihn,
Und leiden ohne Schuld!

„Ich schwieg und litt, von bösem Groll
Hat nie mein Herz gewußt;
Ich bin der ewigen Liebe voll,
Leg' mich an deine Brust!"

Sie kniet, im Blick das ew'ge Heil,
Da stürzt der Graf in die Kluft,
So fällt, durchbohrt von des Jägers Pfeil,
Ein Aar aus hoher Luft.

Er liegt vor ihr; sein heilig Weib,
Nicht rühret er sie an,
Er fleht nur leis' und zitternd: „Bleib'!
O fleuch nicht himmelan!

„Zeuch wieder ein in's hohe Schloß!
Und bin ich dir nicht zu schlecht,
So laß mich dienen in deinem Troß,
Mach mich zu deinem Knecht!"

Da flossen ihre Thränen mild,
Da strahlt ihr Blick so warm;
Sie schwieg, und um das Engelsbild
Der Graf schlang seinen Arm:

„Und könntest du mich lieben noch,
Und wenn dein Herz vergaß," — —
Da krächzt' es in den Lüften hoch,
Da fiel ein Ring in's Gras.

Auf seiner Stirn lag ihre Hand,
Der Graf den Ring ergriff,
Will schmücken sie mit dem Liebespfand,
Da sprach sie und seufzte tief:

„O wehe, siehst du in der Luft
Den bösen Geber nicht?
Er kreist und späht, er krächzt und ruft,
Er will mich scheiden vom Licht!

„Von meinem Herrn und Bräutigam,
Dem ich bin angetraut,
Weg will er locken in Sünd' und Gram
Die reine Himmelsbraut."

Erschrocken stand sie auf und trat
In ihre Kluft mit Eil',
Und fern sie stand und sehnlich bat:
„O störe nicht mein Heil!"

Bald auch der Graf erhebet sich,
Und ferne bleibt er stehn:
„Was soll ich thun, o Herrin, sprich?
Dein Wille soll geschehn!

„Nur — kann's bestehn mit deinem
                                Glück —
Auf ewig nicht, nicht ganz
Verbanne mich aus deinem Blick,
Aus deinem reinen Glanz."

Sie lächelt selig, ja, sie will;
Es spricht ihr süßer Mund:
„Bau mir ein Kloster klein und still
Im kühlen Wiesengrund.

„Das schaue mit dem Fensterlein
Nach deinem Schloß empor,
Dort knie ich bei der Kerze Schein,
Mein Lied dringt in dein Ohr,

„Dort bet' ich für den armen Knecht,
Der ohne Schuld verdarb,
Dort fleh' ich, bis ich Gnad' um Recht
Auch dir bei Gott erwarb!

„Und wenn ich nicht mehr bet' und sing',
So steige zu mir herab,
Steck' an den Finger mir den Ring
Und lege mich in's Grab!"

                                Schwab.

Die drei Tellen.

Es schlafen die drei Telle
Im edlen Schweizerland,
In einer Felsenzelle,
Im Rütli an dem Strand,
Wo noch die Welle brauſet
Vom Vierwaldstätter=See;
Da ſchon ein halb Jahrtauſend
Sie ruhn in ſtiller Höh'.

Die alten Landesretter
Wer weckt sie aus der Nacht?
Es fahren böse Wetter
Wohl über's Land mit Macht,
Kaum stehn die Alpen wider
Und halten noch sich frei,
Und Zwietracht reiß't die Glieder
Der Bundeskett' entzwei.

Ein Sagen wird vernommen:
Wann nun die Zeit der Noth
Für's Vaterland gekommen,
Und es schier liegt am Tod,
Da gehn sie sonder Weilen
Hervor in ihrer Kraft,
Die Tellen, die drei Säulen
Der Eidgenossenschaft.

Ein's Tag's ein Hirtenknabe
Verirrt, ein frommes Kind,
Sich zu dem Felsengrabe,
Wo die drei Schläfer sind,
Da hat sich aufgerichtet
Der wahre alte Tell,
Das Angesicht gelichtet,
Die Augen frisch und hell.

Und welch' Zeit ist's auf Erden?
Hat er das Kind gefragt
Mit freundlichen Geberden;
Und als der Knabe sagt:
Hoch Mittag — spricht er wieder:
So ist es noch nicht Zeit!
Und legt sich schlafen nieder
Den andern zwei'n zur Seit'.

Das Kind läuft heim zur Hütte;
Erzählt die Mähr zur Stell',
Und was er sprach, der dritte,
Der eigentliche Tell.
Der Vater mit sein'n Gesellen
Fuhr aus um's Morgenroth,
Zu wecken die drei Tellen
Für's Vaterlandes Noth.

Doch wie sie manche Stunden
Auch suchten also sehr,
So haben sie gefunden
Die Höhle nimmermehr.
Es schlafen die drei Telle
Seitdem manch graues Jahr
In ihrer Felsenzelle
Noch immer — immerdar.

O schliefen solche Tellen
Für Deutschland irgendwo,
Ich sucht' mit mein'n Gesellen
Wohl Tag und Nacht also,
Bis ich die Höhle fände,
Und läg' sie unbekannt
Weit ab an der Welt Ende
Am allerletzten Strand.

Und wie Gewitter brausend
Erhöb' ich meine Stimm'
Im Jammer all' der Tausend,
Und all' der Tausend Grimm
Von meinen deutschen Brüdern,
Die Jahre lang schon schrein,
Und Niemand will's erwiedern
Und will ihr Helfer sein.

Das sollte ihn wohl wecken
Den alten deutschen Tell,
Und ihn wie Donner schrecken
Aus seinem Traume schnell,
Er sollt' und müßte kommen,
Der Retter in der Noth,
Dem deutschen Volk zum Frommen
Den Zwingherr'n all'n zum Tod.

Doch geht noch eine Sage
Zum Trost in unserm Kreuz:
Der Schwanberg künft'ger Tage
Liegt mitten in der Schweiz!
Wie Einer das mag deuten? —
Ich habe den Verstand:
Ganz Deutschland wird in Zeiten
Ein freies Schweizerland.

Wetzel.

Harras, der kühne Springer.

Noch harrte im heimlichen Dämmerlicht
Die Welt dem Morgen entgegen,
Noch erwachte die Erde vom Schlummer nicht,
Da begann sich's im Thale zu regen;
Und es klingt herauf wie Stimmengewirr,
Wie flüchtiger Hufschlag und Waffengeklirr.
Und tief aus dem Wald zum Gefechte
Sprengt ein Fähnlein gewappneter Knechte.

Und vorbei mit wildem Ruf fliegt der Troß,
Wie Brausen des Sturm's und Gewitter,
Und voran auf feurig schnaubendem Roß
Fliegt Harras, der muthige Ritter.
Sie jagen, als gält' es den Kampf um die Welt,
Auf heimlichen Wegen durch Flur und Feld,
Den Gegner noch heut zu erreichen,
Und die feindliche Burg zu besteigen.

So stürmen sie fort in des Waldes Nacht
Durch den fröhlich aufglühenden Morgen,
Doch mit ihm ist auch das Verderben erwacht,
Es lauert nicht länger verborgen;
Denn plötzlich bricht aus dem Hinterhalt
Der Feind mit doppelt stärkrer Gewalt,
Das Hüfthorn ruft furchtbar zum Streite,
Die Schwerter entfliegen der Scheide.

Wie der Wind dumpf donnernd wieder erklingt
Von ihren gewaltigen Streichen!
Die Schwerter klingen, der Helmbusch winkt
Und die schnaubenden Rosse steigen,
Aus tausend Wunden strömt schon das Blut,
Sie achten's nicht in des Kampfes Gluth,
Und Keiner will sich ergeben,
Denn Freiheit gilt's oder Leben.

Doch dem Häuflein des Ritters wankt endlich die Kraft,
Der Uebermacht muß es erliegen;
Das Schwert hat die Meisten hinweggerafft,
Die Feinde, die mächtigen, siegen.
Unbezwingbar nur, eine Felsenburg,
Kämpft Harras noch und schlägt sich durch.
Und sein Roß trägt den muthigen Streiter
Durch die Schwerter der feindlichen Reiter.

Und er jagt zurück in des Waldes Nacht,
Jagt irrend durch Flur und Gehege,
Denn flüchtig hat er des Weges nicht Acht,
Er verfehlt die kundigen Stege.

Da hört er die Feinde hinter sich drein,
Da lenkt er tief in den Forst hinein,
Und zwischen den Zweigen wird's helle,
Und er sprengt zur lichteren Stelle.

Da hält er auf steiler Felsenwand,
Hört unten die Wogen brausen;
Er steht an des Zschopauthals schwindelndem Rand
Und blickt hinunter mit Grausen.
Und drüben auf waldigen Bergeshöhn,
Sieht er seine schimmernde Feste stehn:
Sie blickt ihm freundlich entgegen,
Und sein Herz pocht in lauteren Schlägen.

Ihm ist's, als wenn's ihn hinüber rief,
Doch es fehlen ihm schwingende Flügel,
Und der Abgrund wohl funfzig Klaftern tief,
Schreckt das Roß und es schäumt in den Zügel.
Und mit Schaudern denkt er's, und blickt hinab,
Und vor sich und hinter sich sieht er sein Grab,
Er hört, wie von allen Seiten
Ihn die feindlichen Schaaren umreiten.

Noch sinnt er, ob Tod aus Feindes Hand,
Ob Tod in den Wogen er wähle,
Dann sprengt er vor an die Felsenwand,
Und befiehlt dem Herrn seine Seele.
Und näher schon hört er der Feinde Troß,
Aber scheu vor dem Abgrunde bäumt sich das Roß;
Doch er spornt's, daß die Ferfen bluten,
Und er setzt hinab in die Fluthen. —

Und der kühne, gräßliche Sprung gelingt.
Ihn beschützen höhre Gewalten.
Wenn auch das Roß zerschmettert versinkt,
Der Ritter ist wohl erhalten.
Und er theilt die Wogen mit kräftiger Hand,
Und die Seinen stehn an des Ufers Rand,
Und begrüßen freudig den Schwimmer. —
Gott verläßt den Muthigen nimmer.

Körner.

Der Glockenguß zu Breslau.

War einst ein Glockengießer
Zu Breslau in der Stadt,
Ein ehrenwerther Meister
Gewandt in Rath und That.

Er hatte schon gegossen
Viel Glocken gelb und weiß,
Für Kirchen und Kapellen
Zu Gottes Lob und Preis.

Und seine Glocken klangen
So voll, so hell, so rein:
Er goß auch Lieb' und Glauben
Mit in die Form hinein.

Doch aller Glocken Krone,
Die er gegossen hat,
Das ist die Sünderglocke
Zu Breslau in der Stadt.

Im Magdalenenthurme
Da hängt das Meisterstück,
Rief schon manch starres Herze
Zu seinem Gott zurück.

Wie hat der gute Meister
So treu das Werk bedacht!
Wie hat er seine Hände
Gerührt bei Tag und Nacht!

Und als die Stunde kommen,
Daß Alles fertig war,
Die Form ist eingemauert,
Die Speise gut und gar:

Da ruft er seinen Buben
Zur Feuerwacht herein:
„Ich laß' auf kurze Weile
Beim Kessel dich allein;

„Will mich mit einem Trunke
Noch stärken zu dem Guß;
Das giebt der zähen Speise
Erst einen vollen Fluß.

„Doch hüte dich und rühre
Den Hahn mir nimmer an,
Sonst wär' es um dein Leben,
Fürwitziger, gethan!"

Der Bube steht am Kessel,
Schaut in die Gluth hinein:
Das wogt und wallt und wirbelt,
Und will entfesselt sein.

Und zischt ihm in die Ohren,
Und zuckt ihm durch den Sinn,
Und zieht an allen Fingern
Ihn nach dem Hahne hin.

Er fühlt ihn in den Händen,
Er hat ihn umgedreht:
Da wird ihm Angst und bange,
Er weiß nicht, was er that.

Und läuft hinaus zum Meister,
Die Schuld ihm zu gestehn,
Will seine Knie umfassen
Und ihn um Gnade flehn.

Doch wie der nur vernommen
Des Knaben erstes Wort,
Da reißt die kluge Rechte
Der jähe Zorn ihm fort.

Er stößt sein scharfes Messer
Dem Buben in die Brust,
Dann stürzt er nach dem Kessel,
Sein selber nicht bewußt.

Vielleicht, daß er noch retten,
Den Strom noch hemmen kann: —
Doch sieh, der Guß ist fertig,
Es fehlt kein Tropfen dran.

Da eilt er abzuräumen,
Und sieht, und will's nicht sehn,
Ganz ohne Fleck und Makel
Die Glocke vor sich stehn.

Der Knabe liegt am Boden,
Er schaut sein Werk nicht mehr.
Ach, Meister, wilder Meister,
Du stießest gar zu sehr!

Er stellt sich dem Gerichte,
Er klagt sich selber an:
Es thut den Richtern wehe
Wohl um den wackern Mann.

Doch kann ihn Keiner retten,
Und Blut will wieder Blut:
Er hört sein Todesurthel
Mit ungebeugtem Muth.

Und als der Tag gekommen,
Daß man ihn führt hinaus,
Da wird ihm angeboten
Der letzte Gnadenschmauß.

„Ich dank euch," spricht der Meister,
„Ihr Herren lieb und werth,
Doch eine andre Gnade
Mein Herz von euch begehrt.

„Laßt mich nur einmal hören
Der neuen Glocke Klang!
Ich hab' sie ja bereitet:
Möcht' wissen, ob's gelang."

Die Bitte ward gewähret,
Sie schien den Herrn gering,
Die Glocke ward geläutet,
Als er zum Tode ging.

Der Meister hört sie klingen
So voll, so hell, so rein:
Die Augen gehn ihm über,
Es muß vor Freude sein.

Und seine Blicke leuchten,
Als wären sie verklärt:
Er hatt' in ihrem Klange
Wohl mehr als Klang gehört.

Hat auch geneigt den Nacken
Zum Streich voll Zuversicht;
Und was der Tod versprochen,
Das bricht das Leben nicht.

Das ist der Glocken Krone,
Die er gegossen hat,
Die Magdalenenglocke
Zu Breslau in der Stadt.

Die ward zur Sünderglocke
Seit jenem Tag geweiht:
Weiß nicht, ob's anders worden
In dieser neuen Zeit.

W. Müller.

Paul Gerhard.

Zu Brandenburg einst waltet
Der Kurfürst weit und breit;
Doch neue Lehre spaltet
Des Glaubens Einigkeit.
Es steuern wohl Gesetze
Verbotenem Geschwätze,
Wie das Edikt es nennt;
Doch wird es ihm gelingen,
Den freien Geist zu zwingen
Des Sängers, der die Furcht nicht kennt?

Er stand an heil'ger Stätte,
Der Kirche heller Stern,
Durch Lehren und Gebete
Verkündigend den Herrn:
„Und laß dir nimmer grauen,
Mußt droben dem vertrauen,
Deß Name Zebaoth,
Und ob des Himmels Schranken,
Und alle Vesten wanken,
Ein' feste Burg ist unser Gott!"

Der Kurfürst aber sandte,
Da kam der fromme Mann;
Des Fürsten Auge brannte
Und zürnend hub er an:
„Wer nur den eignen Grillen,
Nicht des Gesetzes Willen
Zu folgen, weise fand,
Der hat — es sei gesprochen! —
Hat Ehr' und Amt verbrochen,
Und meidet fortan Stadt und Land.“

Der Greis versetzt bescheiden:
„Mir ziemt's, das strenge Recht,
Gebieter, zu erleiden,
Mir, dem geringen Knecht!
Wie mag ich anders lehren,
Das Reich des Herrn zu mehren,
Als wie geschrieben steht?
Es bleibt gerecht sein Wille,
Ich will ihm halten stille.“ —
Und drauf verneigt er sich und geht.

Und wehrt daheim dem Jammer,
Und alles legt er ab,
Und nimmt aus seiner Kammer
Die Bibel und den Stab.
Die Mutter, blaß vor Harme,
Das jüngste Kind im Arme,
Das zweite bei der Hand —
So tritt er an die Schwelle,
Und blickt hinauf ins Helle,
Und meidet fröhlich Stadt und Land.

Wer geht im fernen Thale
Den müden Pilgergang,
Im heißen Sonnenstrahle
Die flache Haid' entlang? —
Sie wallen froh im Glauben,

Als blühten ihnen Lauben
Der fremden Erde zu:
Und als der Tag verflossen,
So beut, im Wald verschlossen,
Ein gastlich Dach dem Häuflein Ruh.

O schau den süßen Schlummer
Der Kleinen auf der Bank!
In's Mutterherz der Kummer,
So viel es kämpfte, sank:
„Wer wird sich doch der Armen
Im fremden Land' erbarmen
Und ihr Vorbitter sein?
Wer wird das Herz erweichen?
Die harten Menschen reichen
Den Hungrigen für Brod den Stein.“

Der fromme Dichter lächelt:
„Sie stehn in Gottes Hut!“
Des Glaubens Palme fächelt
Ihm Freudigkeit und Muth;
Und wo sich solche Blüthe
Entfaltet im Gemüthe,
Ist nimmer fern das Glück.
Er geht hinaus in Eile,
Und bringt nach kleiner Weile
Des Trostes goldnes Lied zurück.

„Befiehl du deine Wege,
Und was das Herze kränkt,
Der allertreusten Pflege
Deß, der den Himmel lenkt.“
Da deucht es ihren Sinnen,
Als ob die Furcht von hinnen,
Und alle Sorge flöh;
Denn kaum das Lied vernommen,
Ist über sie gekommen
Der Friede Gottes aus der Höh.

Sie schwören still, und schauen
Hinaus in Wald und Nacht,
Und über dunkeln Auen
Der Sterne goldne Pracht;
Sie schwören, ob die Wellen
Bis an die Seele schwellen,
Zu trauen für und für;
Und als der Schwur vollzogen,
Und himmelan geflogen,
Da steht die Hülfe vor der Thür.

Denn draußen scharrt im Sande
Bereits des Rosses Fuß;
Es bringt aus Sachsenlande
Der Bote diesen Gruß:
„Dem Sänger Heil und Frieden!
Ich bin hieher beschieden
Durch Kurfürst Friederich;
Er will den Dulder ehren,
Der, treu im Thun und Lehren,
Von Gottes Wegen nimmer wich.

„Er hat dich auserkoren
Zu weiden eine Heerd',
Und was du dort verloren,
Sei dreifach dir gewährt!
Wohlauf! es graut der Morgen,
Dahinten laß die Sorgen,
Und reiche mir die Hand!
Es winken uns die Gränzen;
Eh' wieder Sterne glänzen,
Umfängt dich Freund und Vaterland."

Schmidt von Lübeck.

Raimund.

Wer schläft im Leichentuche weiß und rein?
Wer ist's, dem jene Fackeln heimwärts leuchten?
Wem folgt der Priester Chor und die Gemeine?

„Um den sich unsrer Augen Wimpern feuchten,
War der Dechant am Dionysie-Stifte,
Raimundus, der als Heil'ger wird bald leuchten.

„O Himmel, wie er ruderte und schiffte,
Ein reiner Schwan durch dieser Zeiten Wellen,
Ein hell Krystall, getrübt von keinem Gifte!

„Wie hat er unser Herz an hehren Stellen
Gefaßt, zermalmt, erheitert und gewonnen,
Wie lockt' er unsrer Augen warme Quellen!

„Heil Heiliger! Du schwangst zu ew'gen Wonnen
Dich aus dem kalten Nebel dieser Erden,
Der dir zerrann in's Licht der Himmelssonnen!

„Stehst selig nun bei der erkornen Heerden
Zur Rechten, auf dem süßen Gnadenhügel!
Wir aber müssen noch versuchet werden."

Nun öffnet sich des Schlosses rost'ger Bügel,
Die schweren Angeln in den Kreisen klingen,
Aufrasseln des Gewölbes ehrne Flügel.

Voran die Brüder Trauerweisen singen,
Umflammt von weißer Knaben Fackelbränden,
Den Sarg darauf die Träger langsam bringen.

Zuletzt mit schmerzlich stillgewundnen Händen
Jüngling und Jungfrau, Männer, Greise, Frauen,
Noch immer wallt's, noch will der Zug nicht enden.

Die nun hinein, die müssen bebend schauen
Des Todes Erndt' in rothem Fackellichte,
Wie über Särgen sich die Särge bauen.

Damit Raimundus sich zu Andern schichte,
Gehn sie den Deckel über ihn zu breiten:
Da flieht das Blut von jeglichem Gesichte.

Denn in den Leichenladen, in den weiten,
Beginnt sich ein Lebendiges zu rühren,
Und lang empor sehn sie den Dechant gleiten.

Wüst starrt er aus den Falten seiner Bühren,
Die Augen sprechen: Seht Raimundus lebet!
Nein, ruft das Grab, ich that ihn mir erküren.

Es öffnet sich der bleiche Mund und bebet:
„Laßt mein Gebein in Schnee und Thau sich baden,
Dem reinen Mann die reine Stätte gebet!

„Ich bin vor meines Richters Stuhl geladen,
Ich bin gestanden vor des Richters Schranken,
Ich bin verworfen von dem Spruch der Gnaden.

„Auf eitel Gleißen standen die Gedanken,
Den Schein trug von der Sünde ich zur Lehre,
Mit Lügen wollt' ich mich zum Himmel ranken.

„Doch vor den Stürmen, die durch's Jenseits wehen,
Bleibt ungelöscht nur eines Sternes Schimmer,
Der Stern heißt Wahrheit; die wird ewig stehen.

„Ich höre schon der Brüder dumpf Gewimmer!
Die Beicht ist aus. Hu, wie die Flamme lodert!"
Drauf schließt das Leichenbild den Mund für immer.

Im wilden Klippenthal Raimundus modert.

Immermann.

————————

Der Pilgrim von St. Just.

Nacht ist's, und Stürme sausen für und für,
Hispanische Mönche, schließt mir auf die Thür!

Laßt hier mich ruh'n, bis Glockenton mich weckt,
Der zum Gebet euch in die Kirche schreckt!

Bereitet mir, was euer Haus vermag,
Ein Ordenskleid und einen Sarkophag!

Gönnt mir die kleine Zelle, weiht mich ein,
Mehr als die Hälfte dieser Welt war mein.

Das Haupt, das nun der Scheere sich bequemt,
Mit mancher Krone ward's bediademt.

Die Schulter, die der Kutte nun sich bückt,
Hat kaiserlicher Hermelin geschmückt.

Nun bin ich vor dem Tod den Todten gleich,
Und fall' in Trümmer, wie das alte Reich.

Platen.

—⁂—

Das Grab im Busento.

Nächtlich am Busento lispeln, bei Cosenza dumpfe Lieder,
Aus den Wassern schallt es Antwort, und in Wirbeln klingt es wieder!

Und den Fluß hinauf, hinunter, ziehn die Schatten tapfrer Gothen,
Die den Alarich beweinen, ihres Volkes besten Todten.

Allzufrüh und fern der Heimath mußten hier sie ihn begraben,
Während noch die Jugendlocken seine Schulter blond umgaben.

Und am Ufer des Busento reihten sie sich um die Wette,
Um die Strömung abzuleiten, gruben sie ein frisches Bette.

In der wogenleeren Höhlung wühlten sie empor die Erde,
Senkten tief hinein den Leichnam, mit der Rüstung, auf dem Pferde.

Deckten dann mit Erde wieder ihn und seine stolze Habe,
Daß die hohen Stromgewächse wüchsen aus dem Heldengrabe.

Abgelenkt zum zweitenmale, ward der Fluß herbeigezogen:
Mächtig in ihr altes Bette schäumten die Busentowogen.

Und es sang ein Chor von Männern: Schlaf' in deinen Heldenehren!
Keines Römers schnöde Habsucht soll dir je das Grab versehren!

Sangen's und die Lobgesänge tönten fort im Gothenheere;
Wälze sie, Busentowelle, wälze sie von Meer zu Meere!

Platen.

Luca Signorelli.

Die Abendstille kam herbei,
Der Meister folgt dem allgemeinen Triebe;
Verlassend seine Staffelei,
Blickt er das Bild noch einmal an mit Liebe.

Da pocht es voll Tumult am Haus,
Und ehe Luca fähig ist zu fragen,
Ruft einer seiner Schüler aus:
Dein einziger Sohn, o Meister, ist erschlagen!

In holder Blüthe sank dahin
Der schönste Jüngling, den die Welt erblickte:
Es war die Schönheit sein Ruin,
Die oft in Liebeshändel ihn verstrickte.

Vor eines Nebenbuhlers Kraft
Sank er zu Boden, fast in unsrer Mitte;
Ihn trägt bereits die Brüderschaft
Zur Todtenkirche, wie es heischt die Sitte.

Und Luca spricht: O mein Geschick!
So lebt' ich denn, so strebt ich denn vergebens?
Zu nichte macht ein Augenblick
Die ganze Folge meines reichen Lebens!

Was half es, daß in Farb' und Licht
Als Meister in Cortona's Volk entzückte,
Mit meinem jüngsten Weltgericht
Orvieto's hohe Tempelhallen schmückte?

Nicht Ruhm und nicht der Menschen Gunst
Beschützte mich, und nicht des Geistes Feuer:
Nun ruf' ich erst, geliebte Kunst,
Nun ruf' ich dich, du warst mir nie so theuer!

Er spricht's, und seinen Schmerz verräth
Kein andres Wort. Rasch eilt er zur Kapelle,
Indem er noch das Malgeräth
Den Schülern reicht, und diese folgen schnelle.

Zur Kirche tritt der Greis hinein,
Wo seine Bilder ihm entgegentreten,
Und bei der ewigen Lampe Schein
Sieht er den Sohn, um den die Mönche beten.

Nicht klagt er oder stöhnt und schreit,
Kein Seufzer wird zum leeren Spiel des Windes,
Er setzt sich hin und konterfeit
Den schönen Leib des vielgeliebten Kindes.

Und als er ihn so Zug für Zug
Gebildet, spricht er gegen seine Knaben:
Der Morgen graut, es ist genug,
Die Priester mögen meinen Sohn begraben.

                                   Platen.

Gambacorti und Gualandi.

Als Alfons, der mächtige König,
Seine Schaaren ausgeschickt,
Anzufeinden jene weise
Florentinische Republik,
Die verwaltet wohlbedächtig
Cosimo von Medicis,
Hatte Gerhart Gambacorti,
Tief im Schoos des Apennins,
Als ein Lehn der Florentiner
Eine Herrschaft im Besitz.

Durch Verschwägrung war verknüpft er
Jenem großen Albizi,
Welcher aus Florenz vertrieben
Nach dem heiligen Grabe ging,
Bis zuletzt er, heimgewandert,
Seltner Schicksalslaune Spiel,
An dem Hochzeittag der Tochter
War gestorben im Exil.
Deß gedenkt nun Gambacorti,
Der Verrath und Tücke spinnt,
Als ein Feind der Mediceär
Abgeneigt der Republik,
Welcher gleichwohl seinen Sohn er
Hat als Geisel überschickt,
Sicherheit ihr einzuflößen,
Die bereits Verrath umstrickt.
Als vor seinem Schloß Corzano,
Wo den kleinen Hof er hielt
Mit dem Feldhauptmann des Königs
Nun des Königs Heer erschien,
Läßt die Brücke Gambacorti
Nieder, tritt entgegen ihm,

Dem die Burg er für den König
Tückisch überliefern will.
Ihn umgeben seine Ritter,
Männer vielgewandt im Krieg:
Unter ihnen war Gualandi,
Dem der Hochverrath mißfiel.
Der ergreift den Gambacorti,
Ueber die Brücke stößt er ihn;
Diese wird auf sein Verlangen,
Aufgezogen augenblicks,
Während aufgepflanzt die freie
Florentinische Fahne wird,
Während innerhalb die Mannschaft
Ruft: Es lebe die Republik!
Gambacorti steht verlassen
Außerhalb, im Angesicht
Seiner nun verlornen Veste,
Die Gualandi treu versicht.
Nach Neapel muß er wandern,
Mit dem Feinde muß er ziehn;
Doch es schickt den Sohn zurück ihm
Großgesinnt die Republik.

Platen.

Ritter Olaf.

I.

Vor dem Dome stehn zwei Männer,
Tragen beide rothe Röcke,
Und der eine ist der König
Und der Henker ist der andre.

Und zum Henker spricht der König:
„Am Gesang der Pfaffen merk' ich,
Daß vollendet schon die Trauung —
Halt' bereit dein gutes Richtbeil."

Glockenklang und Orgelrauschen,
Und das Volk strömt aus der Kirche;
Bunter Festzug, in der Mitte
Die geschmückten Neuvermählten.

Leichenblaß und bang und traurig
Schaut die schöne Königstochter;
Keck und heiter schaut Herr Olaf,
Und sein rother Mund, der lächelt.

Und mit lächelnd rothem Munde
Spricht er zu dem finstern König:
„Guten Morgen, Schwiegervater,
Heut ist dir mein Haupt verfallen.

„Sterben soll ich heut — o, laß mich
Nur bis Mitternacht noch leben,
Daß ich meine Hochzeit fei're
Mit Banquet und Fackeltänzen.

„Laß mich leben, laß mich leben,
Bis geleert der letzte Becher,
Bis der letzte Tanz getanzt ist —
Laß bis Mitternacht mich leben!"

Und zum Henker spricht der König:
„Unserm Eidam sei gefristet
Bis um Mitternacht sein Leben —
Halt' bereit dein gutes Richtbeil:"

II.

Herr Olaf sitzt beim Hochzeitsschmaus,
Er trinkt den letzten Becher aus,
An seine Schulter lehnt
Sein Weib und stöhnt —
Der Henker steht vor der Thüre.

Der Reigen beginnt und Herr Olaf erfaßt
Sein junges Weib, und mit wilder Hast
Sie tanzen, bei Fackelglanz,
Den letzten Tanz —
Der Henker steht vor der Thüre.

Die Geigen geben so lustigen Klang,
Die Flöten seufzen so traurig und bang!
Wer die beiden tanzen sieht,
Dem erbebt das Gemüth —
Der Henker steht vor der Thüre.

Und wie sie tanzen im dröhnenden Saal,
Herr Olaf flüstert zu seinem Gemahl:
„Du weißt nicht wie lieb ich dich hab' —
So kalt ist das Grab" —
Der Henker steht vor der Thüre.

III.

Herr Olaf, es ist Mitternacht,
Dein Leben ist verflossen!
Du hattest eines Fürstenkind's
In freier Lust genossen.

Die Mönche murmeln das Todtengebet,
Der Mann im rothen Rocke,
Er steht mit seinem blanken Beil
Schon vor dem schwarzen Blocke.

Herr Olaf steigt in den Hof hinab,
Da blinken viel Schwerter und Lichter.
Es lächelt des Ritters rother Mund,
Mit lächelndem Munde spricht er:

„Ich segne die Sonne, ich segne den Mond,
Und die Stern', die am Himmel schweifen.
Ich segne auch die Vögelein,
Die in den Lüften pfeifen.

„Ich segne das Meer, ich segne das Land,
Und die Blumen auf der Aue.
Ich segne die Veilchen, sie sind so sanft
Wie die Augen meiner Fraue.

„Ihr Veilchenaugen meiner Frau,
Durch euch verlier' ich mein Leben!
Ich segne auch den Hollunderbaum,
Wo du dich mir ergeben."

Heine.

Schlachtfeld bei Hastings.

Der Abt von Waltham seufzte tief,
Als er die Kunde vernommen,
Daß König Harold elendiglich
Bei Hastings umgekommen.

Zwei Mönche, Asgod und Ailrik
genannt,
Die schickt' er aus als Boten,
Sie sollten suchen die Leiche Harold's
Bei Hastings unter den Todten.

Die Mönche gingen traurig fort
Und kehrten traurig zurücke:
„Hochwürdiger Vater, die Welt ist uns
gram
Wir sind verlassen vom Glücke.

„Gefallen ist der beßre Mann,
Es siegte der Bankert, der schlechte,
Gewappnete Diebe vertheilen das Land
Und machen den Freiling zum Knechte.

„Der lausigste Lump aus der Normandie
Wird Lord auf der Insel der Britten;
Ich sah einen Schneider aus Bayeux,
    er kam
Mit goldnen Sporen geritten.

„Weh' dem, der jetzt ein Sachse ist!
Ihr Sachsenheilige droben
Im Himmelreich, nehmt euch in Acht,
Ihr seid der Schmach nicht enthoben.

„Jetzt wissen wir, was bedeutet hat
Der große Komet, der heuer
Blutroth am nächtlichen Himmel ritt
Auf einem Besen von Feuer.

„Bei Hastings in Erfüllung ging
Des Unsterns böses Zeichen,
Wir waren auf dem Schlachtfeld dort
Und suchten unter den Leichen.

„Wir suchten hin, wir suchten her,
Bis alle Hoffnung verschwunden —
Den Leichnam des todten Königs Ha=
    rold,
Wir haben ihn nicht gefunden."

Asgod und Ailrik sprachen also;
Der Abt rang jammernd die Hände,
Versank in tiefe Nachdenklichkeit
Und sprach mit Seufzen am Ende:

„Zu Grendelfield am Bardenstein,
Just in des Waldes Mitte,
Da wohnet Edith Schwanenhals
In einer dürft'gen Hütte.

„Man hieß sie Edith Schwanenhals,
Weil wie der Hals der Schwäne

Ihr Nacken war; der König Harold,
Er liebte die junge Schöne.

„Er hat sie geliebt, geküßt und geherzt,
Und endlich verlassen, vergessen.
Die Zeit verfließt; wohl sechzehn Jahr'
Verflossen unterdessen.

„Begebt euch, Brüder, zu diesem Weib
Und laßt sie mit euch gehen
Zurück nach Hastings, der Blick des
    Weib's
Wird dort den König erspähen.

„Nach Waltham=Abtei hierher alsdann
Sollt ihr die Leiche bringen,
Damit wir christlich bestatten den Leib
Und für die Seele singen."

Um Mitternacht gelangten schon
Die Boten zur Hütte im Walde:
„Erwache, Edith Schwanenhals,
Und folge uns alsbalde.

„Der Herzog der Normannen hat
Den Sieg davon getragen,
Und auf dem Feld bei Hastings liegt
Der König Harold erschlagen.

„Komm' mit nach Hastings, wir suchen
    dort
Den Leichnam unter den Todten,
Und bringen ihn nach Waltham=Abtei,
Wie uns der Abt geboten."

Kein Wort sprach Edith Schwanenhals,
Sie schürzte sich geschwinde
Und folgte den Mönchen; ihr greisendes
    Haar,
Das flatterte wild im Winde.

Es folgte barfuß das arme Weib
Durch Sümpfe und Baumgestrüppe.
Bei Tagesanbruch gewahrten sie schon
Zu Hastings die kreidige Klippe.

Der Nebel, der das Schlachtfeld bedeckt
Als wie ein weißes Lailich,
Zerfloß allmählich; es flatterten auf
Die Dohlen und krächzten abscheulich.

Viel Tausend Leichen lagen dort
Erbärmlich auf blutiger Erde,
Nackt ausgeplündert, verstümmelt, zer-
fleischt,
Daneben die Aeser der Pferde.

Es watete Edith Schwanenhals
Im Blute mit nackten Füßen;
Wie Pfeile aus ihrem stieren Aug'
Die forschenden Blicke schießen.

Sie suchte hin, sie suchte her,
Oft mußte sie mühsam verscheuchen
Die fraßbegierige Rabenschaar;
Die Mönche hinter ihr keuchen.

Sie suchte schon den ganzen Tag,
Es ward schon Abend — plötzlich
Bricht aus der Brust des armen Weib's
Ein geller Schrei, entsetzlich.

Gefunden hat Edith Schwanenhals
Des todten Königs Leiche.
Sie sprach kein Wort, sie weinte nicht,
Sie küßte das Antlitz, das bleiche.

Sie küßte die Stirne, sie küßte den Mund,
Sie hielt ihn fest umschlossen;
Sie küßte auf des Königs Brust
Die Wunde blutumflossen.

Auf seiner Schulter erblickt sie auch —
Und sie bedeckt sie mit Küssen —
Drei kleine Narben, Denkmäler der
Lust,
Die sie einst hinein gebissen.

Die Mönche konnten mittlerweil'
Baumstämme zusammenfugen;
Das war die Bahre, worauf sie alsdann
Den todten König trugen.

Sie trugen ihn nach Waltham-Abtei,
Daß man ihn dort begrübe;
Es folgte Edith Schwanenhals
Der Leiche ihrer Liebe.

Sie sang die Todtenlitanei'n
In kindisch frommer Weise;
Das klang so schauerlich in der Nacht —
Die Mönche beteten leise. —

Heine.

Der Mohrenkönig.

In's Exil der Alpuxarren
Zog der junge Mohrenkönig;
Schweigsam und das Herz voll Kummer
Ritt er an des Zuges Spitze.

Hinter ihm auf hohen Zeltern
Oder auch in güldnen Sänften
Saßen seines Hauses Frauen;
Schwarze Mägde trägt das Maulthier.

Hundert treue Diener folgen
Auf arabisch edlen Rappen;
Stolze Gäule, doch die Reiter
Hängen schlottrig in den Sätteln.

Keine Zymbel, keine Pauke,
Kein Gesangeslaut ertönte;
Nur des Maulthiers Silberglöckchen
Wimmern schmerzlich in der Stille.

Auf der Höhe, wo der Blick
In's Duero-Thal hinabschweift,
Und die Zinnen von Granada
Sichtbar sind zum letzten Male:

Dorten stieg vom Pferd der König
Und betrachtete die Stadt,
Die im Abendlichte glänzte,
Wie geschmückt mit Gold und Purpur.

Aber, Allah! Welch ein Anblick!
Statt des vielgeliebten Halbmonds,
Prangen Spaniens Kreuz und Fahnen
Auf den Thürmen der Alhambra.

Ach, bei diesem Anblick brachen
Aus des Königs Brust die Seufzer,
Thränen überströmten plötzlich
Wie ein Sturzbach seine Wangen.

Düster von dem hohen Zelter
Schaut herab des Königs Mutter,
Schaut auf ihres Sohnes Jammer
Und sie schalt ihn stolz und bitter.

„Boabdil el Chico", sprach sie,
„Wie ein Weib beweinst du jetzo
Jene Stadt, die du nicht wußtest
Zu vertheid'gen wie ein Mann."

Als des Königs liebste Kebsin
Solche harte Rede hörte,
Stürzte sie aus ihrer Sänfte
Und umhalste den Gebieter.

„Boabdil el Chico", sprach sie,
„Tröste dich, mein Heißgeliebter,
Aus dem Abgrund deines Elends
Blüht hervor ein schöner Lorbeer.

„Nicht allein der Triumphator,
Nicht allein der sieggekrönte
Günstling jener blinden Göttin,
Auch der blut'ge Sohn des Unglücks,

„Auch der heldenmüth'ge Kämpfer,
Der dem ungeheuren Schicksal
Unterlag, wird ewig leben
In der Menschen Angedenken."

„Berg des letzten Mohrenseufzers"
Heißt bis auf den heut'gen Tag
Jene Höhe, wo der König
Sah zum letzten Mal Granada.

Lieblich hat die Zeit erfüllet,
Seiner Liebsten Prophezeiung,
Und des Mohrenkönigs Name
Ward verherrlicht und gefeiert.

Nimmer wird sein Ruhm verhallen,
Ehe nicht die letzte Saite
Schnarrend losspringt von der letzten
Andalusischen Guitarre.

Heine.

Schelm von Bergen.

Im Schloß zu Düsseldorf am Rhein
Wird Mummenschanz gehalten;
Da flimmern die Kerzen, da rauscht die Musik,
Da tanzen die bunten Gestalten.

Da tanzt die schöne Herzogin,
Sie lacht laut auf beständig;
Ihr Tänzer ist ein schlanker Fant,
Gar höfisch und behendig.

Er trägt eine Maske von schwarzem Sammt,
Daraus gar freudig blicket
Ein Auge wie ein blanker Dolch,
Halb aus der Scheide gezücket.

Es jubelt die Faſtnachtsgeckenſchaar,
Wenn jene vorüberwalzen.
Der Drickes und die Marizzebill
Grüßen mit Schnarren und Schnalzen.

Und die Trompeten ſchmettern drein,
Der närriſche Brummbaß brummet,
Bis endlich der Tanz ein Ende nimmt
Und die Muſik verſtummet.

„Durchlauchtigſte Frau, gebt Urlaub mir,
Ich muß nach Hauſe gehen —“
Die Herzogin lacht: Ich laß dich nicht fort,
Bevor ich dein Antlitz geſehen.

„Durchlauchtigſte Frau, gebt Urlaub mir,
Mein Anblick bringt Schrecken und Grauen —“
Die Herzogin lacht: Ich fürchte mich nicht,
Ich will dein Antlitz ſchauen.

„Durchlauchtigſte Frau, gebt Urlaub mir,
Der Nacht und dem Tode gehör' ich —“
Die Herzogin lacht: Ich laſſe dich nicht,
Dein Antlitz zu ſchauen begehr' ich).

Wohl ſträubt ſich der Mann mit finſterm Wort,
Das Weib nicht zähmen kunnt' er;
Sie riß zuletzt ihm mit Gewalt
Die Maske vom Antlitz herunter.

„Das iſt der Scharfrichter von Bergen!“ ſo ſchreit
Entſetzt die Menge im Saale
Und weichet ſcheuſam — die Herzogin
Stürzt fort zu ihrem Gemahle.

Der Herzog ist klug, er tilgte die Schmach
Der Gattin auf der Stelle.
Er zog sein blankes Schwert und sprach:
„Knie vor mir nieder, Geselle!

Mit diesem Schwertschlag mach ich dich
Jetzt ehrlich und ritterzünftig,
Und weil du ein Schelm, so nenne dich
Herr Schelm von Bergen künftig."

So ward der Henker ein Edelmann
Und Ahnherr der Schelme von Bergen.
Ein stolzes Geschlecht! es blühte am Rhein,
Jetzt schläft es in steinernen Särgen.

                                        Heine.

Die Wallfahrt nach Kevlaar.

1.

Am Fenster stand die Mutter,
Im Bette lag der Sohn.
„Willst du nicht aufsteh'n, Wilhelm,
Zu schau'n die Prozession?" —

„Ich bin so krank, o Mutter,
Daß ich nicht hör' und seh';
Ich denk' an das todte Gretchen,
Da thut das Herz mir weh." —

„Steh' auf, wir wollen nach Kevlaar,
Nimm Buch und Rosenkranz;
Die Mutter Gottes heilt dir
Dein krankes Herze ganz."

Es flattern die Kirchenfahnen,
Es singt im Kirchenton;
Das ist zu Cöllen am Rheine,
Da geht die Prozession.

Die Mutter folgt der Menge
Den Sohn, den führet sie,
Sie singen Beide im Chore:
„Gelobt seist du, Marie!"

II.

Die Mutter Gottes zu Kevlaar
Trägt heut' ihr bestes Kleid;
Heut' hat sie viel zu schaffen,
Es kommen viel kranke Leut'.

Die kranken Leute bringen
Ihr dar, als Opferspend',
Aus Wachs gebildete Glieder,
Viel wächserne Füß' und Händ'.

Und wer eine Wachshand opfert,
Dem heilt an der Hand die Wund';
Und wer einen Wachsfuß opfert,
Dem wird der Fuß gesund.

Nach Kevlaar ging Mancher auf Krücken,
Der jetzo tanzt auf dem Seil',
Gar Mancher spielt jetzt die Bratsche,
Dem dort kein Finger war heil.

Die Mutter nahm ein Wachslicht,
Und bildete d'raus ein Herz.
„Bring' das der Mutter Gottes
Dann heilt sie deinen Schmerz."

Der Sohn nahm seufzend das Wachsherz,
Ging seufzend zum Heiligenbild;
Die Thräne quillt aus dem Auge,
Das Wort aus dem Herzen quillt:

„Du Hochgebenedeite,
Du reine Gottesmagd,
Du Königin des Himmels,
Dir sei mein Leid geklagt!

„Ich wohnte mit meiner Mutter
Zu Cöllen in der Stadt,
Der Stadt, die viele hundert
Kapellen und Kirchen hat.

„Und neben uns wohnte Gretchen,
Doch die ist todt jetzund —
Marie, dir bring' ich ein Wachsherz,
Heil' du meine Herzenswund'.

„Heil' du mein krankes Herze,
Ich will auch spät und früh'
Inbrünstiglich beten und singen:
Gelobt seist du, Marie!"

326

III.

Der kranke Sohn und die Mutter,
Die schliefen im Kämmerlein;
Da kam die Mutter Gottes
Ganz leise geschritten herein.

Sie beugte sich über den Kranken,
Und legte ihre Hand
Ganz leise auf sein Herze,
Und lächelte mild und schwand.

Die Mutter schaut Alles im Traume,
Und hat noch mehr geschaut;
Sie erwachte aus dem Schlummer,
Die Hunde bellten so laut.

Da lag dahin gestrecket
Ihr Sohn, und der war todt;
Es spielt auf den bleichen Wangen
Das lichte Morgenroth.

Die Mutter faltet' die Hände,
Ihr war, sie wußte nicht wie;
Andächtig sang sie leise:
„Gelobt seist du, Marie!"

Heine.

Die Grenadiere.

Nach Frankreich zogen zwei Grenadier',
Die waren in Rußland gefangen.
Und als sie kamen in's deutsche Quartier,
Sie ließen die Köpfe hangen.

Da hörten sie beide die traurige Mähr:
Daß Frankreich verloren gegangen,
Besiegt und zerschlagen das große Heer, —
Und der Kaiser, der Kaiser gefangen.

Da weinten zusammen die Grenadier'
Wohl ob der kläglichen Kunde.
Der Eine sprach: „Wie weh wird mir,
Wie brennt meine alte Wunde."

Der Andere sprach: „Das Lied ist aus,
Auch ich möcht' mit dir sterben,
Doch hab' ich Weib und Kind zu Haus,
Die ohne mich verderben."

„Was scheert mich Weib, was scheert mich Kind
Ich trage weit beff'res Verlangen;
Laß sie betteln gehn, wenn sie hungrig sind, —
Mein Kaiser, mein Kaiser gefangen!

„Gewähr' mir Bruder eine Bitt':
Wenn ich jetzt sterben werde,
So nimm meine Leiche nach Frankreich mit,
Begrab' mich in Frankreichs Erde.

„Das Ehrenkreuz am rothen Band
Sollst du auf's Herz mir legen;
Die Flinte gieb mir in die Hand,
Und gürt' mir um den Degen.

„So will ich liegen und horchen still,
Wie eine Schildwach, im Grabe,
Bis einst ich höre Kanonengebrüll,
Und wiehernder Rosse Getrabe.

„Dann reitet mein Kaiser wohl über mein Grab,
Viel Schwerter klirren und blitzen;
Dann steig' ich gewaffnet hervor aus dem Grab', —
Den Kaiser, den Kaiser zu schützen."

Heine.

Der alte Komödiant.

Der Vorhang rauscht und fliegt
empor,
Ein alter Gaukler tritt hervor,
Mit Flitter sattsam ausstaffirt,
Sein ehrlich Antlitz roth beschmiert.

Du alter Mann mit weißem Haar
Wie dauerst du mich im Herzen gar,
Der du vom Grabe gaukelnd springst,
Damit du vom Pöbel ein Lächeln
zwingst!

Ein Lächeln über ein greises Haar
Und über die nahe Todtenbahr'!
Dies eines Lebens höchster Preis!
Des reinen, armen, armen Greis!

Des Greises Hirn ist schwach und alt,
Der Liebsten selbst vergißt er bald,
Du aber zwängst mit Müh und Pein
Noch eitlen Floskelkram hinein.

Des Greises Arm ist abgespannt,
Man sieht nur noch die müde Hand
Zum Segnen für Kind und Enkel erhöht
Und fromm gefaltet zum Gebet.

Doch deine Hand schlägt fort und fort
Den tollen Takt zu wüstem Wort,
Und all die Mühe, armer Mann,
Damit der Pöbel lachen kann!

Und schmerzt dich auch dein morsch Gebein,
Ei was, 's ist längst ja nimmer dein!
Du magst wohl weinen alter Mann,
Wenn nur die Menge lachen kann! —

Der Greis sich in den Lehnstuhl setzt,
Ei wie das seine Glieder letzt.
„Der macht sich's auch bequem fürwahr!"
So murmelts spöttisch durch die Schaar.

Mit leisem, abgebrochnem Ton
Beginnt er mühsam seinen Sermon.
„Der hält nun auch kein Schlagwort
    mehr!"
So zürnt es strafend rings umher.

Der Greis lallt nur manch tonlos Wort,
Die Stimme bebt, es will nicht fort;
Noch ist sein Spruch nicht ganz heraus,
Da schweigt er als ging sein Athem aus.

Das Glöcklein schallt, der Vorhang sinkt,
Wer ahnt's, daß ein Todtenglöcklein
    klingt?
Die Menge trommelt und pfeift dabei,
Wer ahnt's, daß ein Leichenlied dies sei?

Der Alte lehnt im Stuhle todt,
Doch Leben heuchelt der Schminke Roth,
Die auf dem Antlitz blaß und kalt,
Wie eine große Lüge prahlt.

Sie blieb auf des Alten Angesicht,
Wie eine Grabschrift, die da spricht:
Daß Alles Lug und Trug und Dunst,
Sein Leben, Treiben, seine Kunst!

Sein Wald, gemalt auf Leimwand grün
Rauscht über sein Grab nicht klagend hin.
Es ist ein ölgetränkter Mond
Um Todte zu weinen nicht gewohnt.

Die Kunstgenossen umstehn den Greis,
Und einer spricht zu seinem Preis:
„Heil ihm, denn, trann, ein Held ist der,
Der auf dem Schlachtfeld fiel, wie er!"

Ein Gauklerdirnlein als Muse gar
Legt dann dem Greis in's Silberhaar
Den grünpapiernen Lorbeerkranz,
Vom vielen Gebrauch zerknittert ganz.

Zwei Männer sind sein Leichenzug,
Die sind den Sarg zu tragen genug;
Und als sie ihn zu Grabe gebracht,
Hat Niemand geweint und Niemand
            gelacht.

A. Grün.

Die drei Indianer.

Mächtig zürnt der Himmel im Gewitter,
Schmettert manche Rieseneich' in Splitter,
Uebertönt des Niagara Stimme,
Und mit seiner Blitze Flammenruthen
Peitscht er schneller die beschäumten Fluthen,
Daß sie stürzen mit empörtem Grimme.

Indianer stehn am lauten Strande,
Lauschen nach dem wilden Wogenbrande,
Nach des Waldes bangem Sterbegetöne;
Greis der eine, mit ergrautem Haare,
Aufrecht überragend seine Jahre,
Die zwei andern seine starken Söhne.

Seine Söhne jetzt der Greis betrachtet,
Und sein Blick sich dunkler jetzt umnachtet,
Als die Wolken, die den Himmel schwärzen,
Und sein Aug' versendet wild're Blitze,
Als das Wetter durch die Wolkenritze,
Und er spricht aus tief empörtem Herzen:

„Fluch den Weißen! ihren letzten Spuren!
Jeder Welle Fluch, worauf sie fuhren,
Die einst Bettler unsern Strand erklettert!
Fluch dem Windhauch, dienstbar ihrem Schiffe!
Hundert Flüche jedem Felsenriffe,
Der sie nicht hat in den Grund geschmettert!"

Täglich über's Meer in wilder Eile
Fliegen ihre Schiffe, gift'ge Pfeile,
Treffen unsre Küste mit Verderben.
Nichts hat uns die Räuberbrut gelassen,
Als im Herzen tödtlich bittres Hassen:
Kommt, ihr Kinder, kommt, wir wollen sterben!"

Also sprach der Alte, und sie schneiden
Ihren Nachen von des Ufers Weiden,
D'rauf sie nach des Stromes Mitte ringen;
Und nun werfen sie weithin die Ruder,
Armverschlungen Vater, Sohn und Bruder
Stimmen an, ihr Sterbelied zu singen.

Laut ununterbroch'ne Donner krachen,
Blitze flattern um den Todesnachen,
Ihn umtaumeln Möven, sturmesmunter;
Und die Männer kommen festentschlossen
Singend schon dem Falle zugeschossen,
Stürzen jetzt den Katarakt hinunter.

                                    Lenau.

Die nächtliche Heerschau.

Nachts um die zwölfte Stunde
Verläßt der Tambour sein Grab,
Macht mit der Trommel die Runde,
Geht emsig auf und ab.

Mit seinen entfleischten Armen
Rührt er die Schlägel zugleich,
Schlägt manchen guten Wirbel,
Reveill' und Zapfenstreich.

Die Trommel klinget seltsam,
Hat gar einen starken Ton;
Die alten todten Soldaten
Erwachen im Grab davon.

Und die im tiefen Norden
Erstarrt in Schnee und Eis,
Und die in Welschland liegen,
Wo ihnen die Erde zu heiß:

Und die der Nilschlamm decket
Und der arabische Sand:
Sie steigen aus ihren Gräbern
Und nehmen's Gewehr zur Hand.

Und um die zwölfte Stunde
Verläßt der Trompeter sein Grab,
Und schmettert in die Trompete,
Und reitet auf und ab.

Da kommen auf luftigen Pferden
Die todten Reiter herbei,
Die blutigen alten Schwadronen
In Waffen mancherlei.

Es grinsen die weißen Schädel
Wohl unter dem Helm hervor,
Es halten die Knochenhände
Die langen Schwerter empor.

Und um die zwölfte Stunde
Verläßt der Feldherr sein Grab,
Kommt langsam hergeritten,
Umgeben von seinem Stab.

Er trägt ein kleines Hütchen,
Er trägt ein einfach Kleid,
Und einen kleinen Degen
Trägt er an seiner Seit'.

Der Mond mit gelbem Lichte
Erhellt den weiten Plan:
Der Mann im kleinen Hütchen,
Sieht sich die Truppen an.

Die Reihen präsentiren
Und schultern das Gewehr,
Dann zieht mit klingendem Spiel
Vorüber das ganze Heer.

Die Marschäll' und Generale
Schließen um ihn einen Kreis:
Der Feldherr sagt dem Nächsten
In's Ohr ein Wörtchen leis.

Das Wort geht in die Runde,
Klingt wieder fern und nah!
"Frankreich" ist die Parole,
Die Losung: "Sankt Helena!"

Dies ist die große Parade
Im elysäischen Feld,
Die um die zwölfte Stunde
Der todte Cäsar hält.

Zedlitz.

Der Mohrenfürst.

I.

Sein Heer durchwogte das Palmenthal.
Er wand um die Locken den Purpurschwal;
Er hing um die Schultern die Löwenhaut;
Kriegerisch klirrte der Becken Laut.

Wie Termiten wogte der wilde Schwarm;
Den goldumreiften, den schwarzen Arm
Schlang er um die Geliebte fest:
„Schmücke dich, Mädchen, zum Siegesfest!

Sieh', glänzende Perlen bring' ich dir dar!
Sie flicht durch dein krauses, schwarzes Haar!
Wo Persia's Meerfluth Korallen umzischt,
Da haben sie triefende Taucher gefischt.

Sieh', Federn vom Strauße! laß sie dich schmücken!
Weiß auf dein Antlitz, das dunkle, nicken!
Schmücke das Zelt! bereite das Mahl!
Fülle, bekränze den Siegespokal!"

Aus dem schimmernden, weißen Zelte hervor
Tritt der schlachtgerüstete, fürstliche Mohr!
So tritt aus schimmernder Wolken Thor
Der Mond, der verfinsterte, dunkle, hervor.

Da grüßt ihn jubelnd der Seinen Ruf,
Da grüßt ihn stampfend der Rosse Huf,
Ihm rollt der Neger treues Blut,
Und des Nigers räthselhafte Fluth.

„So führ' uns zum Siege, so führ' uns zur Schlacht!"
Sie stritten vom Morgen bis tief in die Nacht.
Des Elephanten gehöhlter Zahn
Feuerte schmetternd die Kämpfer an.

Es fleucht der Leu, es flieh'n die Schlangen
Vor dem Rasseln der Trommeln, mit Schädeln behangen.
Hoch weht die Fahne, verdünnte Tod;
Das Gelb der Wüste färbt sich roth. —

So tobt der Kampf im Palmenthal!
Sie aber bereitet daheim das Mahl;
Sie füllt den Becher mit Palmensaft,
Umwindet mit Blumen der Zeltstäbe Schaft.

Mit Perlen, die Persia's Fluth gebar,
Durchflicht sie das krause, das schwarze Haar,
Schmückt die Stirne mit wallenden Federn, und
Den Hals und die Arme mit Muscheln bunt.

Sie setzt sich vor des Geliebten Zelt;
Sie lauscht, wie ferne das Kriegshorn gellt.
Der Mittag brennt und die Sonne sticht;
Die Kränze welten, sie achtet's nicht.

Die Sonne sinkt und der Abend siegt;
Der Nachtthau rauscht und der Glühwurm fliegt.
Aus dem lauen Strom blickt das Krokodill,
Als ob es der Kühle genießen will.

Es regt sich der Leu und brüllt nach Raub,
Elephantenrudel durchrauschen das Laub;
Die Giraffe sucht des Lagers Ruh',
Augen und Blumen schließen sich zu.

Ihr Busen schwillt vor Angst empor;
Da naht ein flüchtiger, blutender Mohr.
„Verloren die Hoffnung! verloren die Schlacht!
Dein Buhle gefangen, gen Westen gebracht!

An's Meer! Den blanken Menschen verkauft!
Da stürzt sie zur Erde, das Haar zerrauft,
Die Perlen zerrückt sie mit zitternder Hand,
Birgt die glühende Wange im glühenden Sand.

———

II.

Auf der Messe, da zieht es, da stürmt es hinan
Zum Circus, zum glatten, geebneten Plan.
Es schmettern Trompeten, das Becken klingt,
Dumpf wirbelt die Trommel, Bajazzo springt.

Herbei, herbei! — Das tobt und drängt;
Die Reiter fliegen; die Bahn durchsprengt
Der Türkenrapp' und der Brittenfuchs,
Die Weiber zeigen den üppigen Wuchs.

Und an der Reitbahn verschleiertem Thor
Steht ernst ein krausgelockter Mohr;
Die türkische Trommel schlägt er laut,
Auf der Trommel liegt eine Löwenhaut.

Er sieht nicht der Reiter zierlichen Schwung,
Er sieht nicht der Rosse gewagten Sprung.
Mit starrem, trock'nem Auge schaut
Der Mohr auf die zottige Löwenhaut.

Er denkt an den fernen, fernen Niger,
Und daß er gejagt den Löwen und den Tiger;
Und daß er geschwungen im Kampfe das Schwert,
Und daß er nimmer zum Lager gekehrt;

Und daß Sie Blumen für ihn gepflückt,
Und daß Sie das Haar mit Perlen geschmückt —
Sein Auge ward naß; mit dumpfem Klang
Schlug er das Fell, daß es rasselnd zersprang.

Freiligrath.

Die beiden Boten.

Volkssage.

Ging einst ein Bote über Land,
Bei nächt'ger Sterne Funkeln,
Es war sein Weg ihm wohl bekannt,
Er hat den sichern Stab zur Hand,
Und graut ihm nicht im Dunkeln.

Frisch naht er sich dem finstern Wald,
Und schreitet rasch im Düstern,
Wo keines Sängers Weise schallt,
Wo einsam nur sein Fußtritt hallt
Und leis' die Wipfel flüstern.

Da glaubt er, nah am schilf'gen Meer
'nen Wandrer zu erblicken.
Er steht – er horcht – er spitzt das Ohr –
Da tritt er hinterm Baum hervor,
Winkt mit vertrautem Nicken.

„Grüß dich!" – so ruft's ihm freundlich zu –
„Laß dir vor mir nicht grauen!
Bin auch ein Bote, so wie du,
Früh auf, früh auf, spät erst zur Ruh,
Stets unterwegs zu schauen!"

„„Bift du ein Bote, fo wie ich,
Und foll mir nun nicht grauen,
So fag mir an, wer fendet dich?
Wie heißt dein Ort, dein Name? Sprich,
Dann will ich dir vertrauen.""

Der Fremde drauf: „Ich bin gefandt
Von dem, den Alle kennen,
Die Heimath mein heißt Ruheland,
Mein Name klingt: aus Gottes
        Hand!
So magft du auch mich nennen."

Der Bote denkt: „„Gar wunderfam
Klang wohl, was ich vernommen,
Doch was von feinen Lippen kam,
War chriftlich, wie fein eigner Nam',
Mag wohl der Seele frommen!""

Sie gehen fchweigend ihren Gang,
Bis fich die Wege theilen.
Dem Boten wird fo ahnungsbang,
Als jetzt der Fremde fpricht: „Entlang
Des Bachs dort muß ich eilen.

Allein mein Werk ift bald verricht't,
Wo ich bin, gilt kein Säumen.
Auch du, mein Bote, zaudre nicht,
Vollbring' die aufgetragne Pflicht,
Dann darfft du ruhn und träumen!"

Und leife wandelnd, gleitend fchier,
Wie Weft ob Blumenbeeten,
Sieht dort aus niedrer Hüttenthür
Und aus Palaftes Pforten hier
Der Bot' ihn ruhlos treten.

Und als nun wieder kommt die Nacht,
Schon tief die Schatten finken,
Der Bote all' fein Werk vollbracht,
Und heimwärts fchon fich aufgemacht,
Sieht er den Fremden winken.

„Da bift du ja, du treues Blut,
Nun darf ich mich entdecken;
Du thuft dein Werk in frommem Muth,
Dafür erfchein' ich mild und gut
Dir heut — darfft nicht erfchrecken.

„Sieh mir in's Auge! Kennft du mich?
Ich bin der Freund der Müden.
Nach Tageshitze kühl' ich dich
Mit leifem Fittig fänftiglich,
Weh' dich in Schlaf und Frieden!"

Da leuchtet's auf wie Morgenroth;
Der Bote, voll Verlangen,
Ruft laut: „„Du Erdenluft und Noth,
Leb' wohl!"" — finkt nieder und ift
        todt!
Doch lächeln Mund und Wangen.

             Militz.

Die letzten Zehn.

In Warschau schwuren Tausend auf den Knieen:
Kein Schuß im heil'gen Kampfe sei gethan;
Tambour schlag an, zum Schlachtfeld laßt uns ziehen,
Wir greifen nur mit Bajonetten an.
Und ewig kennt das Vaterland und nennt
Mit stillem Schmerz sein viertes Regiment.

Und als wir dort bei Praga blutig rangen,
Hat doch kein Kam'rad einen Schuß gethan;
Und als wir dort den Blutfeind muthig zwangen,
Mit Bajonetten ging es drauf und dran.
Fragt Praga, das die treuen Polen kennt
Wir waren dort das vierte Regiment.

Drang auch der Feind mit tausend Feuerschlünden
Bei Ostrolenka grimmig auf uns an,
Doch wußten wir sein tückisch Herz zu finden,
Mit Bajonetten brachen wir uns Bahn.
Fragt Ostrolenka, das uns blutend nennt
Wir waren dort das vierte Regiment.

Wenn auch viel tapfre Männerherzen brachen,
Stets griffen wir mit Bajonetten an,
Und ob wir auch dem Schicksal unterlagen,
Doch hatte keiner einen Schuß gethan.
Wo blutig roth zum Meer die Weichsel rennt
Dort blutete das vierte Regiment.

O weh! das heil'ge Vaterland verloren,
Ach! fraget nicht, wer uns das Leid gethan;
Weh Allen, die im Polenland geboren!
Die Wunden fangen frisch zu bluten an.
Doch fragt ihr, wo die ärgste Wunde brennt,
Ach! Polen kennt sein viertes Regiment.

Ade, ihr Brüder! die zu Tod getroffen
An unf'rer Seite dort wir stürzen sahn,
Wir leben noch, die Wunden stehen offen,
Und um die Heimath ewig ist's gethan.
Herr Gott im Himmel, schenk ein gnädig End'
Uns letzten Zehn vom vierten Regiment.

Von Polen her im Nebelgrauen rücken
Zehn Grenadiere in das Preußenland;
Mit dumpfem Schweigen, gramumwölkten Blicken,
Ein „Wer da!" schallt, sie stehen festgebannt.
Und einer spricht: „Vom Vaterland getrennt,
Die letzten Zehn vom vierten Regiment."

Mosen.

Die Glocken zu Speier.

Zu Speier im letzten Häuselein
Da liegt ein Greis in Todespein,
Sein Kleid ist schlecht, sein Lager hart,
Viel Thränen rinnen in seinen Bart.

Es hilft ihm keiner in seiner Noth,
Es hilft ihm nur der bittre Tod!
Und als der Tod an's Herze kam,
Da tönt's auf einmal wunderssam.

Die Kaiserglocke, die lange verstummt,
Von selber dumpf und langsam summt,
Und alle Glocken, groß und klein
Mit vollem Klange fallen ein.

Da heißt's in Speier und weit und breit:
Der Kaiser ist gestorben heut'!
Der Kaiser starb, der Kaiser starb!
Weiß keiner, wo der Kaiser starb?

Zu Speier, der alten Kaiserstadt,
Da liegt auf goldner Lagerstatt
Mit mattem Aug' und matter Hand
Der Kaiser Heinrich, der Fünfte genannt.

Die Diener laufen hin und her,
Der Kaiser röchelt tief und schwer; —
Und als der Tod an's Herze kam,
Da tönt's auf einmal wundersam.

Die kleine Glocke, die lange verstummt,
Die Armesünderglocke summt,
Und keine Glocke stimmet ein,
Sie summet fort und fort allein.

Da heißt's in Speier und weit und breit:
Wer wird denn wohl gerichtet heut'?
Wer mag der arme Sünder sein:
Sag' an, wo ist der Rabenstein?

v. Der.

Der Knabe ritt hinaus in's Feld:
Ade, Herzliebste mein!
Wenn wiederum das Frühroth glänzt,
Dann will ich bei dir sein.
Er ritt und sang aus voller Brust
Wohl in den frischen Morgen
Ein Lied von Lieb' und Lust.

Und als er kam zum grünen Wald,
Wo roth die Röslein stehn,
Da stellt sich grüßend vor sein Roß
Die Waldfrau wunderschön;
Wie Mondlicht war ihr Aug' so hold,
Ihre Wangen wie zwei Rosen,
Ihr Haar wie Morgengold.

„Halt an, halt an! du schöner Knab',
Wo reit'st denn du hinaus?
Zäum' ab dein schlankes Roß, und bleib
Im grünen Blätterhaus.
Im Lindenwipfel rauscht die Luft,
Da läßt sich's kosen und küssen,
Waldblümlein geben Duft.“

Der Knabe sprach: „Laß ab von mir,
Mir ziemt nicht Rast noch Ruh,
Ich hab' daheim ein süßes Lieb,
So hold und schön wie du.
Da woll'n wir tanzen und springen,
Und Hochzeit soll es sein.“

„„Und hast du daheim ein süßes Lieb
So hold und schön wie ich,
So soll es nimmer dich umfahn
Soll weinen bitterlich.""
Die Waldfrau sprach's und schwang das
                                    Band,
Das sie im Haar getragen,
Mit ihrer schneeweißen Hand.

Da bäumte des Knaben weißes Roß
Und warf ihn auf den Grund,
In hellen Bächen floß sein Blut,
Er wurde bleich zur Stund.
Waldvöglein mit dem Ringlein roth
Sang: Leire, Leire, Leire
Wohl um des Knaben Tod.

Und als des Morgens der Buhle nicht
                                    kam
Zu seines Liebchens Haus,
Da ward dem Mädchen gar so bang,
Es ging zum Wald hinaus.
Die Blümlein blickten traurig all',
Die Vöglein auf den Zweigen
Sangen mit leisem Schall.

Und als sie kam zum Lindenbaum,
Wo roth die Röslein stehn,
Da fand sie unter den Röslein roth
Den Knaben bleich und schön;
Sie beugte wohl zum Buhlen sich
Und küßt' ihn auf die Lippen
Und weinte bitterlich.

Geibel.

Lorelei.

Die Lorelei, die Lorelei
Singt helle Zauberlieder,
Sie klingen her, sie klingen hin,
Die Wogen auf und nieder;
Die Schiffer lockt der Sang herbei,
Sie kehren nimmer wieder.

O, Königssohn! du weißt es doch,
Was bist du so verwegen?
Ist dir's, o Jüngling, um ein Lieb
Daheim so sehr verlegen?
Willst du, ein frischer Knabe noch,
Dem kalten Tod entgegen?

„Die Lor'lei zu umfah'n
Hab' ich mich fest verschworen;
Mir träumte von ihr diese Nacht,
Ihr Lied kam mir zu Ohren;
Zur Lor'lei lenkt des Schiffleins Bahn,
Wär's tausend Mal verloren!"

Der Königssohn beim Steuer lehnt,
Rund um ihn die Genossen;
Sie haben nicht ein Wort gesagt:
Seid ihr zum Tod entschlossen?
Ihr seht, wie's unten kräut und
                    gähnt —
Und dennoch unverdrossen?

„„Schauend von dem kühlen Stein,
In das dunkle Grab der Wogen
Singend bei der Sonne Schein,
Singend unter'm Sternenbogen:
Götterselig, doch allein —
So ist Lor'lei groß gezogen!""

Das Schifflein stürmt im Flug dahin;
Nach ihren vollen Brüsten,
Nach ihrem keuschen, süßen Leib
Erfaßt sie das Gelüsten. —
Hin, nach der Jungfrau steht ihr Sinn,
Und wenn sie sterben müßten!

Von ihrem Felsen beugt die Maid
In Lust die nackten Glieder.
„„Ich liebe dich, umfasse mich!""
So schallen ihre Lieder;
„„Ich bin bereit, zu jeder Zeit,
Mir blühn und glühn die Glieder.""

Der Königssohn das Steuer hält:
„Durch! durch die wilden Wellen!
Dort weilt die Maid!" „„Die Brandung
                    hier!""
„Was kümmert das, Gesellen?"
„„Jesus Maria! Du Herr der Welt,
Gott schütz' uns, wir zerschellen!""

Der Strudel faßt das bange Schiff:
„O Lorelei, du Schöne!"
Der Sturmwind durch die Segel pfiff:
„Noch hör' ich keine Töne!"
Zerschellt es jach am Felsenriff:
„Lohnst du uns so, Sirene?"

II.

An des Felsens steilen Wänden
Zieht hinauf ein ernster Zug,
Skapuliere um die Lenden,
In der Hand das heil'ge Buch;
Ruhen oft und ruhen lange,
Beten leis' den Rosenkranz,

Und um ihre blasse Wange
Schimmert es wie Heil'genglanz.
Sie beten so brünstig, den Zauber zu lösen
Sie waffnen sich wacker zum Kampf mit
                    dem Bösen,
Die Mönche im Kranz.

Oben ruht auf weichem Moose
Stolz, wie sonst, die Lorelei,
Spielt mit ihren Flechten lose,
Wie ein Kind in Träumerei;
Hoch, wie sonst, die Brüste schwellen,
Rasch, wie sonst, die Pulse geh'n,
Ob auch heut' sie die Gesellen
Würde kalt, wie sonst, verschmähn?
Jetzt wendet in Hast sie die glühenden Augen;
Sie kann es nicht fassen; sie kann sie nicht brauchen,
Die sich so sonderlich dreh'n.

„Der von den Todten du erstanden,
Christe, Gott und Gottes Sohn,
Mach' uns nicht, o Herr, zu Schanden,
Die wir knie'n vor deinem Thron.
Bitte du, Gebenedeite,
Für uns, daß er gnädig sei,
Der die Sünder all' befreite,
Lös' uns von der Zauberei.
Wir haben gebetet, nun wollen wir handeln;
Wohl haben den Muth wir, den Zauber zu wandeln,
Steht uns, ihr Heiligen, bei!"

Sie erheben sich vom Knieen,
Bei der Fackel düst'rem Licht
Aufwärts ernst die Mönche ziehen,
Kreuzend Stirn und Angesicht.
Weihrauch duftet auf und nieder,
Heilig Wasser weiht den Grund,
Zwar verstummen ihre Lieder,
Ave lispelt doch der Mund.
So feierlich treten mit sicherem Schritte,
Als wären's die Jünger und Er in der Mitte,
Die Patres den Grund.

Da von ihrem Felsensitze
Hebet sich das schöne Weib,
Aus den Augen zucken Blitze
Doch es bebt ihr schlanker Leib.
„„Wer hat euch geladen, Gäste,
Daß ihr Nächtens mich besucht?
Bleibt daheim und schlafet feste,
Eh' der Böse euch versucht!""
„O, Sancta Maria! du führest den Reigen
Der Heiligen droben, euch ruf ich zum Zeugen:
    Die Lorelei — verflucht."

Sie, in fürchterlichem Bangen,
Flieht hinauf zum letzten Stein,
Von der letzten Angst umfangen,
Wimmert in die Nacht hinein:
„Vater, an des Todes Sprosse
Fleht zu dir dein armes Kind.
Sende deine weißen Rosse;
Willst du retten, sei geschwind
Schon hör' ich die Stimmen — schon sind sie gekommen —
Schon haben die Würger den Gipfel erklommen — — —
    Die Rosse! — Auf, Wogen und Wind!"

Plötzlich, wie in tiefsten Tiefen
Rauscht's und schwillt's im stillen Rhein;
Alle Bäche, die da schliefen,
Brechen ihren engen Schrein,
Wogen wachsen wie Lawinen,
Steigen, wie der Nebel steigt!
Ehe noch ein Mönch erschienen,
Hat der Rhein sein Kind erreicht:
Fest greifen die Wellen die Tochter, die bange,
Es säumen die schäumenden Rosse nicht lange;
    Zu den Schwestern die Schwester entfleucht.

                                    Immanuel.

Mondwandrung.

„Der Förster ging zu Fest und
Schmaus!"—
Der Wildschütz zieht in den Wald
hinaus.

Es schläft sein Weib mit dem Kind
allein,
Es scheint der Mond in's Kämmerlein.

Und wie er scheint auf die weiße Wand,
Da faßt das Kind der Mutter Hand.

„Ach, Mutter, wie bleibt der Vater so
lang',
Mir wird so weh, mir wird so bang!"

„„Kind, sieh nicht in den Mondenschein,
Schließ' deine Augen, schlaf' doch ein.""

Der Mondschein zieht die Wand entlang,
Er schimmert auf der Büchse blank.

„Ach, Mutter! und hörst den Schuß du
nicht?
Das war des Vaters Büchse nicht!"

„„Kind, sieh nicht in den Mondenschein,
Das war ein Traum, schlaf' ruhig ein."“

Der Mond scheint tief in's Kämmerlein
Auf des Vaters Bild mit blassem Schein.

„Herr Jesus Christus im Himmelreich!
O, Mutter, der Vater ist todtenbleich!"

Und wie die Mutter vom Schlummer erwacht,
Da haben sie todt ihn heimgebracht.

Reinick.

www.ingramcontent.com/pod-product-compliance
Lightning Source LLC
Chambersburg PA
CBHW021107270326
41929CB00009B/766